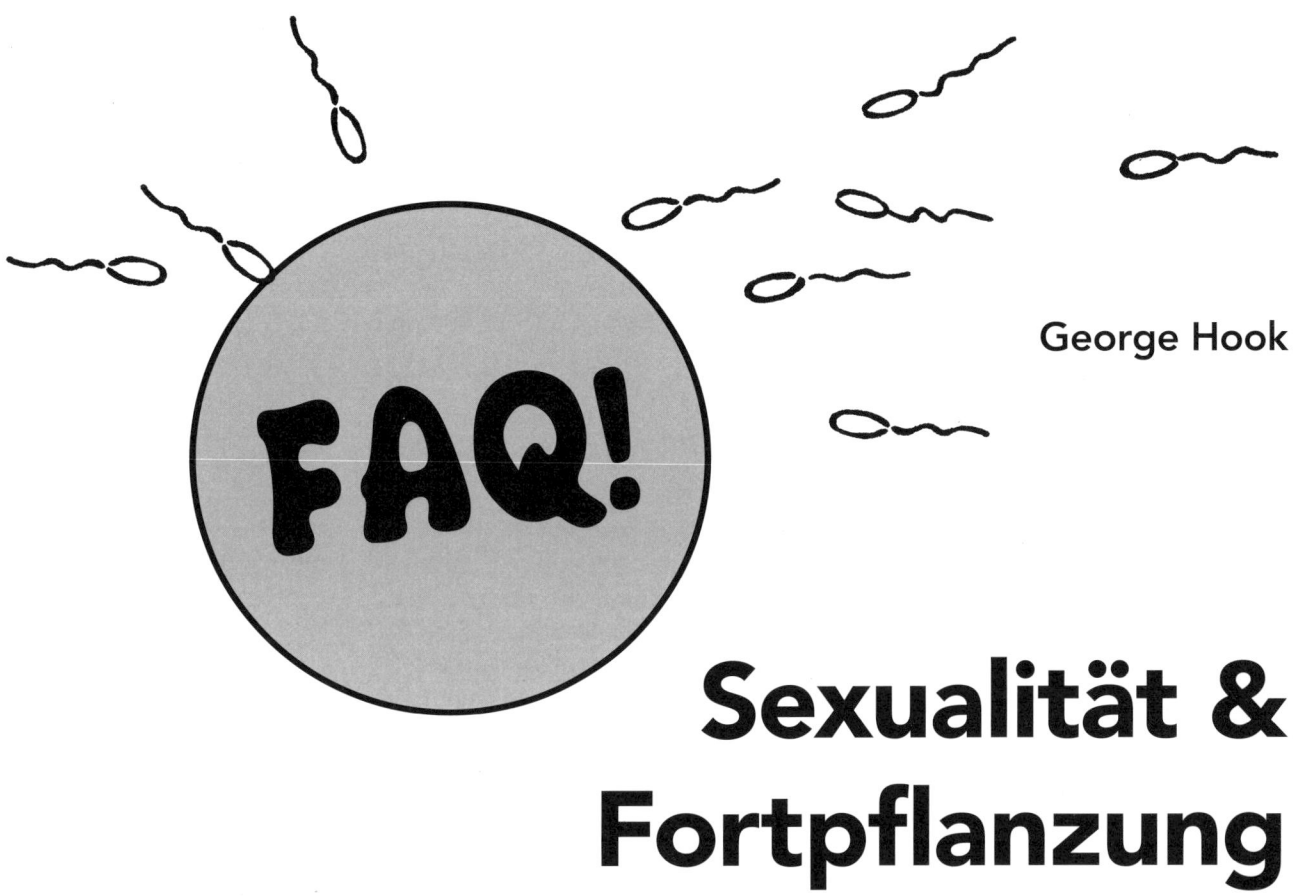

George Hook

Sexualität & Fortpflanzung

Arbeitsblätter &
Folienvorlagen für den
Biologieunterricht

Verlag an der Ruhr

Impressum

Titel der deutschen Ausgabe
FAQ Sexualität & Fortpflanzung
Arbeitsblätter & Folienvorlagen für den Biologieunterricht

Titel der englischen Originalausgabe
Human Development and Growth
BOOK A: Reading, Worksheets and Creative Activitites
BOOK B: O.H.P.T. Copymasters

© der englischen Originalausgabe
User friendly Resources Enterprises Limited 2004
New Zealand Office, P.O. Box 1820, Christchurch

This edition is adapted from a series written by George Hook
and first published by User Friendly Resource Enterprises Limited.

Autor/Illustrator
George Hook

Übersetzung
Patricia Mangelsdorff

Bearbeitung für Deutschland

 **Verlag an der Ruhr**
Mülheim an der Ruhr
www.verlagruhr.de

Geeignet für die Klassen 5–10

© der deutschen Ausgabe
Verlag an der Ruhr 2007
ISBN 978-3-8346-0333-3

Printed in Germany

Inhaltsverzeichnis

Inhaltsverzeichnis

Vorwort

Liebe Leser*,

obwohl das Thema „Sexualität" in den Medien stark vertreten ist, wird es in Schulen und im Elternhaus immer noch häufig gemieden. Lehrer und Eltern gehen häufig vermeintlich peinlichen Fragen aus dem Weg. Aber für das Erwachsenwerden ist es wichtig, dass Jugendliche alle Fragen stellen können und Antworten darauf erhalten.

▶ Was passiert mit mir, wenn ich in die Pubertät komme?

▶ Was geschieht während der Menstruation?

▶ Was geschieht beim Geschlechtsverkehr?

▶ Was ist ein Orgasmus?

▶ Wie funktioniert die Befruchtung?

▶ Wie verändert sich mein Körper während der Schwangerschaft?

In der Pubertät entwickelt sich der Körper von Jungen und Mädchen: Die Körperhaare wachsen, der Körperbau verändert sich, Mädchen bekommen ihre Periode. Diese körperlichen Veränderungen müssen Jugendliche verstehen, wenn sie in die Pubertät kommen. Sie sollten wissen, was mit ihnen passiert, warum es passiert und was diese Veränderungen für sie bedeuten.

Dieses Material stellt die körperlichen Veränderungen in der Pubertät, die Zeugung eines Kindes, die Geburt und die Entwicklung des Kindes mit Hilfe von anschaulichen Arbeitsblättern und Kopiervorlagen vor. Neben einführenden Informationen enthalten diese Arbeitsmaterialien viele Abbildungen rund um die Themen Sexualität, Fortpflanzung und Entwicklung.

Jedes Thema wird mit Hilfe des folgenden Materials bearbeitet:

Die Jugendlichen werden durch ein **Infoblatt** mit dem Thema vertraut gemacht. Die Arbeitsblätter enthalten neben kurzen einführenden Texten anschauliche Abbildungen sowie Fragen zum Text. Durch weiterführende Aufgaben werden die Jugendlichen aufgefordert, sich vertieft mit den im Unterricht behandelten Inhalten zu beschäftigen.

Durch das **Arbeitsblatt** festigen die Schüler die Informationen.

Außerdem enthält das Material viele **Folienvorlagen**, um das jeweilige Thema anschaulicher darzustellen.

Die Folien werden mit Hilfe von **Auflagen** vervollständigt. So erhalten Ihre Schüler zusätzliche Informationen und können ihre Lernerfolge überprüfen.

Zur Vertiefung dienen schließlich weiterführende **Übungen und Bastelmaterial**, mit denen die Jugendlichen sich eigenes Anschauungsmaterial herstellen können.

Damit die Arbeitsmaterialien auch für die interkulturelle Sexualpädagogik eingesetzt werden können, wurde auf die Darstellung von Schamhhar verzichtet. Vor allem in muslimischen Ländern wird das Schamhaar aus hygienischen Gründen rasiert.

---

* Aus Gründen der besseren Lesbarkeit haben wir in diesem Buch durchgehend die männliche Form verwendet. Natürlich sind damit auch immer Frauen gemeint, also Leserinnen etc.

© Verlag an der Ruhr ❶ Postfach 10 22 51 ❶ 45422 Mülheim an der Ruhr ❶ www.verlagruhr.de ❶ ISBN 978-3-8346-0333-3

Veränderungen in der Pubertät – Mädchen

Wenn ein Mädchen in die Pubertät kommt, verändert sich in seinem Körper vieles. Manches davon ist äußerlich sichtbar, anderes kaum oder gar nicht. Die Veränderungen im Inneren ihres Körpers (oder auch die Veränderungen der so genannten **primären Geschlechtsmerkmale**) haben mit der Fortpflanzungsfähigkeit des Mädchens zu tun – also mit seiner Möglichkeit, später Kinder zur Welt bringen zu können.

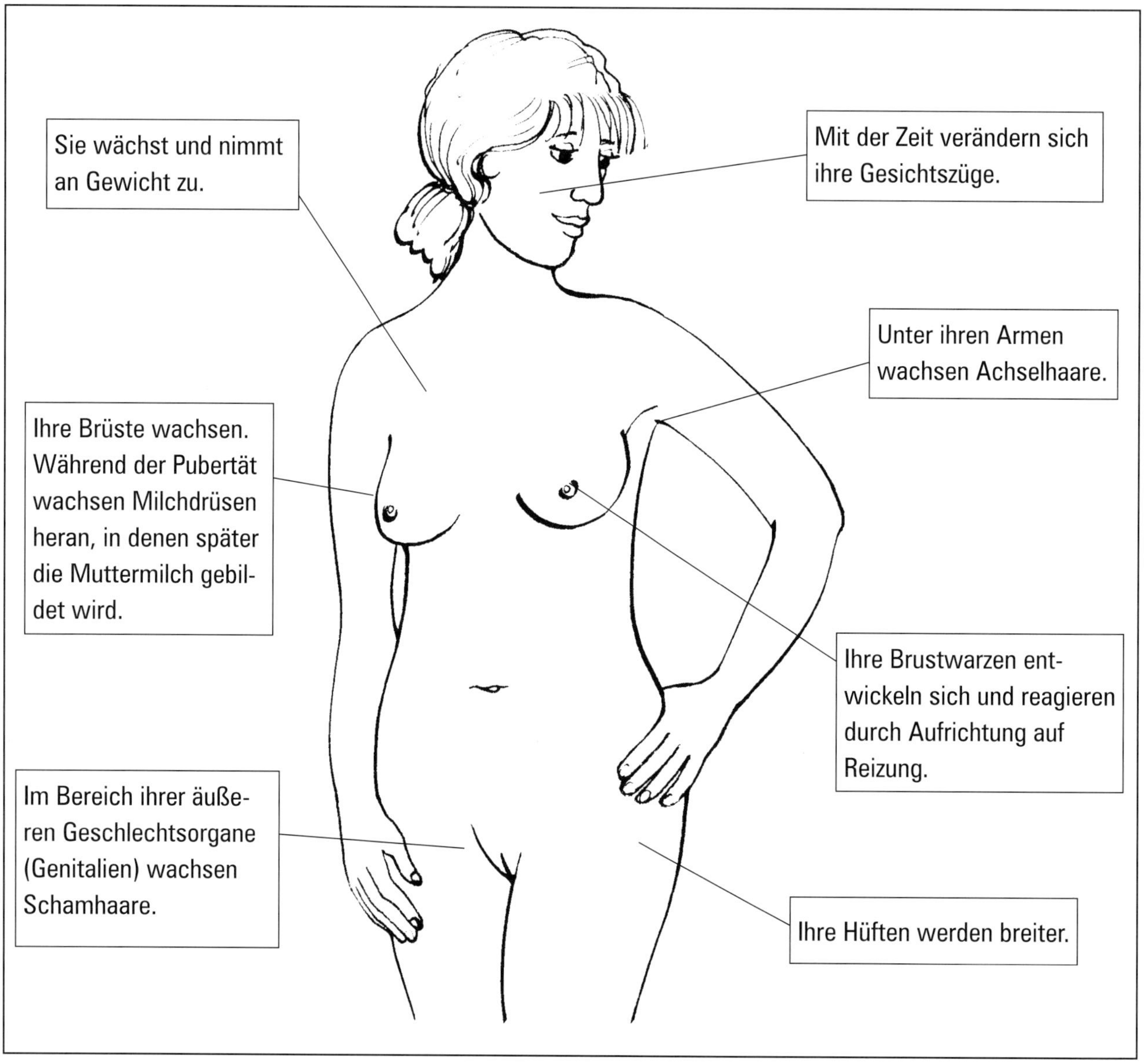

Sie wächst und nimmt an Gewicht zu.

Mit der Zeit verändern sich ihre Gesichtszüge.

Unter ihren Armen wachsen Achselhaare.

Ihre Brüste wachsen. Während der Pubertät wachsen Milchdrüsen heran, in denen später die Muttermilch gebildet wird.

Ihre Brustwarzen entwickeln sich und reagieren durch Aufrichtung auf Reizung.

Im Bereich ihrer äußeren Geschlechtsorgane (Genitalien) wachsen Schamhaare.

Ihre Hüften werden breiter.

Fragen

1. Warum heißen die äußeren Geschlechtsmerkmale sekundäre Geschlechtsmerkmale?

2. Welche Geschlechtsmerkmale haben dagegen mit der Fortpflanzungsfähigkeit (also der Fähigkeit, Kinder zu gebären) zu tun?

3. Wann sind die Veränderungen der Pubertät bei Mädchen abgeschlossen?

4. Wann die Pubertät beginnt, ist von einem Mädchen zum anderen sehr unterschiedlich (zwischen dem 9. und 16. Lebensjahr). Welches ist das durchschnittliche Alter, in dem die Pubertät anfängt?

5. An welchen offensichtlichen Zeichen erkennt ein Mädchen zuerst, dass seine Pubertät begonnen hat?

© Verlag an der Ruhr ❶ Postfach 10 22 51 ❶ 45422 Mülheim an der Ruhr ❶ www.verlagruhr.de ❶ ISBN 978-3-8346-0333-3

Veränderungen in der Pubertät – Mädchen

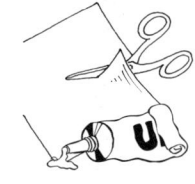

Aufgaben

1. Schneide das Bild unten entlang der gestrichelten Linie aus, und klebe es in dein Heft.

2. Beschrifte dann an der Zeichnung die Körperteile, die sich während der Pubertät verändern. Benutze dafür die Begriffe, die in dem Kästchen links oben innerhalb der Abbildung stehen.

3. Schreibe in das Kästchen rechts unten so viele körperliche Unterschiede zwischen Jungen und Mädchen auf, wie dir einfallen.

Veränderungen in der Pubertät – Mädchen

Veränderungen bei Mädchen in der Pubertät

▶ Körperbehaarung

▶ Brüste

▶ Entwicklung der Brustwarzen

▶ Schamhaare

▶ breitere Hüften

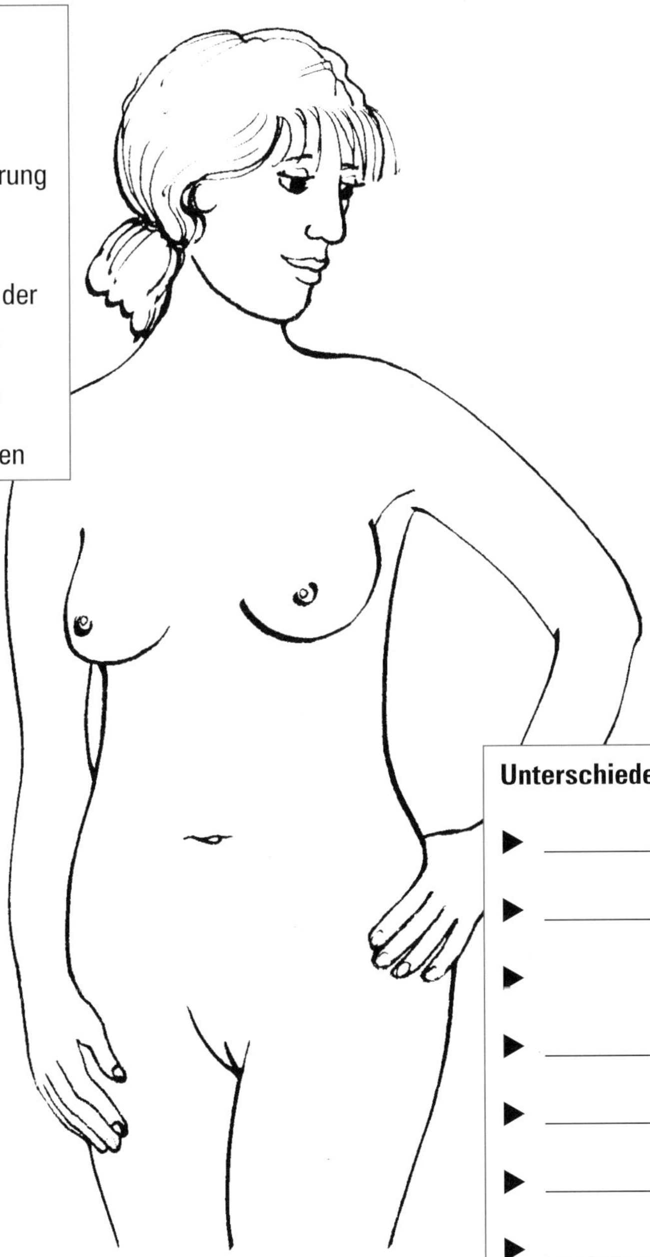

Unterschiede: Mädchen – Jungen

▶ _____

▶ _____

▶ _____

▶ _____

▶ _____

▶ _____

▶ _____

© Verlag an der Ruhr ● Postfach 10 22 51 ● 45422 Mülheim an der Ruhr ● www.verlagruhr.de ● ISBN 978-3-8346-0333-3

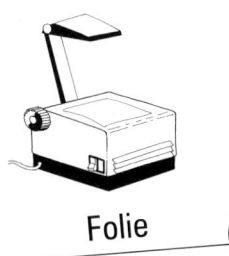

Veränderungen in der Pubertät – Mädchen

Wenn ein Mädchen in die Pubertät kommt, verändert sich sein Körper.

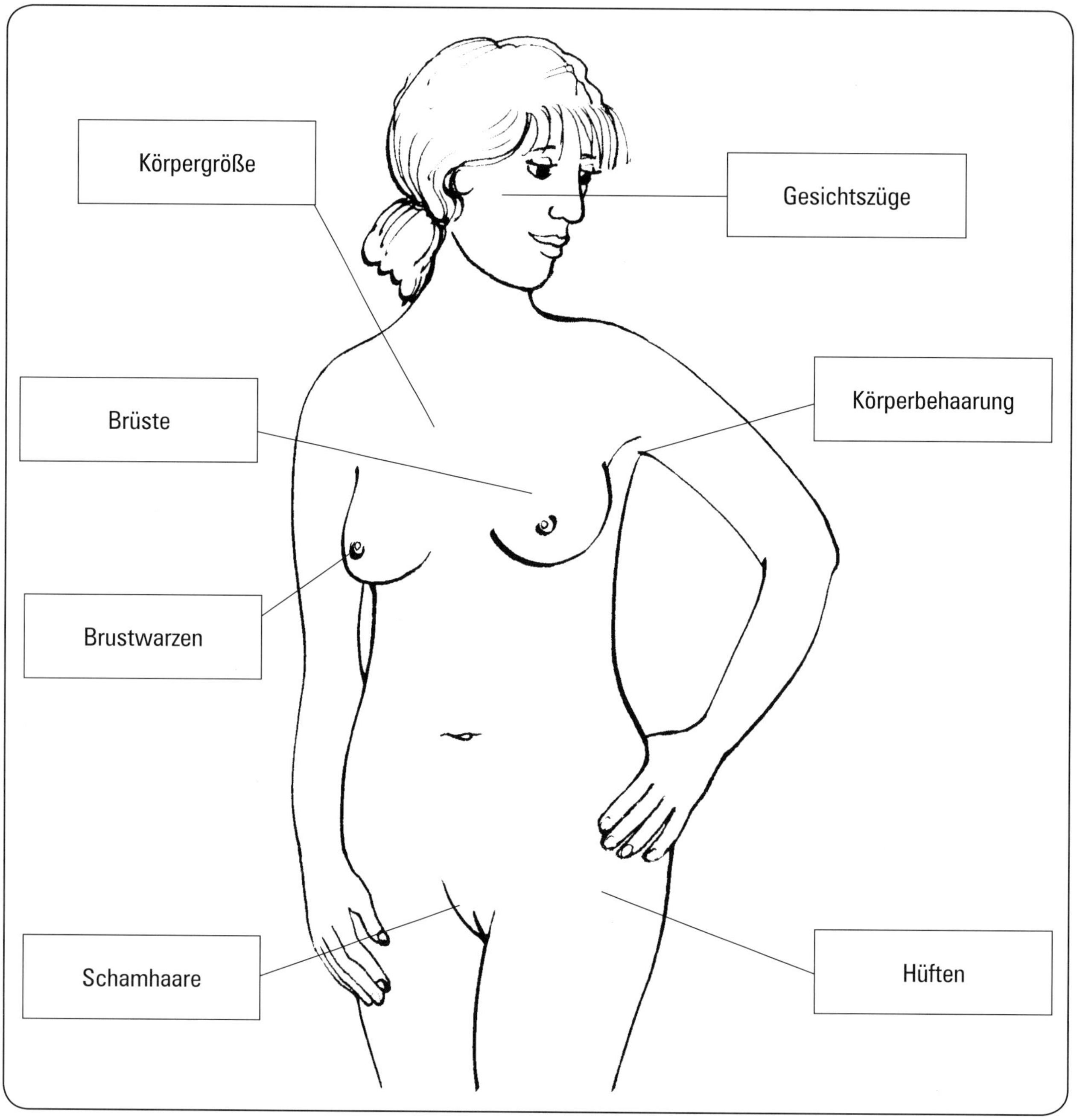

Körpergröße

Gesichtszüge

Brüste

Körperbehaarung

Brustwarzen

Schamhaare

Hüften

1. Mit der Zeit werden die Gesichtszüge makanter.

2. Es wächst und nimmt an Gewicht zu.

3. Die Brüste wachsen. In den Milchdrüsen wird in der Schwangerschaft und Stillzeit Milch produziert.

4. Die Brustwarzen entwickeln sich.

5. Im Bereich ihrer äußeren Geschlechtsorgane (Genitalien) wachsen Schamhaare.

6. Ihre Hüften werden breiter.

Veränderungen in der Pubertät – Mädchen

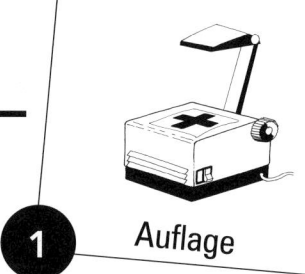

Auflage

1

Eileiter

Gebärmutter

Eierstock

Vagina

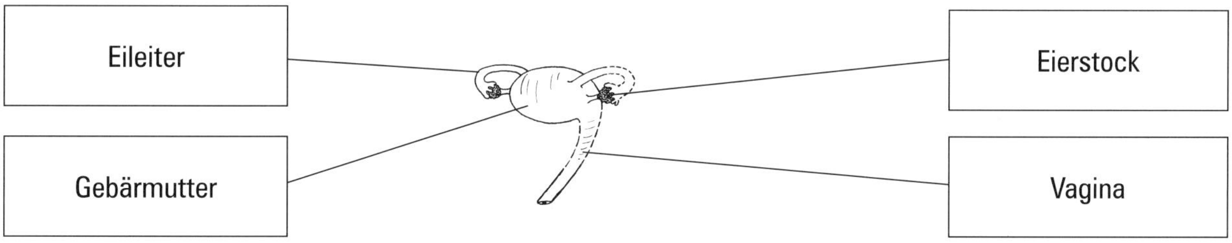

7. Mit dem Einsetzen der Pubertät beginnen die Eierstöcke, Eizellen zu produzieren.

© Verlag an der Ruhr ● Postfach 10 22 51 ● 45422 Mülheim an der Ruhr ● www.verlagruhr.de ● ISBN 978-3-8346-0333-3

Pubertät und Hormone

Die Veränderungen deines Körpers in der Pubertät beginnen alle im Gehirn.
Sie werden von bestimmten chemischen Botenstoffen ausgelöst, die man
Hormone nennt. Diese wandern in deinem Blut durch deinen Körper.

Zu Beginn der Pubertät veranlasst bei Mädchen und Jungen das **Gehirn** die **Hirnanhangsdrüse (Hypophyse)**
dazu, die beiden Hormone **FSH (Follikelstimulierendes Hormon)** und **LH (Luteinisierendes Hormon)** in
großen Mengen herzustellen. **Aber:** Obwohl es die gleichen Hormone sind, sind ihre Wirkungen bei Mädchen
und Jungen doch sehr unterschiedlich.

Bei **Mädchen** transportiert das Blut die Hormone
zu den **Eierstöcken (Ovarien)**. Sie beginnen daraufhin, **Eizellen** und das weibliche Sexualhormon
Östrogen herzustellen. Dieses Hormon bewirkt alle
anderen Veränderungen der Pubertät.

Bei **Jungen** transportiert das Blut die Hormone zu
den **Hoden**. Sie beginnen daraufhin, **Samen
(Sperma)** sowie das männliche Sexualhormon
Testosteron zu bilden. Dieses Hormon bewirkt
alle weiteren Veränderungen, die in der Pubertät
einsetzen.

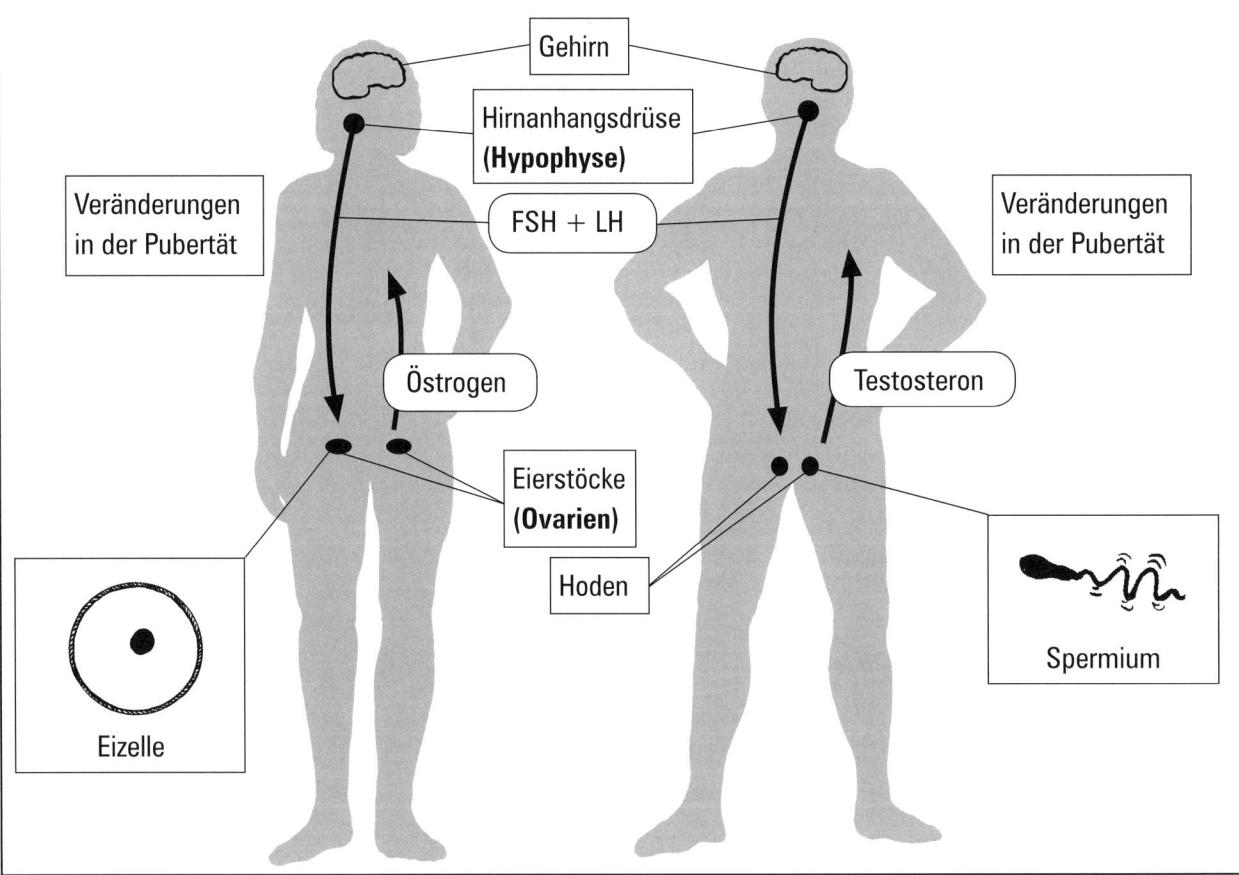

Fragen

1. Erkläre, wie das Gehirn die Entwicklung von
   Geschlechtsmerkmalen in der Pubertät steuert.

2. Welche Veränderungen bewirkt Testosteron
   in der Pubertät im Körper eines Jungen?

3. Nenne die Veränderungen, die Östrogen in der
   Pubertät im Körper eines Mädchens bewirkt.

4. Welches könnten die Gründe dafür sein, dass
   die Pubertät bei Jungen und Mädchen zu unterschiedlichen Zeiten einsetzt?

5. Wie werden Hormone durch den Körper
   transportiert?

© Verlag an der Ruhr ● Postfach 10 22 51 ● 45422 Mülheim an der Ruhr ● www.verlagruhr.de ● ISBN 978-3-8346-0333-3

Pubertät und Hormone

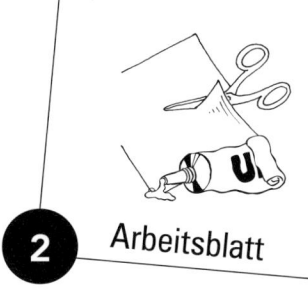

Aufgaben

1. Schneide das Bild unten entlang der gestrichelten Linie aus, und klebe es in dein Heft.

2. Schreibe in jedes abgerundete leere Feld den Namen des Hormons, das in diesem Bereich wirkt: **FSH**, **Testosteron**, **LH**, **Östrogen**

3. In die eckigen leeren Felder schreibst du die verschiedenen Organe: **Eierstöcke**, **Hoden**, **Gehirn**, **Hirnanhangsdrüse**

4. Zeichne eine Eizelle und ein Spermium in die dafür vorgesehenen Felder.

Pubertät und Hormone

Die Veränderungen deines Körpers in der Pubertät beginnen alle im Gehirn. Sie werden von bestimmten chemischen Botenstoffen ausgelöst, die man **Hormone** nennt. Diese wandern im Blut durch deinen Körper.

Veränderungen in der Pubertät

Veränderungen in der Pubertät

Eizelle

Spermium

© Verlag an der Ruhr ❏ Postfach 10 22 51 ❏ 45422 Mülheim an der Ruhr ❏ www.verlagruhr.de ❏ ISBN 978-3-8346-0333-3

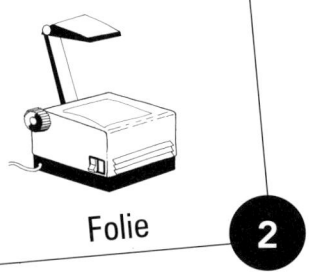

Pubertät und Hormone

Die Veränderungen deines Körpers in der Pubertät beginnen alle im Gehirn.
Sie werden von bestimmten chemischen Botenstoffen ausgelöst, die man
Hormone nennt.

1. Zu Beginn der Pubertät löst die **Hirnanhangs-drüse (Hypophyse)** die Herstellung der beiden Hormone **FSH** und **LH** aus.
   Aber: Obwohl es die gleichen Hormone sind, sind ihre Wirkungen bei Mädchen und Jungen doch sehr unterschiedlich.

© Verlag an der Ruhr ○ Postfach 10 22 51 ○ 45422 Mülheim an der Ruhr ○ www.verlagruhr.de ○ ISBN 978-3-8346-0333-3

Pubertät und Hormone

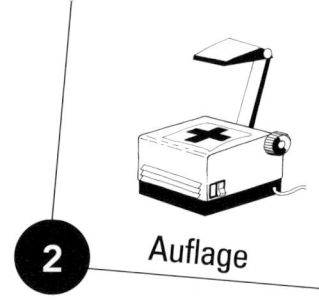

2 Auflage

Gehirn

Hirnanhangsdrüse
(Hypophyse)

FSH + LH

Veränderungen
in der Pubertät

Veränderungen
in der Pubertät

Östrogen

Testosteron

Eierstöcke
(Ovarien)

Hoden

Spermium

Eizelle

hormon **Östrogen** herzustellen. Dieses Hormon bewirkt alle anderen Veränderungen der Pubertät.

3. Bei Jungen transportiert das Blut die Hormone zu den **Hoden**. Sie beginnen daraufhin, **Samen (Sperma)** sowie das männliche Sexualhormon **Testosteron** herzustellen. Dieses Hormon löst alle anderen Veränderungen aus, die in der Pubertät einsetzen.

2. Bei Mädchen transportiert das Blut die Hormone zu den **Eierstöcken (Ovarien)**. Sie beginnen daraufhin, **Eizellen** und das weibliche Sexual-

© Verlag an der Ruhr ● Postfach 10 22 51 ● 45422 Mülheim an der Ruhr ● www.verlagruhr.de ● ISBN 978-3-8346-0333-3

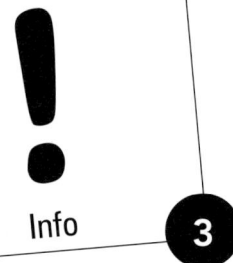

Äußere Geschlechtsorgane der Frau

Das Bild unten zeigt die **äußeren weiblichen Geschlechtsorgane (Genitalien)**. Die weiblichen Genitalien sind – im Gegensatz zu den männlichen – zum Großteil von außen kaum sichtbar in der Bauchhöhle verborgen. Ein anderes Wort für die weiblichen Genitalien ist **Vulva**.

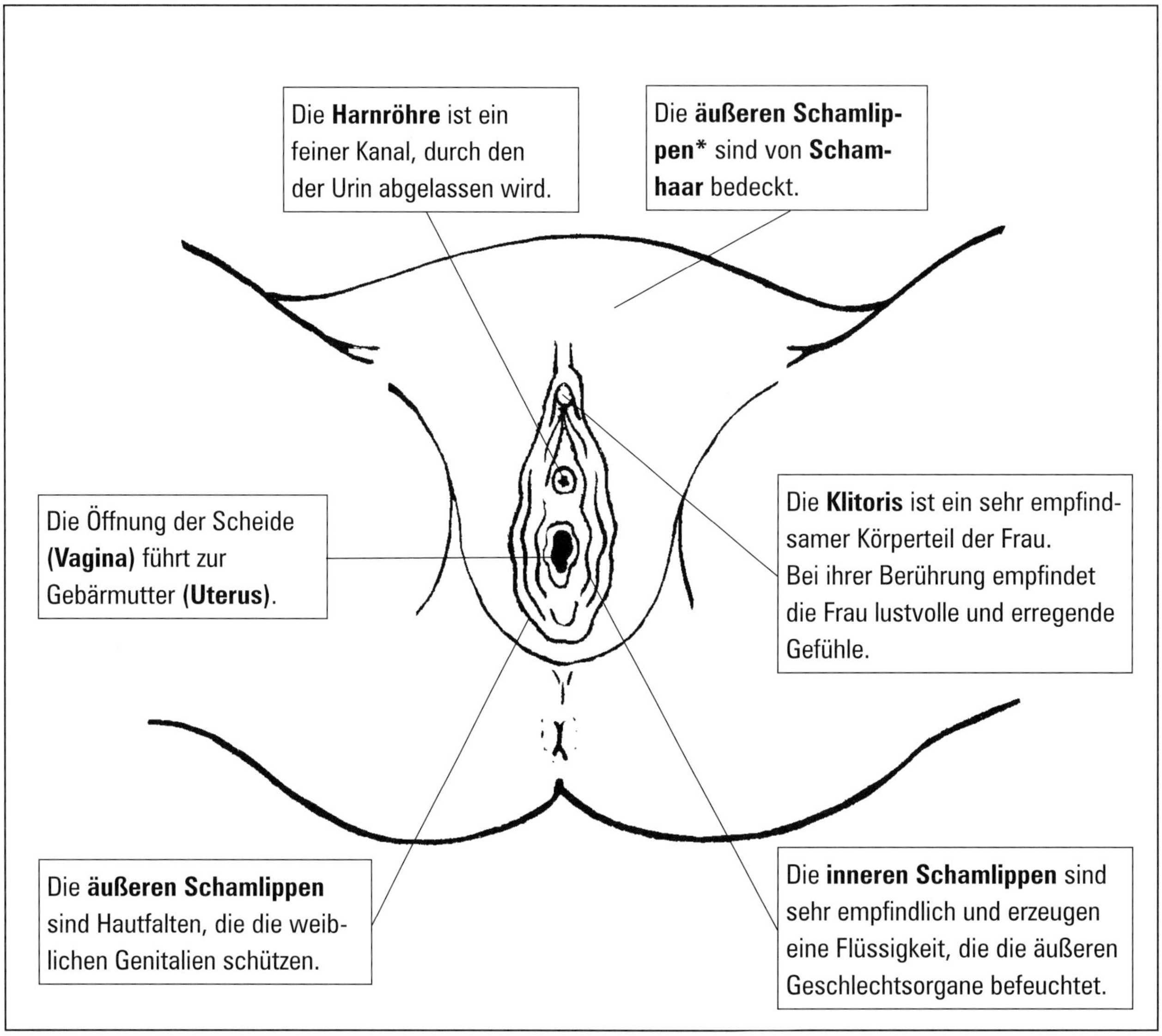

Die **Harnröhre** ist ein feiner Kanal, durch den der Urin abgelassen wird.

Die **äußeren Schamlippen*** sind von **Schamhaar** bedeckt.

Die Öffnung der Scheide **(Vagina)** führt zur Gebärmutter **(Uterus)**.

Die **Klitoris** ist ein sehr empfindsamer Körperteil der Frau. Bei ihrer Berührung empfindet die Frau lustvolle und erregende Gefühle.

Die **äußeren Schamlippen** sind Hautfalten, die die weiblichen Genitalien schützen.

Die **inneren Schamlippen** sind sehr empfindlich und erzeugen eine Flüssigkeit, die die äußeren Geschlechtsorgane befeuchtet.

Fragen

1. Welche Körperteile der Frau bilden die äußeren Geschlechtsorgane (Genitalien)?

2. Welche Aufgaben haben die inneren und die äußeren Schamlippen?

3. Warum ist die Klitoris wichtig für die weibliche Sexualität?

4. Warum, denkst du, sind die meisten weiblichen Geschlechtsorgane im Inneren des Körpers verborgen?

5. Was bezeichnet das Wort ‚Vulva'?

---

* Dass sie im Deutschen Schamlippen heißen, ist eigentlich sehr schade. Schließlich geht es hier um nichts, wofür ein Mädchen oder eine Frau sich schämen müsste. Im Englischen heißen sie z.B. **labia**; das ist einfach das lateinische Wort für Lippen.

© Verlag an der Ruhr ● Postfach 10 22 51 ● 45422 Mülheim an der Ruhr ● www.verlagruhr.de ● ISBN 978-3-8346-0333-3

Äußere Geschlechtsorgane der Frau

Aufgaben

1. Schneide das Bild unten entlang der gestrichelten Linie aus, und klebe es in dein Heft.

2. Beschrifte die verschiedenen weiblichen Körperteile, die dort abgebildet sind, mit den Begriffen aus dem Kasten.

3. Verwende die Farben so, wie es in dem Kasten links oben in der Abbildung angegeben ist.

Kennzeichne mit den Farben, welche Körperteile zu welchen Funktionen und Bereichen des Körpers gehören. Male die Kästen erst dann mit Buntstiften aus, wenn du sie schon beschriftet hast.

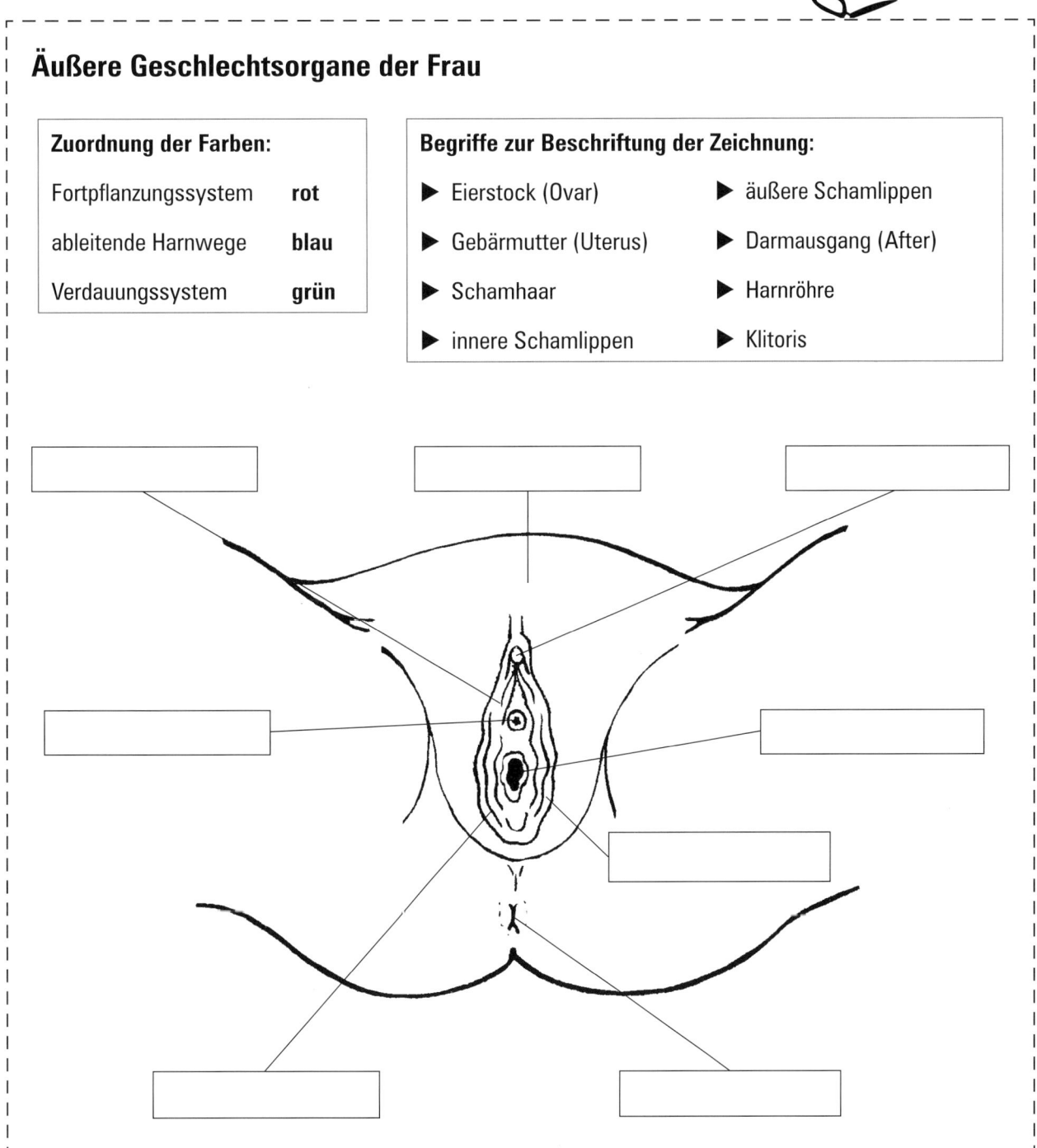

Äußere Geschlechtsorgane der Frau

Zuordnung der Farben:

Fortpflanzungssystem	**rot**
ableitende Harnwege	**blau**
Verdauungssystem	**grün**

Begriffe zur Beschriftung der Zeichnung:

▶ Eierstock (Ovar)   ▶ äußere Schamlippen

▶ Gebärmutter (Uterus)   ▶ Darmausgang (After)

▶ Schamhaar   ▶ Harnröhre

▶ innere Schamlippen   ▶ Klitoris

© Verlag an der Ruhr ● Postfach 10 22 51 ● 45422 Mülheim an der Ruhr ● www.verlagruhr.de ● ISBN 978-3-8346-0333-3

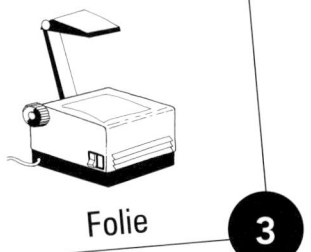

Äußere Geschlechtsorgane der Frau

▶ Das Bild unten zeigt die äußeren **weiblichen Geschlechtsorgane (Genitalien)**.

▶ Die weiblichen Genitalien liegen gut verborgen zwischen zwei Hautfalten, den **Schamlippen**.

▶ Der lateinische Begriff für die weiblichen Genitalien lautet **Vulva**.

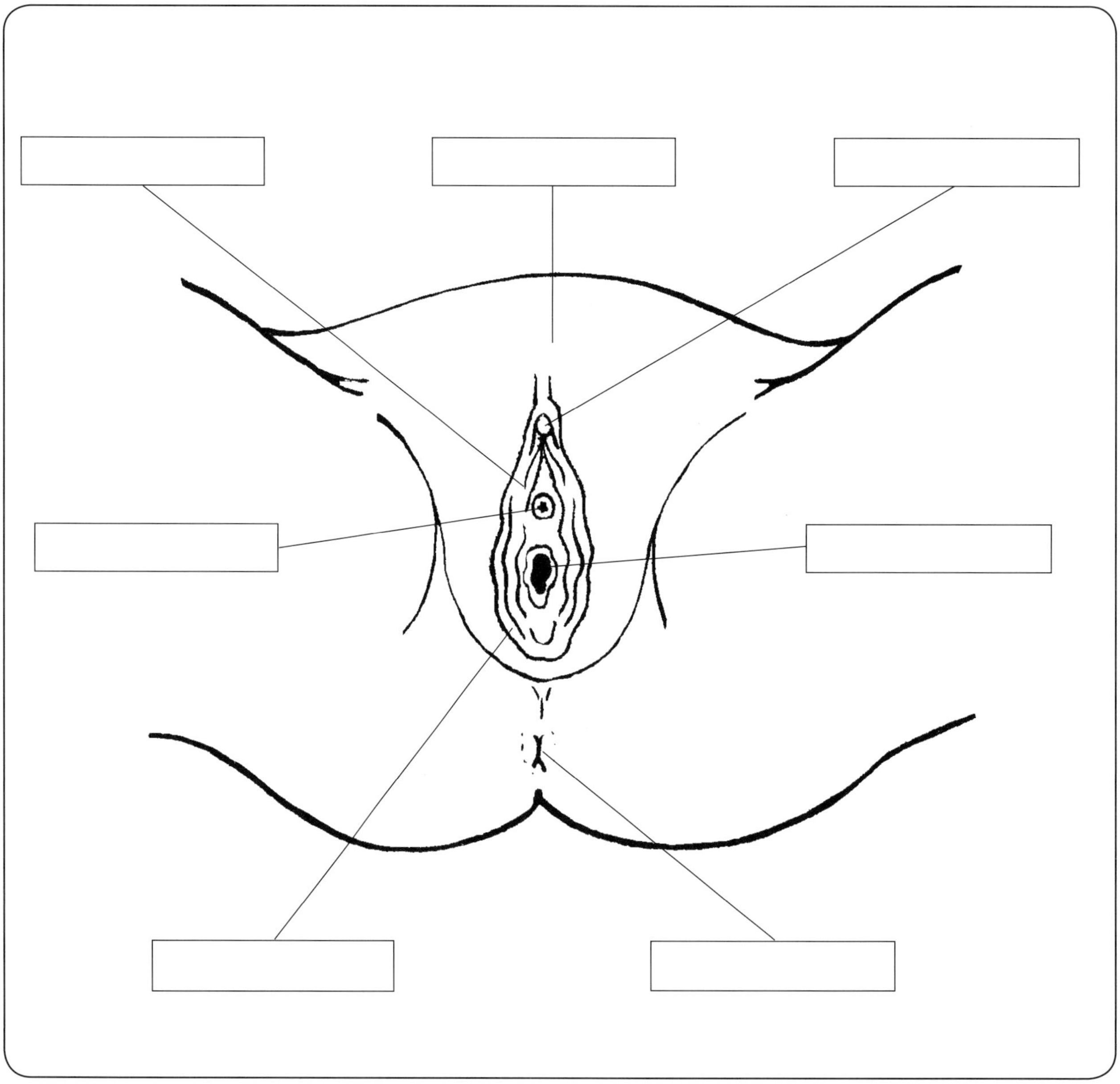

1. Die **äußeren Schamlippen** schützen die weiblichen Sexualorgane.

2. Die **inneren Schamlippen** besitzen Drüsen, die eine Flüssigkeit bilden.

3. Die Vagina ist ein dehnbarer Schlauch, der bis zur Gebärmutter **(Uterus)** reicht.

4. Die **Klitoris** ist ein sehr empfindsamer Körperteil der Frau, die durch Berührung sexuell erregt werden kann.

5. Durch den Darmausgang **(After oder Anus)** verlassen Nahrungsreste in Form von Kot den Körper.

6. Urin verlässt den Körper durch die **Harnröhre**.

© Verlag an der Ruhr ❂ Postfach 10 22 51 ❂ 45422 Mülheim an der Ruhr ❂ www.verlagruhr.de ❂ ISBN 978-3-8346-0333-3

Äußere Geschlechtsorgane der Frau

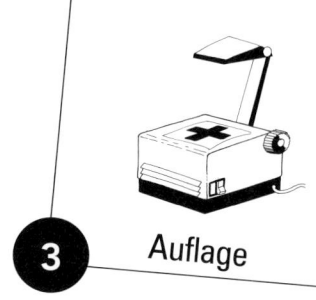

3 Auflage

Innere Schamlippen   Schamhaar   Klitoris

Harnröhre   Vagina

Äußere Schamlippen   Darmausgang (After)

© Verlag an der Ruhr ● Postfach 10 22 51 ● 45422 Mülheim an der Ruhr ● www.verlagruhr.de ● ISBN 978-3-8346-0333-3

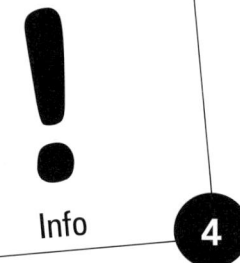

Innere Organe der Frau – 1

Das Bild unten zeigt die Organe der Frau, die der **Verdauung**, der **Harnableitung** und der **Fortpflanzung** dienen, im Längsschnitt gesehen.

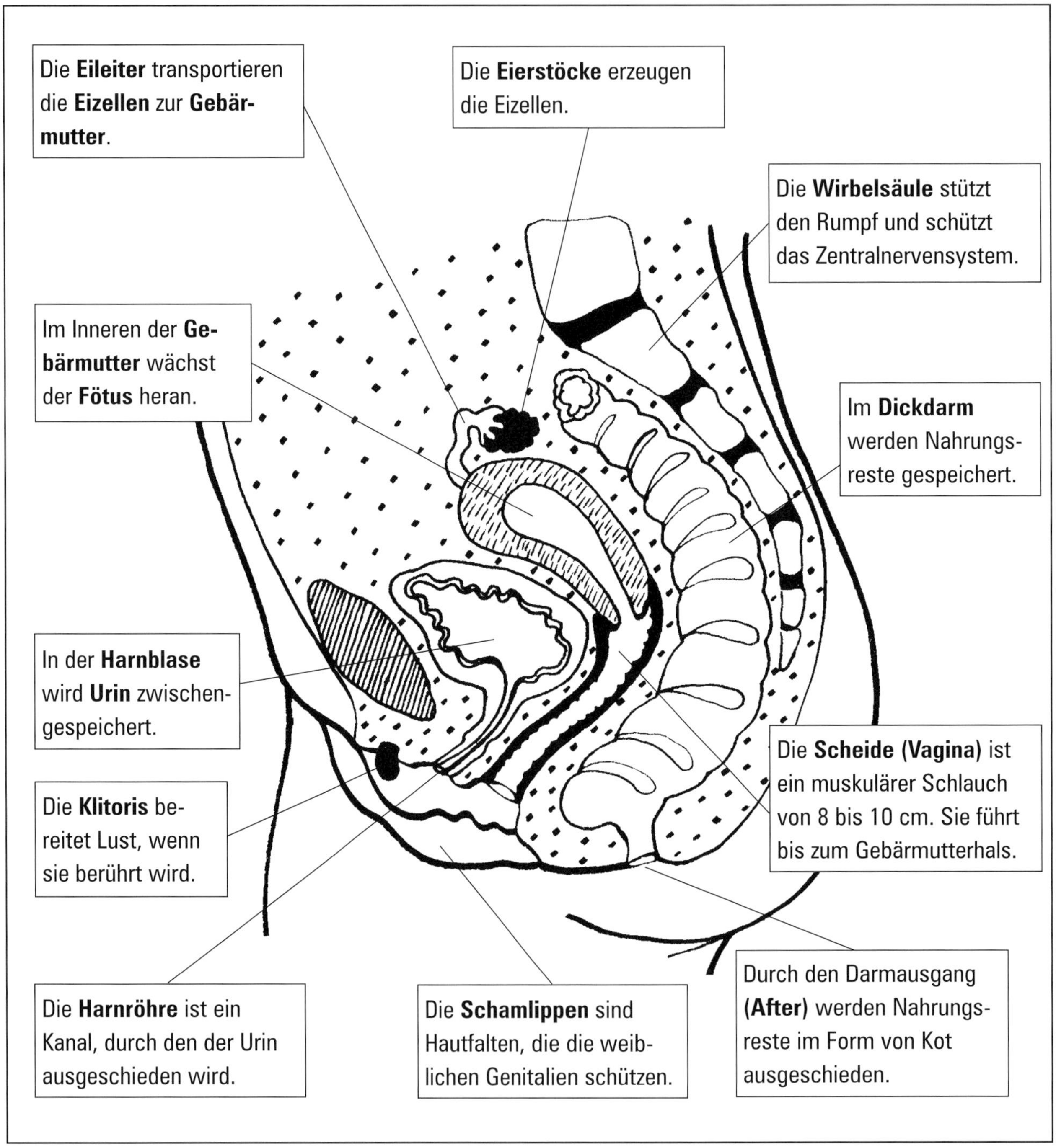

Die **Eileiter** transportieren die **Eizellen** zur **Gebärmutter**.

Die **Eierstöcke** erzeugen die Eizellen.

Die **Wirbelsäule** stützt den Rumpf und schützt das Zentralnervensystem.

Im Inneren der **Gebärmutter** wächst der **Fötus** heran.

Im **Dickdarm** werden Nahrungsreste gespeichert.

In der **Harnblase** wird **Urin** zwischengespeichert.

Die **Klitoris** bereitet Lust, wenn sie berührt wird.

Die **Scheide (Vagina)** ist ein muskulärer Schlauch von 8 bis 10 cm. Sie führt bis zum Gebärmutterhals.

Die **Harnröhre** ist ein Kanal, durch den der Urin ausgeschieden wird.

Die **Schamlippen** sind Hautfalten, die die weiblichen Genitalien schützen.

Durch den Darmausgang **(After)** werden Nahrungsreste im Form von Kot ausgeschieden.

Fragen

1. Welche inneren und äußeren Organe der Frau dienen
   a) der Fortpflanzung?
   b) der Verwertung und Ausscheidung von Nahrung?

2. Nenne die Organe, die zu folgenden Systemen des Körpers gehören:
   a) zum Verdauungssystem
   b) zum Fortpflanzungssystem
   c) zum harnableitenden System

© Verlag an der Ruhr ● Postfach 10 22 51 ● 45422 Mülheim an der Ruhr ● www.verlagruhr.de ● ISBN 978-3-8346-0333-3

Innere Organe der Frau – 1

Aufgaben

1. Schneide die Abbildung unten aus, und klebe sie in dein Heft.

2. Beschrifte alle Organe auf dem Bild.

3. Male die Teile, die zum **Verdauungs-, Fortpflanzungs-** und zum **harnableitenden System** gehören, mit den richtigen Farben aus. Vergleiche dazu die Farbzuordnung im Kästchen links oben im Bild.

4. Zeichne:

a) einen roten Pfeil, der den Weg einer Eizelle abbildet;

b) einen blauen Pfeil, der zeigt, wohin Urin abfließt;

c) einen grünen Pfeil, der zeigt, wohin Nahrungsreste bewegt werden.

Innere Organe der Frau (1)

Zuordnung der Farben:

Fortpflanzungssystem	**rot**
ableitende Harnwege	**blau**
Verdauungssystem	**grün**

Begriffe zur Beschriftung der Zeichnung:

▶ Eierstock (Ovar) ▶ Darmausgang (After)

▶ Gebärmutter (Uterus) ▶ Blase

▶ Schamhaar ▶ Harnröhre

▶ Dickdarm ▶ Klitoris

▶ Eileiter ▶ Vagina

▶ Schambein ▶ Wirbelsäule

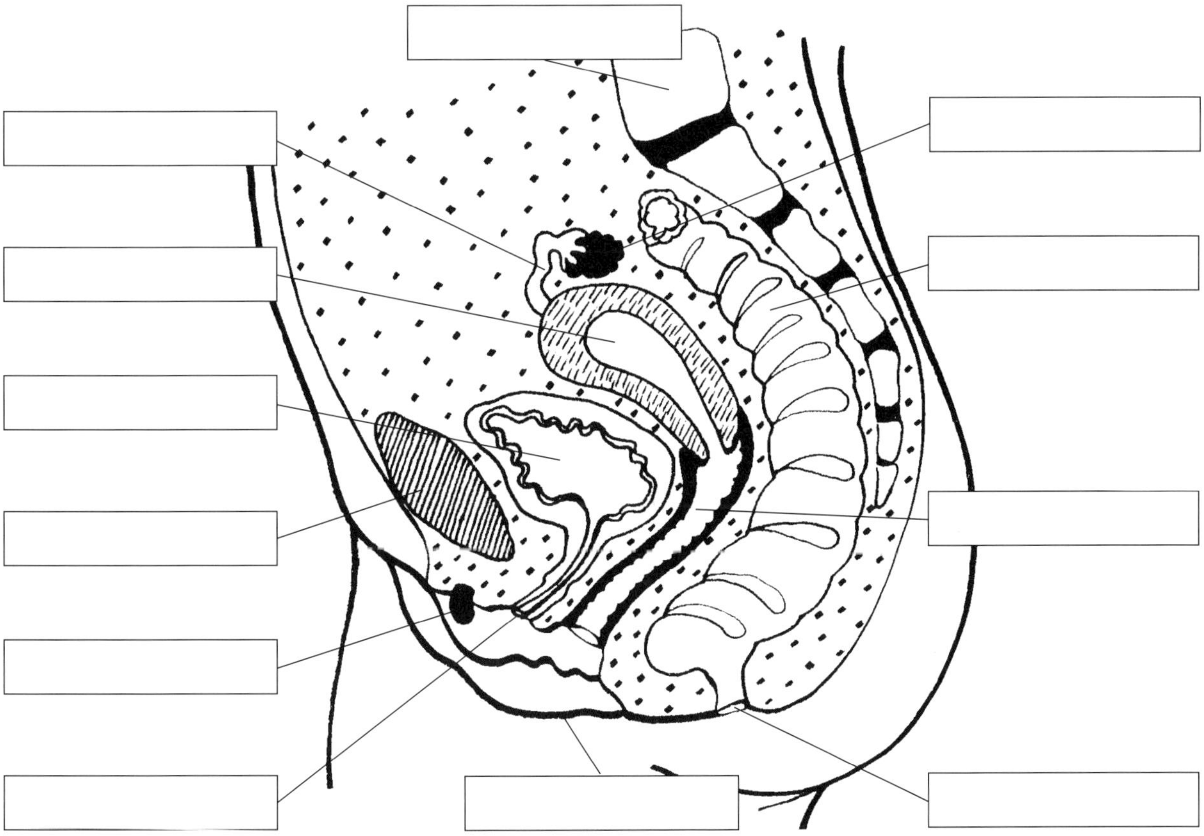

© Verlag an der Ruhr ● Postfach 10 22 51 ● 45422 Mülheim an der Ruhr ● www.verlagruhr.de ● ISBN 978-3-8346-0333-3

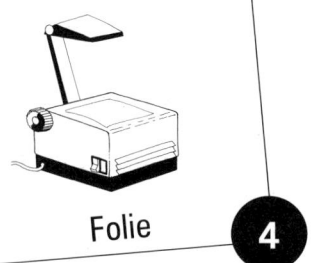

Innere Organe der Frau – 1

Das Bild unten zeigt den Körper der Frau im Längsschnitt.

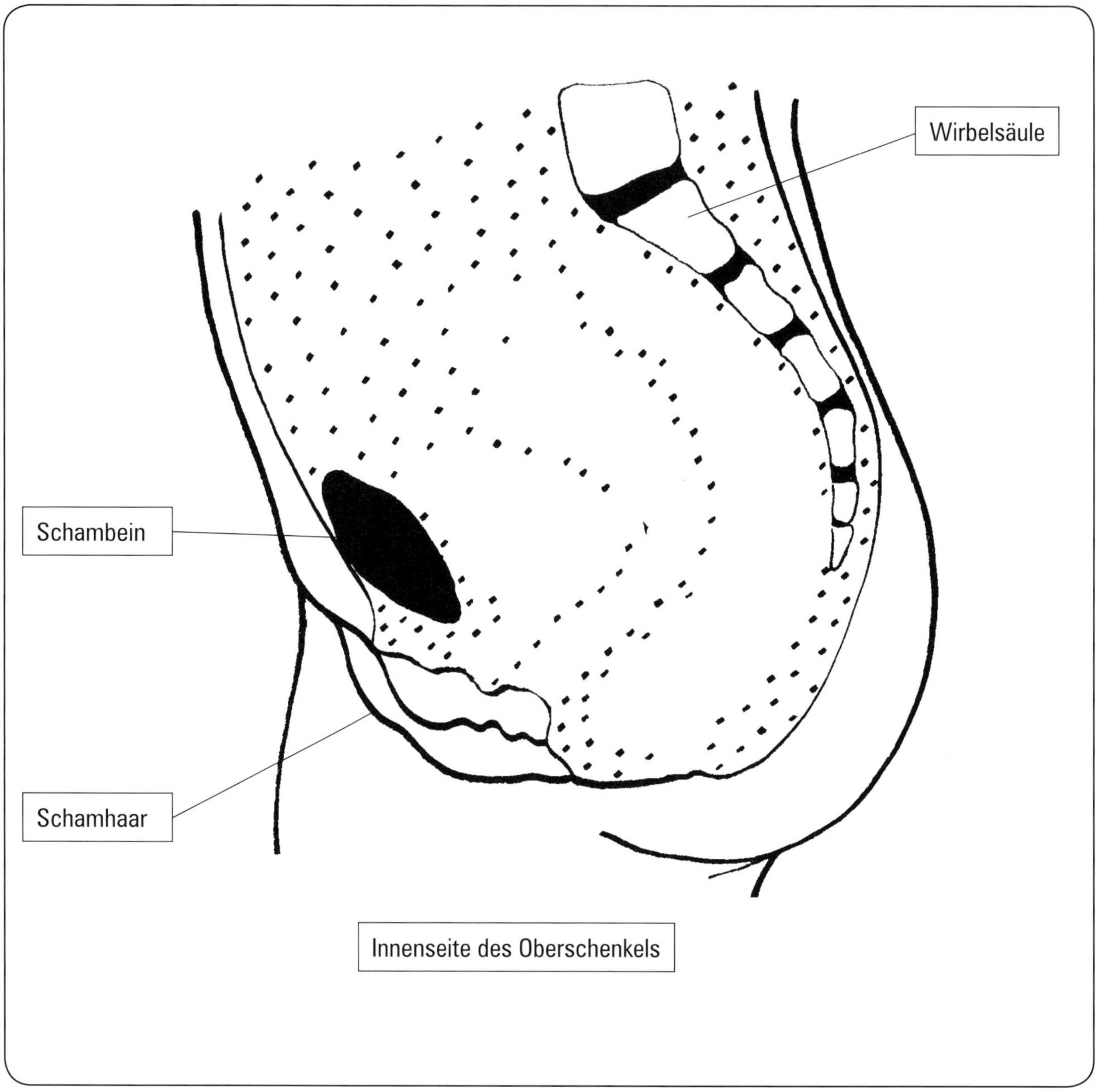

Wirbelsäule

Schambein

Schamhaar

Innenseite des Oberschenkels

1. Das **Schambein** ist Teil des Beckens. Das **Becken** ist ein knöcherner Ring, der mit der **Wirbelsäule** und den **Oberschenkelknochen** verbunden ist.

© Verlag an der Ruhr ❂ Postfach 10 22 51 ❂ 45422 Mülheim an der Ruhr ❂ www.verlagruhr.de ❂ ISBN 978-3-8346-0333-3

Innere Organe der Frau – 1

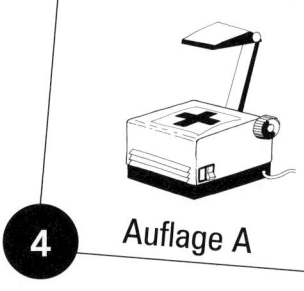

4 Auflage A

Diese Folie zeigt die Lage des **harnableitenden Systems** und des **Verdauungssystems**.

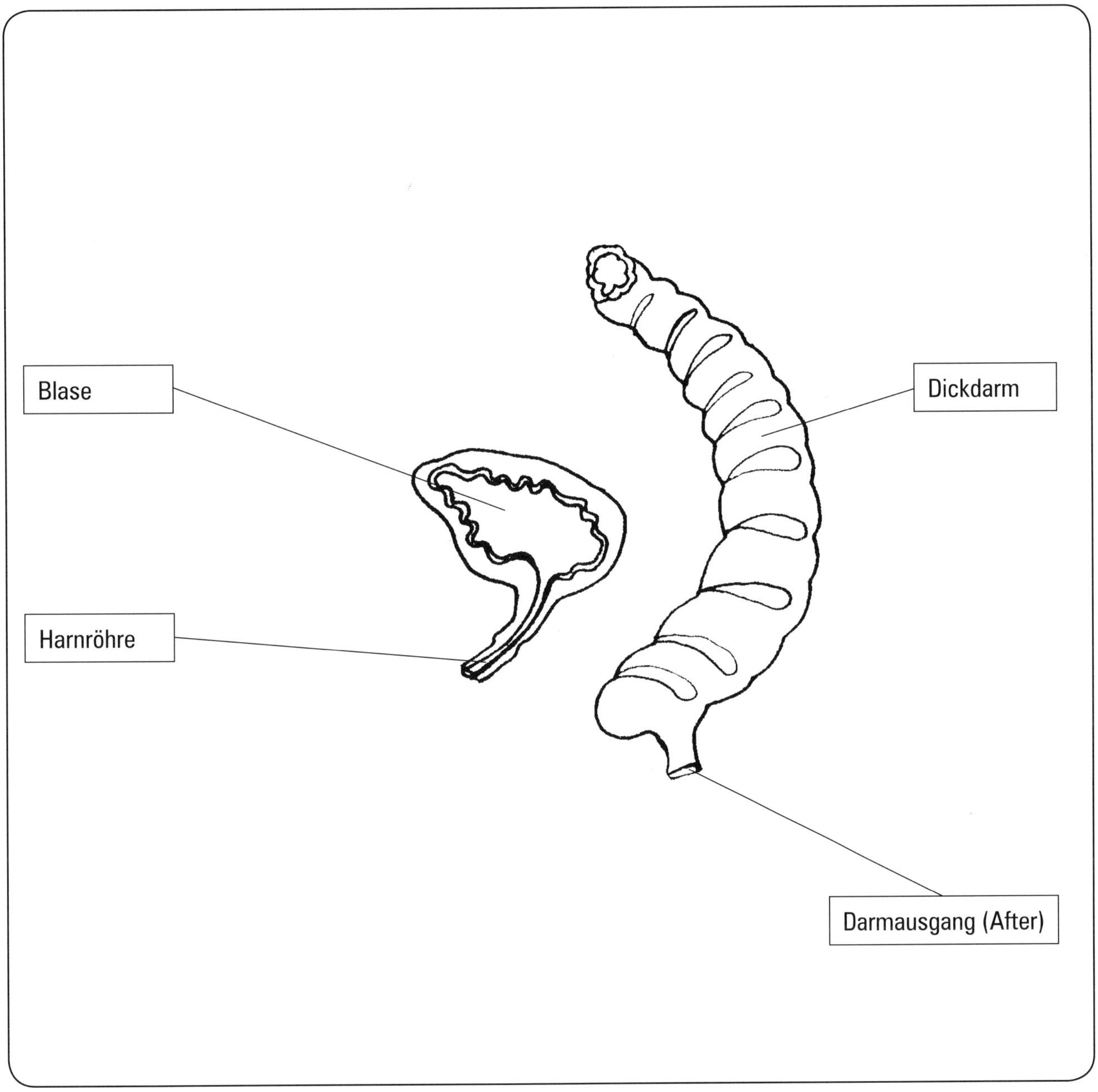

Blase

Dickdarm

Harnröhre

Darmausgang (After)

© Verlag an der Ruhr ◉ Postfach 10 22 51 ◉ 45422 Mülheim an der Ruhr ◉ www.verlagruhr.de ◉ ISBN 978-3-8346-0333-3

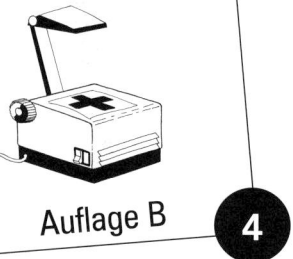

Innere Organe der Frau – 1

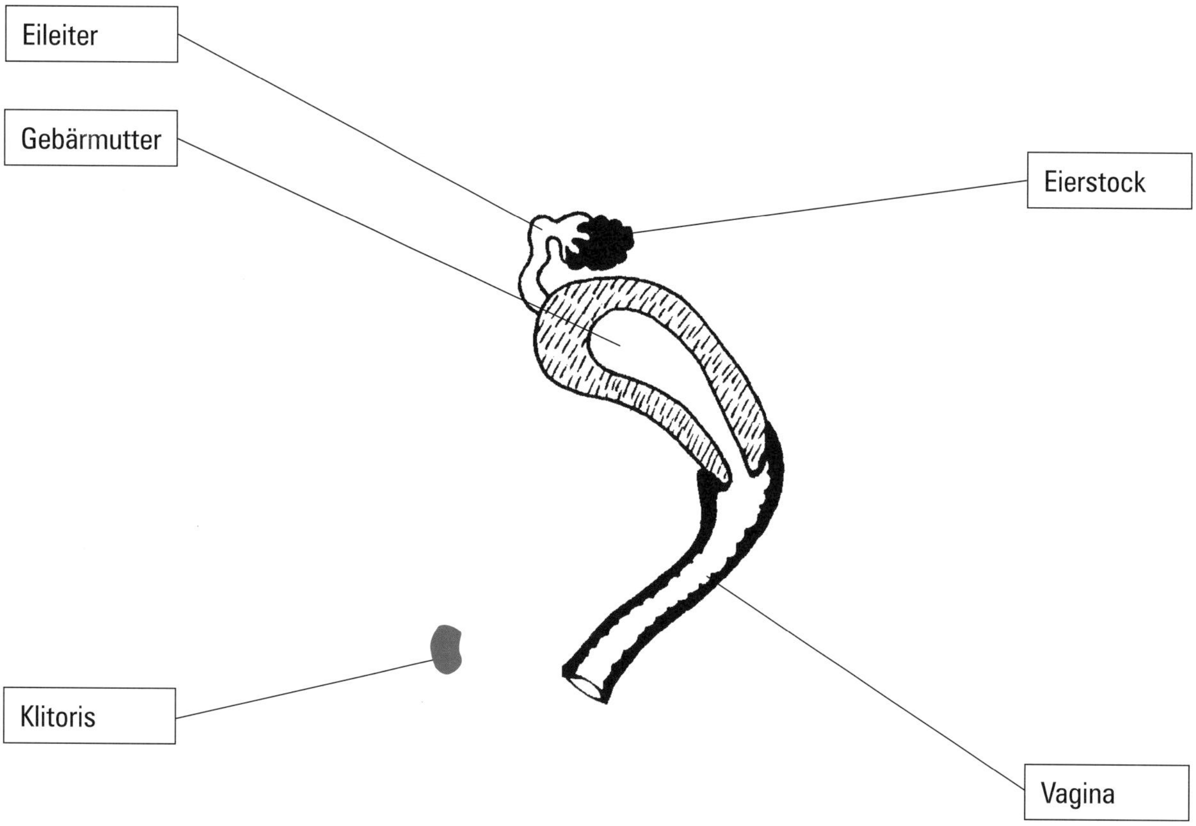

Eileiter

Gebärmutter

Eierstock

Klitoris

Vagina

Diese Folienauflage zeigt die Lage der **inneren weiblichen Geschlechtsorgane**.

3. Die **Vagina** ist ein Muskelschlauch, der bis zur Gebärmutter führt.

4. Die **Eizellen** werden in den **Eierstöcken** gebildet und über die **Eileiter** zur Gebärmutter geleitet.

2. Die **inneren weiblichen Geschlechtsorgane** liegen zwischen dem harnableitenden System und dem Verdauungssystem.

5. Die **Klitoris** ist ein besonderer Körperteil: Bei ihrer Berührung empfindet die Frau sehr lustvolle Gefühle.

© Verlag an der Ruhr ❍ Postfach 10 22 51 ❍ 45422 Mülheim an der Ruhr ❍ www.verlagruhr.de ❍ ISBN 978-3-8346-0333-3

Innere Organe der Frau – 2

Das Bild zeigt die **inneren Geschlechtsorgane** der Frau.

Eine Frau hat **zwei Eierstöcke**. Diese erzeugen **Eizellen**.

Die **Eileiter** sind feine Röhrchen, die die **Eizellen** von einem Eierstock hinüber zur Gebärmutter transportieren.

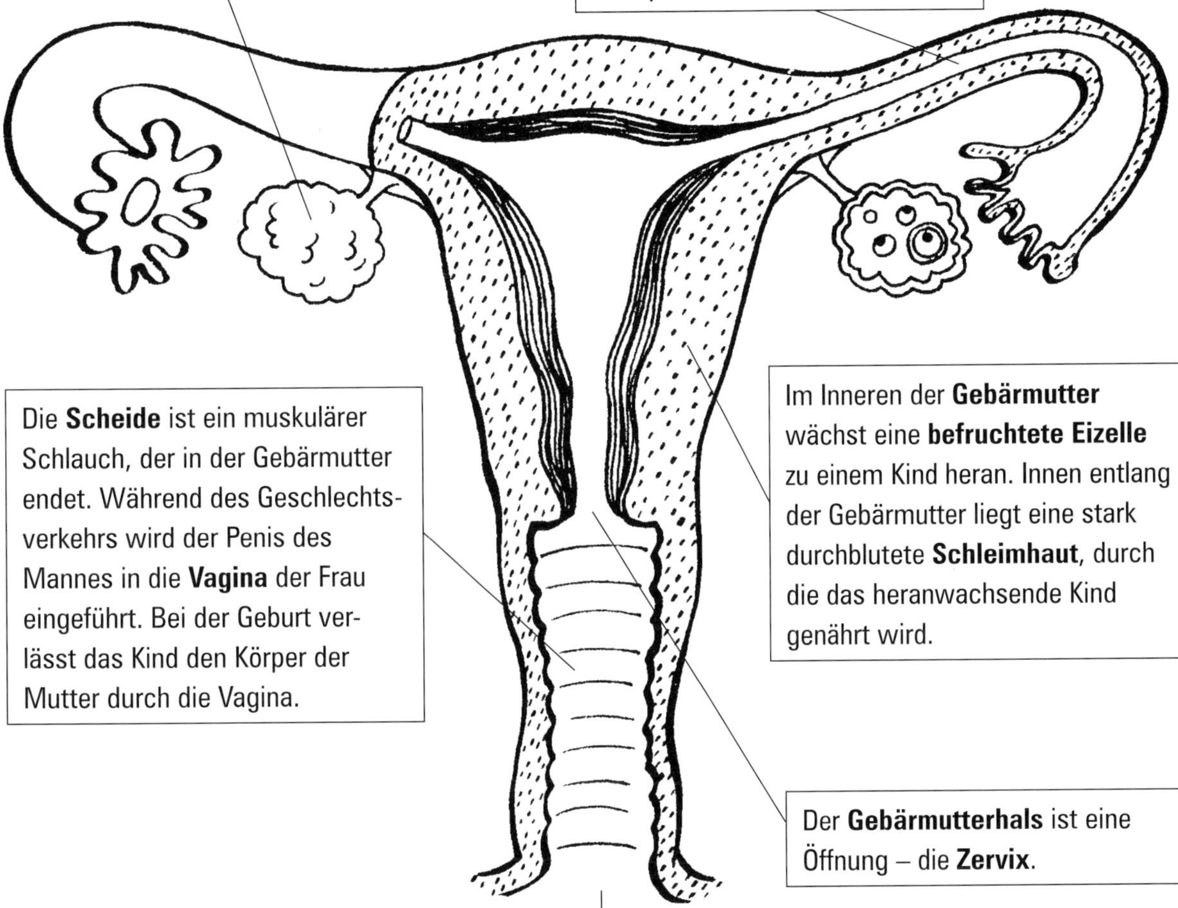

Die **Scheide** ist ein muskulärer Schlauch, der in der Gebärmutter endet. Während des Geschlechtsverkehrs wird der Penis des Mannes in die **Vagina** der Frau eingeführt. Bei der Geburt verlässt das Kind den Körper der Mutter durch die Vagina.

Im Inneren der **Gebärmutter** wächst eine **befruchtete Eizelle** zu einem Kind heran. Innen entlang der Gebärmutter liegt eine stark durchblutete **Schleimhaut**, durch die das heranwachsende Kind genährt wird.

Der **Gebärmutterhals** ist eine Öffnung – die **Zervix**.

Die **Vagina** nimmt beim Geschlechtsverkehr die Spermien des Mannes auf.

Fragen

1. Wo werden die Eizellen erzeugt?

2. Wie gelangt eine Eizelle von einem Eierstock zur Gebärmutter?

3. Überlege dir, aus welchem Grund Frauen gleich zwei Eierstöcke haben könnten.

4. Welche Aufgabe hat die Gebärmutter? Warum hat sie innen eine dicke, stark durchblutete Schleimhaut?

5. Aus welchem Grund hat die Gebärmutter Wände aus Muskelgewebe?

© Verlag an der Ruhr ● Postfach 10 22 51 ● 45422 Mülheim an der Ruhr ● www.verlagruhr.de ● ISBN 978-3-8346-0333-3

Innere Organe der Frau – 2

Aufgaben

1. Schneide das Bild unten entlang der gestrichelten Linie aus, und klebe es in dein Heft.

2. Male das Bild bunt aus. Verwende die Farben so, wie es unten angegeben ist.

3. Beschrifte die Kästchen.

4. Zeichne einen roten Pfeil, der den Weg einer Eizelle von einem Eierstock zur Gebärmutter markiert.

Innere Organe der Frau – 2

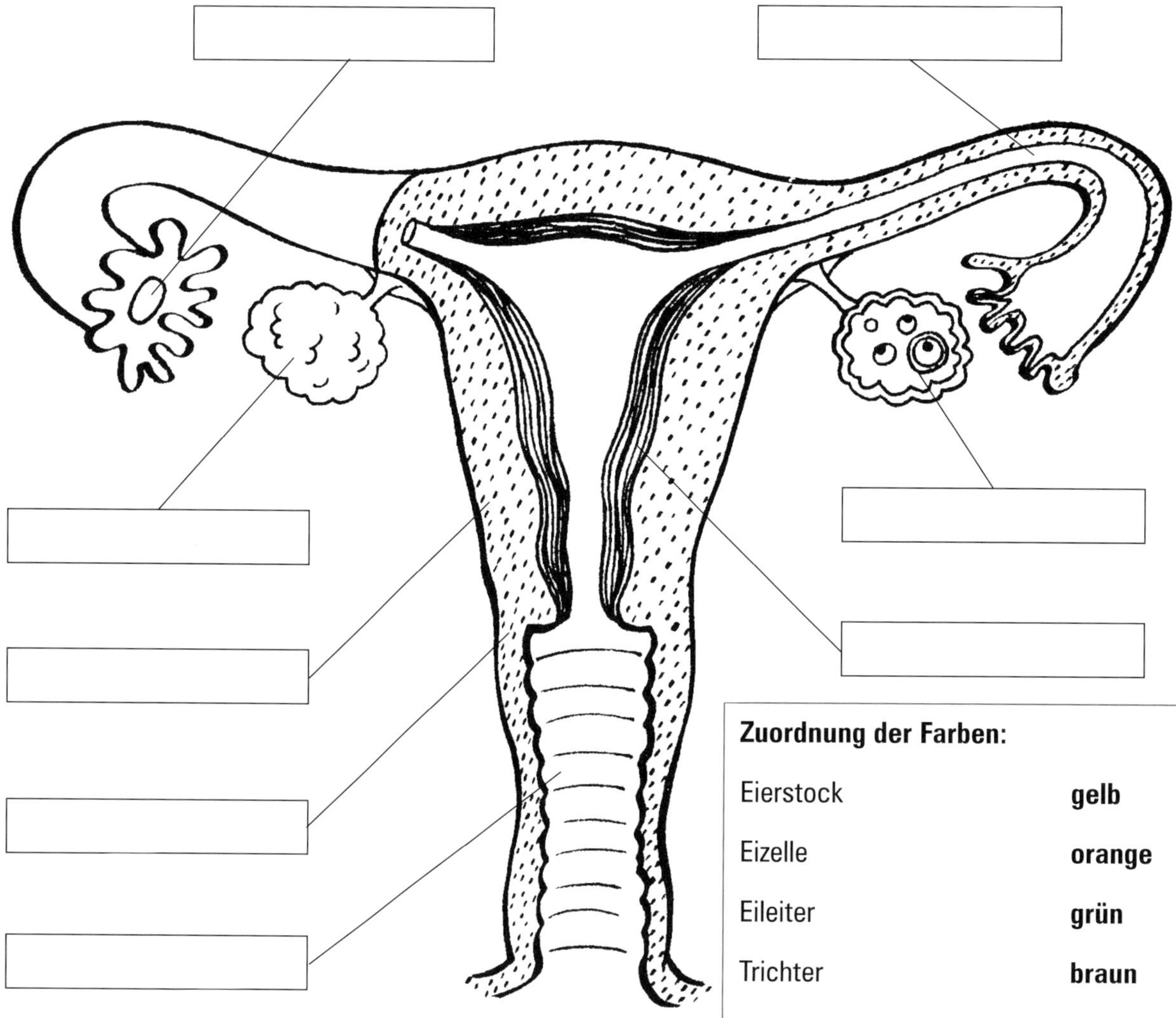

Zuordnung der Farben:

Eierstock	**gelb**
Eizelle	**orange**
Eileiter	**grün**
Trichter	**braun**
Gebärmutter	**blau**
Gebärmutterhals	**schwarz**
Vagina	**rosa**
innere Schicht der Gebärmutter	**rot**
Weg der Eizelle	⇨⇨

© Verlag an der Ruhr ● Postfach 10 22 51 ● 45422 Mülheim an der Ruhr ● www.verlagruhr.de ● ISBN 978-3-8346-0333-3

Innere Organe der Frau – 2

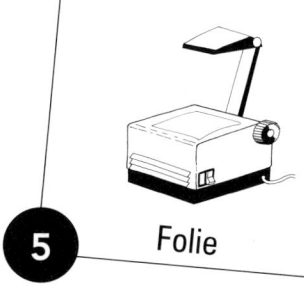

Das Bild unten zeigt die **inneren Geschlechtsorgane** der Frau.

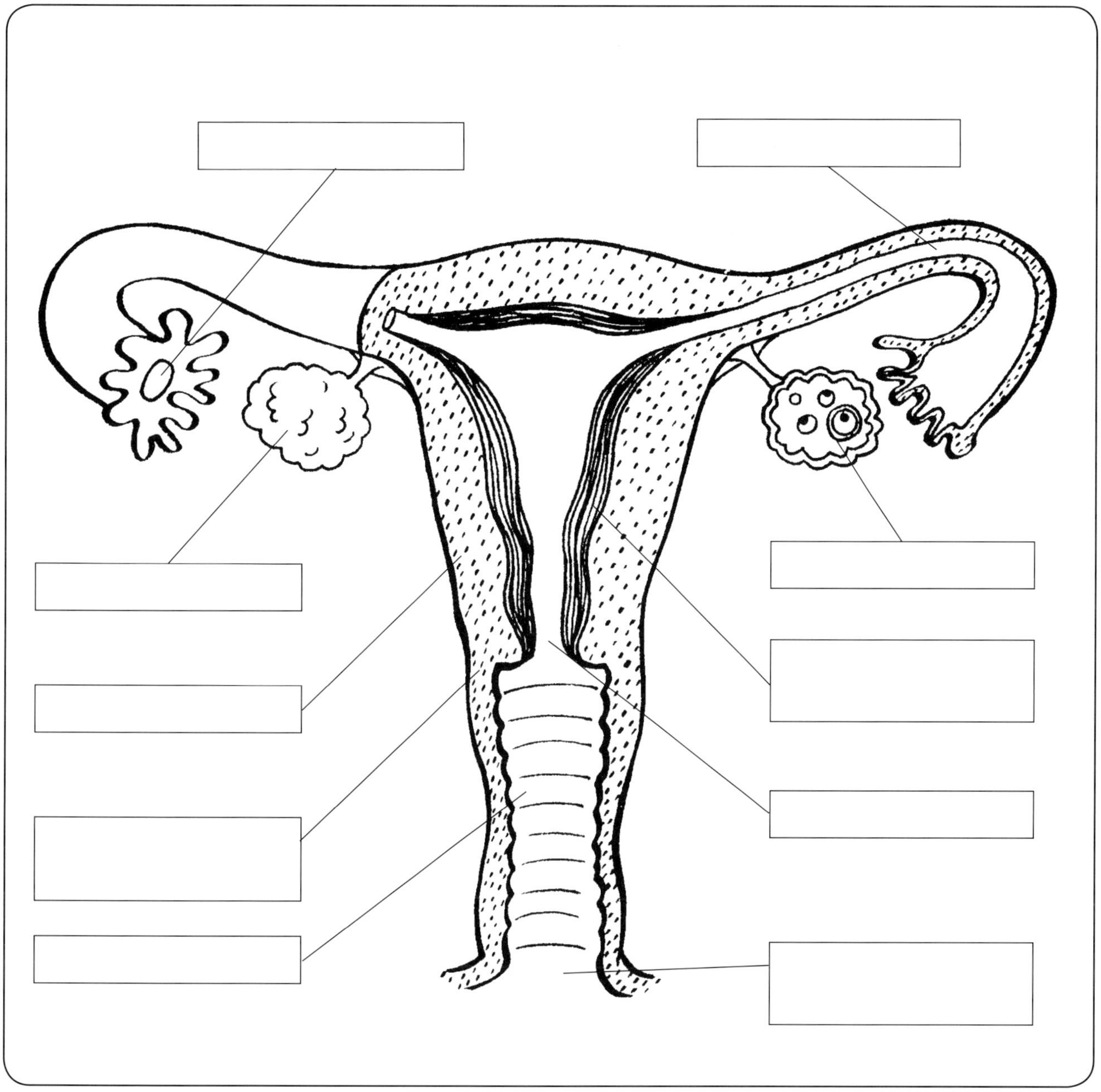

1. Die **Eizellen**, die in den **Eierstöcken** erzeugt werden, gelangen in den Trichter des **Eileiters**.

2. Der **Eileiter transportiert die Eizelle** vom Eierstock zur Gebärmutter.

3. Die **Gebärmutter (Uterus)** ist ein birnenförmiges Organ, in dem sich der **Fötus** entwickelt.

4. Die **Zervix** ist ein **Muskelring am Gebärmutterhals**.

5. Die **Scheide** ist ein Kanal, der von der Gebärmutter zum Äußeren des Körpers führt.

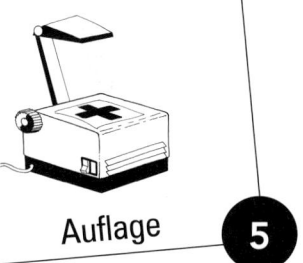
Innere Organe der Frau – 2

Trichter

Eileiter

Eierstock

Eizelle

Gebärmutterschleim-
haut (Endometrium)

Gebärmutter (Uterus)

Zervixkanal

Gebärmutterhals
(Zervix)

Vagina

Öffnung der Vagina
(Scheide)

6. Der **Zervixkanal** mündet in der Gebärmutter.

7. Die **Gebärmutterschleimhaut (Endometrium)** nährt den heranwachsenden Embryo.

8. **Zwei Eierstöcke** erzeugen **Eizellen** und **Hormone**.

© Verlag an der Ruhr ● Postfach 10 22 51 ● 45422 Mülheim an der Ruhr ● www.verlagruhr.de ● ISBN 978-3-8346-0333-3

Veränderungen in der Pubertät – Jungen

Erreicht ein Junge die Pubertät, setzen in ihm viele Veränderungen ein. Manche davon sind sichtbar, andere kaum oder gar nicht. Die Veränderungen der **primären Geschlechtsmerkmale** im Inneren seines Körpers sind direkt mit seiner **Fortpflanzungsfähigkeit** verbunden – also mit seiner Möglichkeit, später Kinder zu zeugen.

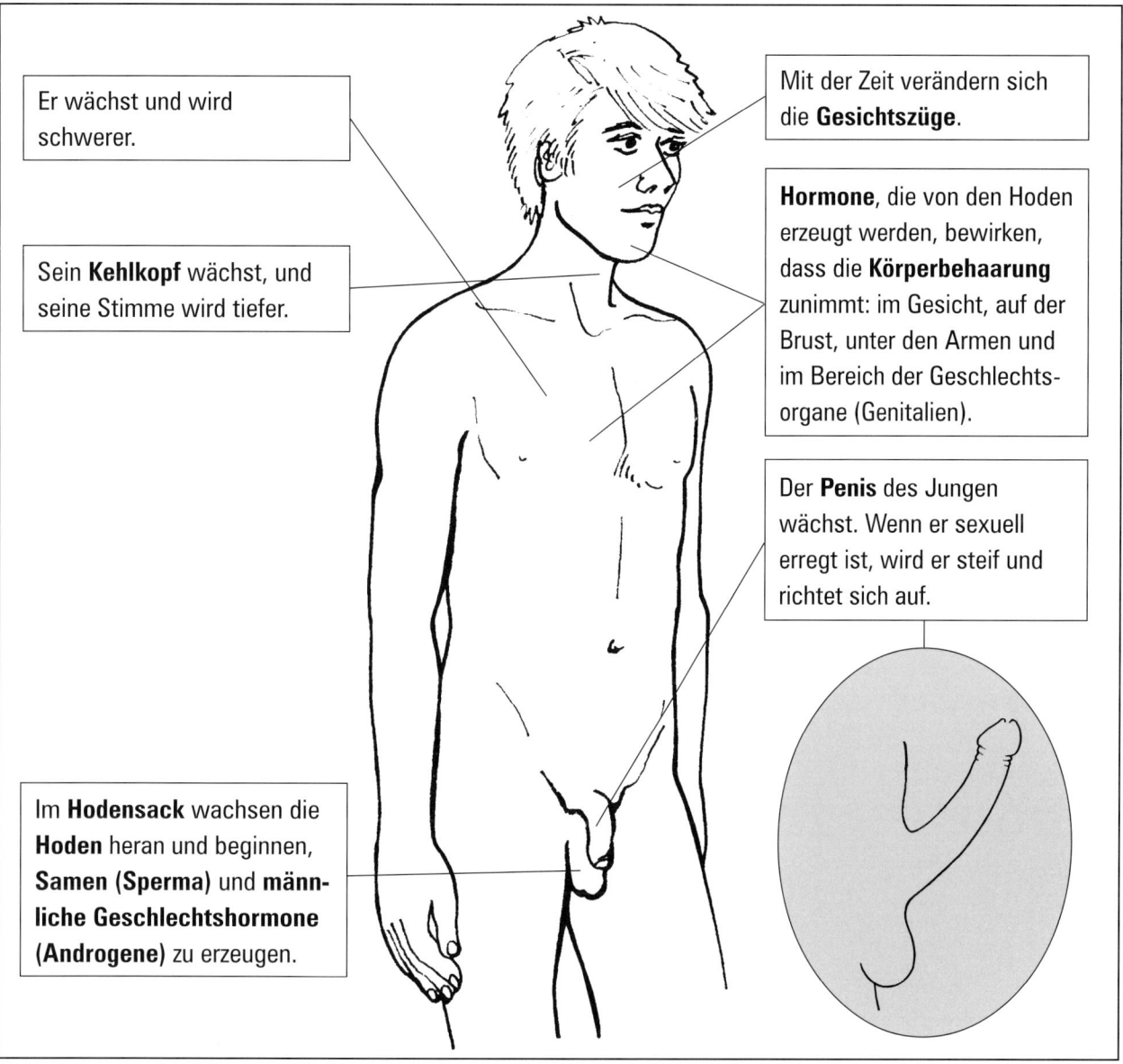

Er wächst und wird schwerer.

Sein **Kehlkopf** wächst, und seine Stimme wird tiefer.

Im **Hodensack** wachsen die **Hoden** heran und beginnen, **Samen (Sperma)** und **männliche Geschlechtshormone (Androgene)** zu erzeugen.

Mit der Zeit verändern sich die **Gesichtszüge**.

Hormone, die von den Hoden erzeugt werden, bewirken, dass die **Körperbehaarung** zunimmt: im Gesicht, auf der Brust, unter den Armen und im Bereich der Geschlechtsorgane (Genitalien).

Der **Penis** des Jungen wächst. Wenn er sexuell erregt ist, wird er steif und richtet sich auf.

Fragen

1. Welche der Geschlechtsmerkmale, die genannt werden, sind die so genannten sekundären Geschlechtsmerkmale (also nicht direkt verbunden mit der Fortpflanzungsfähigkeit des Mannes)?

2. Welche Merkmale sind mit der Fortpflanzungsfähigkeit verbunden?

3. Wann sind die Veränderungen der Pubertät bei Jungen abgeschlossen?

4. Wann die Pubertät beginnt, ist von einem Jungen zum anderen sehr unterschiedlich (zwischen dem Alter von 10 und 17). Welches ist das durchschnittliche Alter, in dem die Pubertät anfängt?

5. An welchen offensichtlichen Zeichen erkennt ein Junge zuerst, dass seine Pubertät begonnen hat?

© Verlag an der Ruhr ● Postfach 10 22 51 ● 45422 Mülheim an der Ruhr ● www.verlagruhr.de ● ISBN 978-3-8346-0333-3

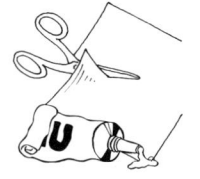

Veränderungen in der Pubertät – Jungen

Aufgaben

1. Schneide das Bild unten entlang der gestrichelten Linie aus, und klebe es in dein Heft.

2. Beschrifte alle Merkmale auf dem Bild, die sich in der Pubertät entwickeln.

3. Nenne in dem Kästchen rechts unten in der Abbildung so viele körperliche Unterschiede zwischen Jungen und Mädchen, wie dir einfallen.

Veränderungen in der Pubertät – Jungen

Veränderungen bei Jungen in der Pubertät

▶ Körperbehaarung

▶ Gesichtsbehaarung

▶ Schamhaar

▶ Wachsen des Kehlkopfes

▶ Entwicklung der Brust

▶ Penis

▶ Hodensack

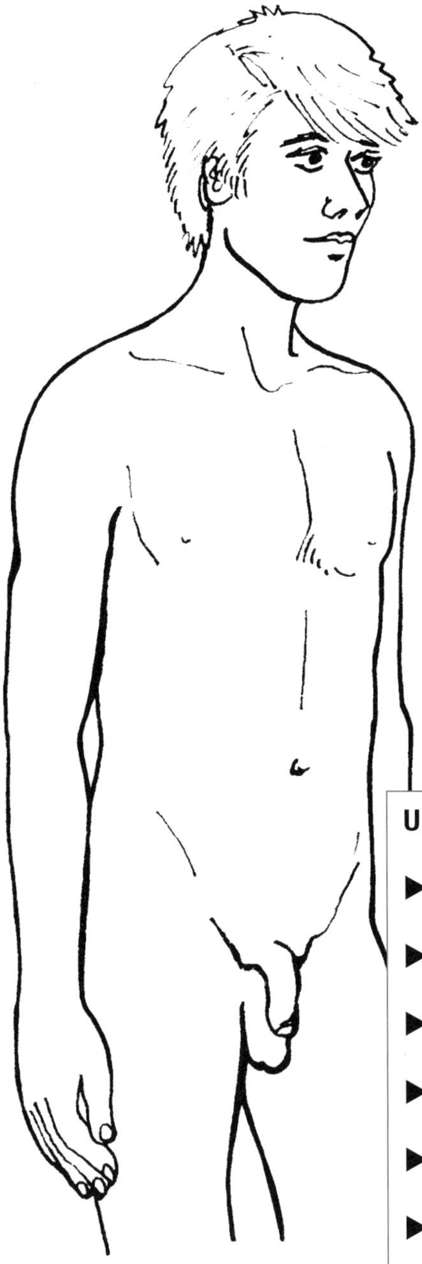

Unterschiede: Jungen – Mädchen

▶ _____

▶ _____

▶ _____

▶ _____

▶ _____

▶ _____

▶ _____

© Verlag an der Ruhr ❶ Postfach 10 22 51 ❶ 45422 Mülheim an der Ruhr ❶ www.verlagruhr.de ❶ ISBN 978-3-8346-0333-3

Veränderungen in der Pubertät – Jungen

Erreicht ein Junge die Pubertät, beginnt sein Körper sich zuverändern.

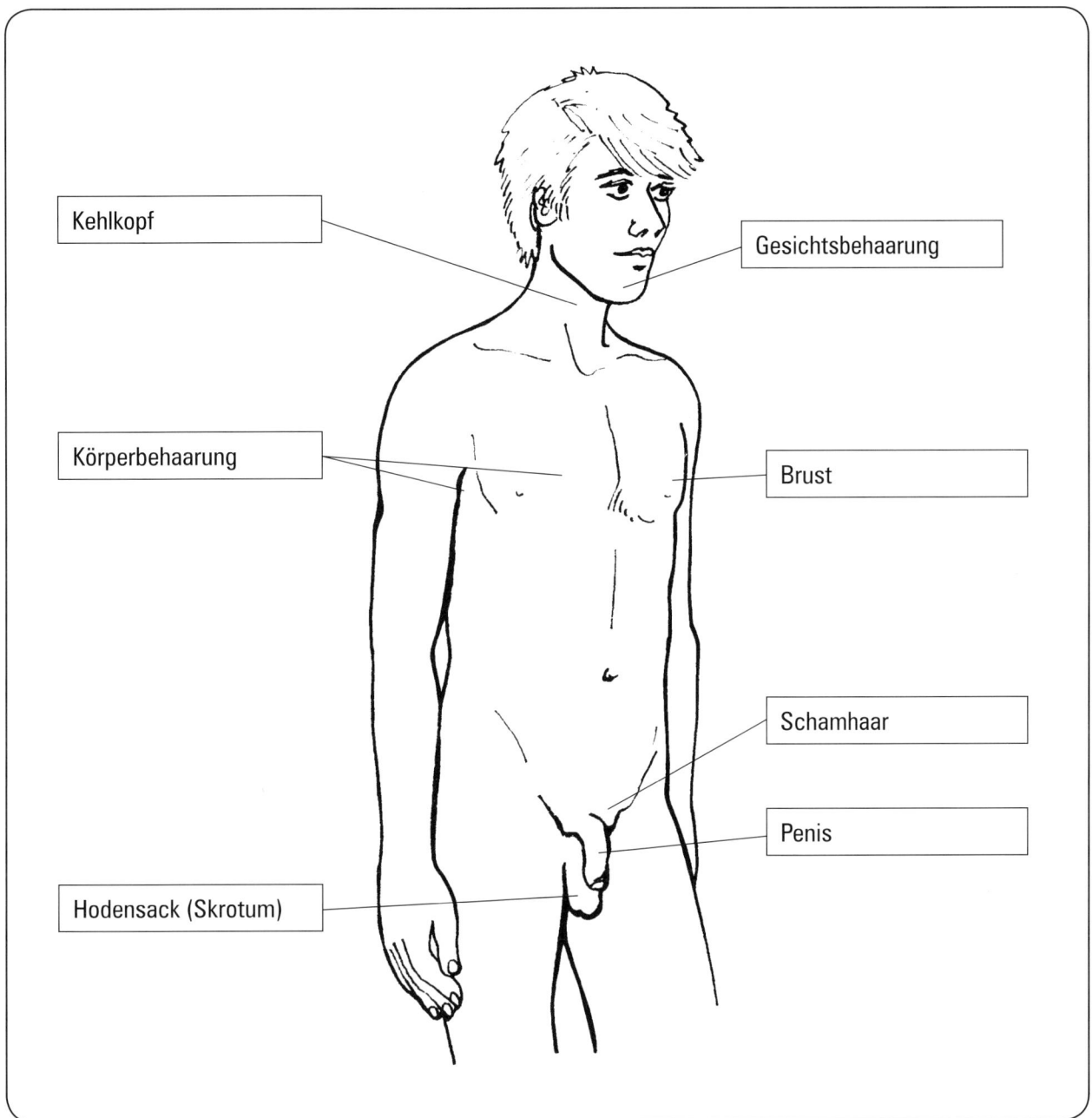

1. **Hormone**, die von den Hoden erzeugt werden, bewirken, dass die **Körperbehaarung** zunimmt.

2. Der **Penis** des Jungen wächst. Wenn er sexuell erregt ist, wird der steif und richtet sich auf.

3. Der **Kehlkopf (Larynx)** wächst, seine Stimme wird tiefer.

4. Der **Brustkasten** wird breiter und muskulöser.

5. Er wächst und wird schwerer.

6. Seine **Gesichtszüge** werden mit der Zeit markanter.

7. Im **Hodensack** entwickeln sich die **Hoden (Testes)** und beginnen, **Samen (Sperma)** und männliche Geschlechtshormone zu erzeugen.

© Verlag an der Ruhr ● Postfach 10 22 51 ● 45422 Mülheim an der Ruhr ● www.verlagruhr.de ● ISBN 978-3-8346-0333-3

Männliche Organe – 1

Info 7

Das Bild unten zeigt die inneren und äußeren männlichen Fortpflanzungsorgane.

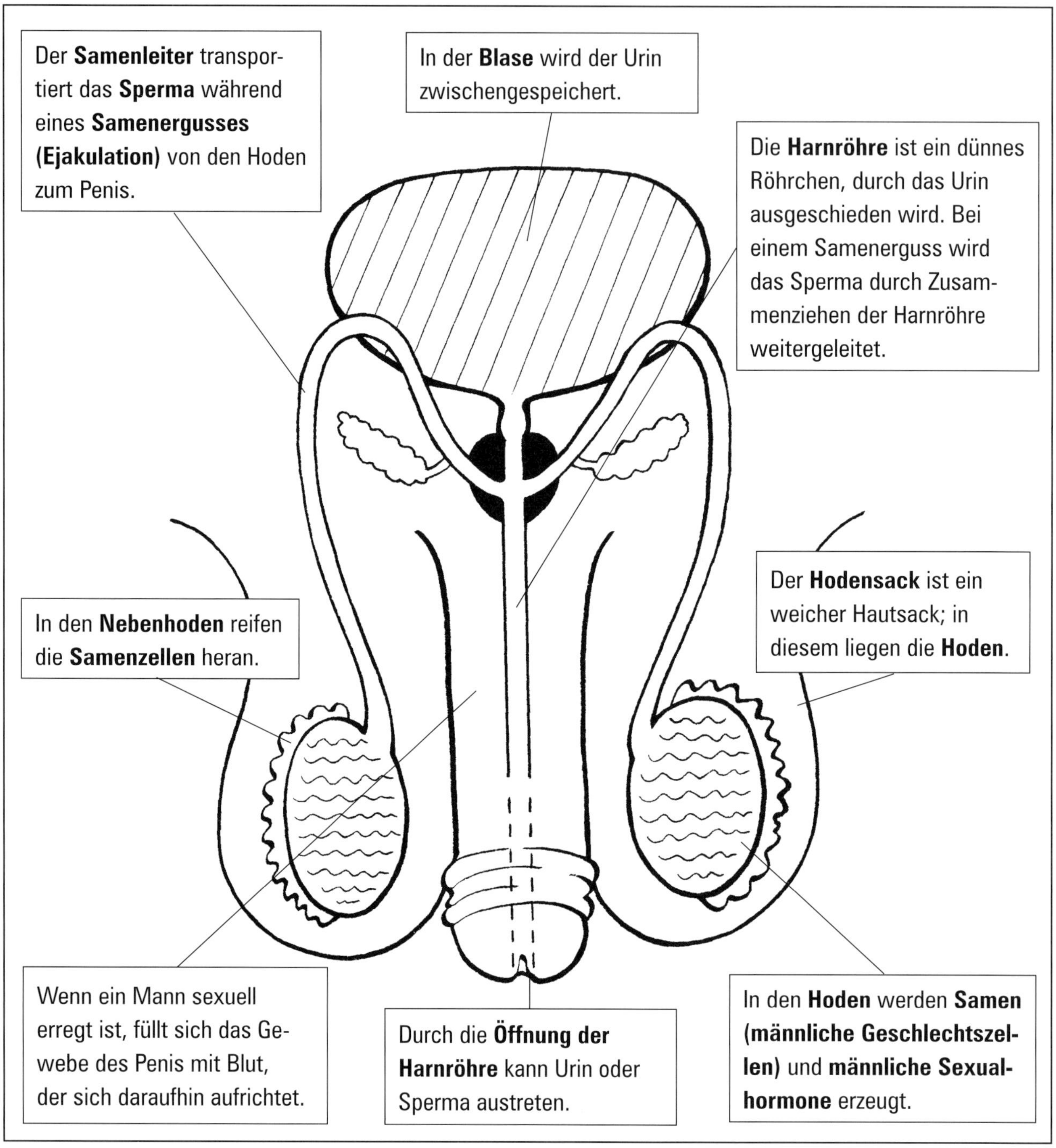

Der **Samenleiter** transportiert das **Sperma** während eines **Samenergusses (Ejakulation)** von den Hoden zum Penis.

In der **Blase** wird der Urin zwischengespeichert.

Die **Harnröhre** ist ein dünnes Röhrchen, durch das Urin ausgeschieden wird. Bei einem Samenerguss wird das Sperma durch Zusammenziehen der Harnröhre weitergeleitet.

In den **Nebenhoden** reifen die **Samenzellen** heran.

Der **Hodensack** ist ein weicher Hautsack; in diesem liegen die **Hoden**.

Wenn ein Mann sexuell erregt ist, füllt sich das Gewebe des Penis mit Blut, der sich daraufhin aufrichtet.

Durch die **Öffnung der Harnröhre** kann Urin oder Sperma austreten.

In den **Hoden** werden **Samen (männliche Geschlechtszellen)** und **männliche Sexualhormone** erzeugt.

Fragen

1. Welche männlichen Geschlechtsorgane liegen außerhalb des Körpers?

2. Welche Aufgaben hat die Harnröhre?

3. Warum wird der Penis steif und richtet sich auf, wenn ein Mann sexuell erregt ist?

4. Wodurch wird das Sperma bei einer Ejakulation nach draußen gepresst?

5. In welchem Zustand muss der Penis sein, um
   a) Urin abfließen zu lassen?
   b) einen Samenerguss zu ermöglichen?

FAQ! 32 Sexualität & Fortpflanzung

© Verlag an der Ruhr ● Postfach 10 22 51 ● 45422 Mülheim an der Ruhr ● www.verlagruhr.de ● ISBN 978-3-8346-0333-3

Männliche Organe – 1

Aufgaben

1. Schneide die Abbildung unten entlang der gestrichelten Linie aus, und klebe sie in dein Heft.

2. Verwende die Begriffe aus dem Kasten rechts, um die Organe auf dem Bild zu beschriften.

3. Male das Fortpflanzungssystem blau aus.

4. Zeichne einen roten Pfeil, um den Weg der männlichen Samen darzustellen.

Männliche Organe (1)

Zuordnung der Farben:

Fortpflanzungssystem **blau**

Weg der Samen ⇨ ⇨

Begriffe zur Beschriftung der Zeichnung:

▶ Hoden
▶ Nebenhoden
▶ Penis
▶ Harnröhre

▶ Blase
▶ Samenleiter
▶ Harnöffnung
▶ Hodensack

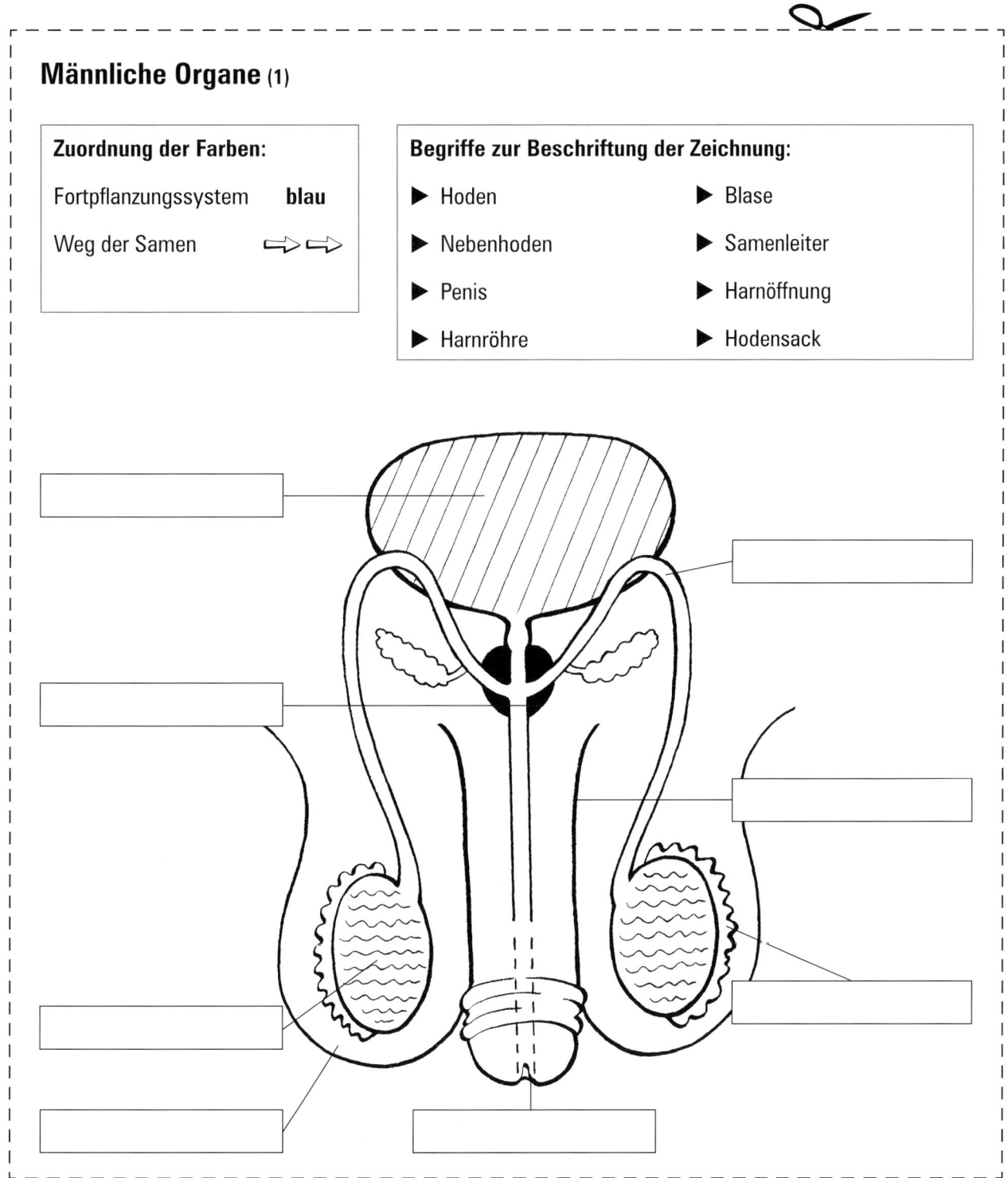

© Verlag an der Ruhr ❂ Postfach 10 22 51 ❂ 45422 Mülheim an der Ruhr ❂ www.verlagruhr.de ❂ ISBN 978-3-8346-0333-3

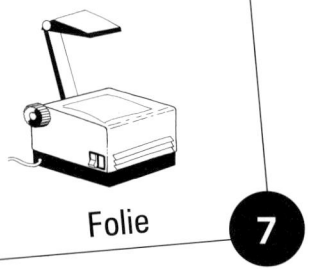

Männliche Organe – 1

Das Bild unten zeigt die äußeren männlichen Geschlechtsorgane oder Genitalien.

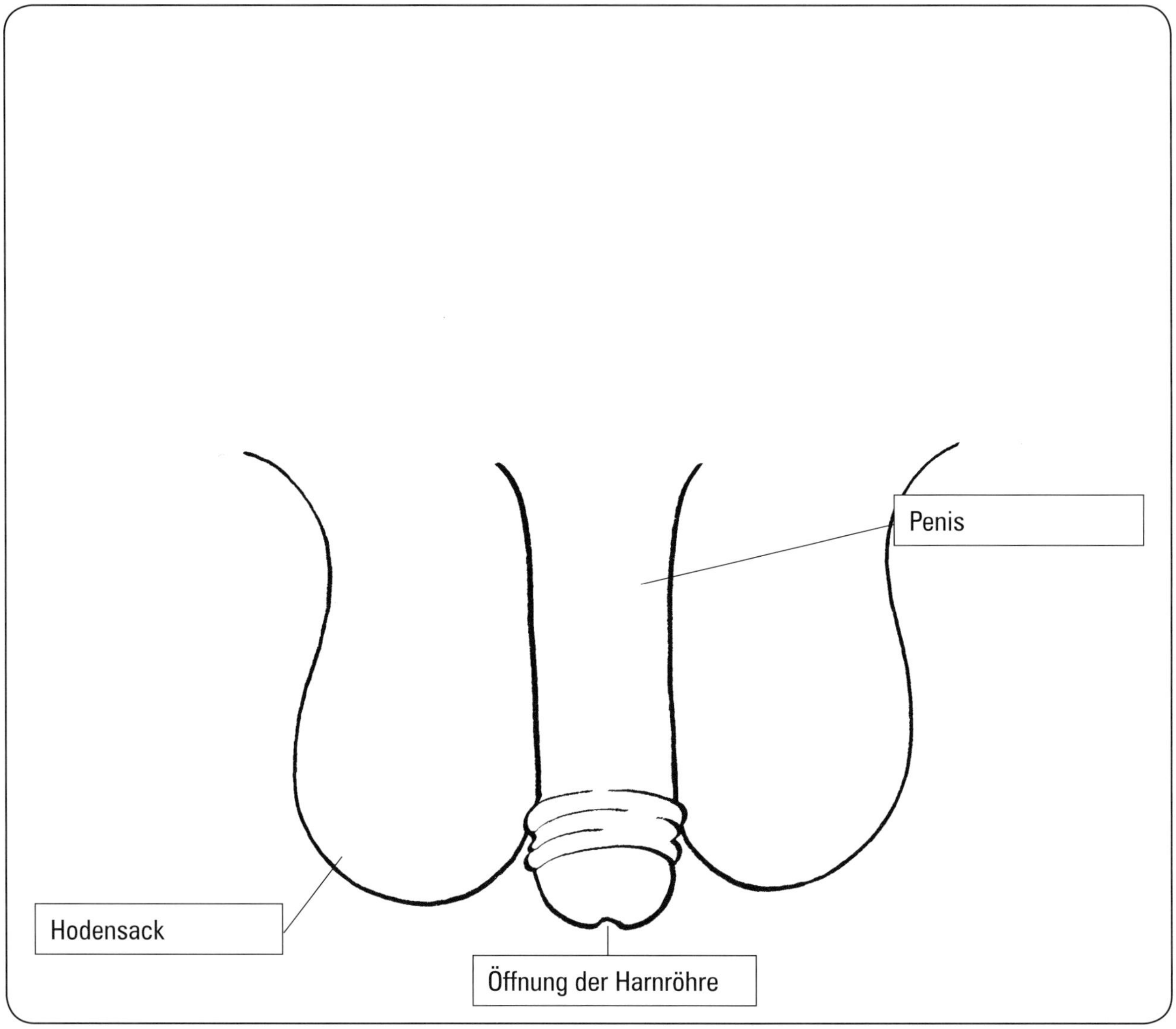

Penis

Hodensack

Öffnung der Harnröhre

1. Der **Hodensack (Skrotum)** ist ein Hautsack, in dem sich zwei eiförmige Organe befinden: **die Hoden (Testes)**.

2. Der **Penis** ist ca. 7–10 cm lang und beinhaltet die **Schwellkörper**.

3. Aus der **Öffnung der Harnröhre** verlässt der Urin den Körper des Mannes. Auch **Sperma (Samen)** wird durch die Harnröhre ejakuliert.

© Verlag an der Ruhr ● Postfach 10 22 51 ● 45422 Mülheim an der Ruhr ● www.verlagruhr.de ● ISBN 978-3-8346-0333-3

Männliche Organe – 1

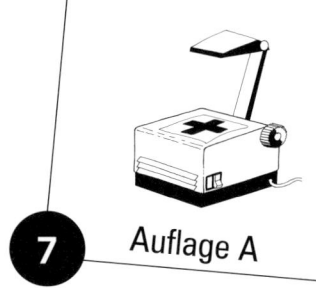

7 Auflage A

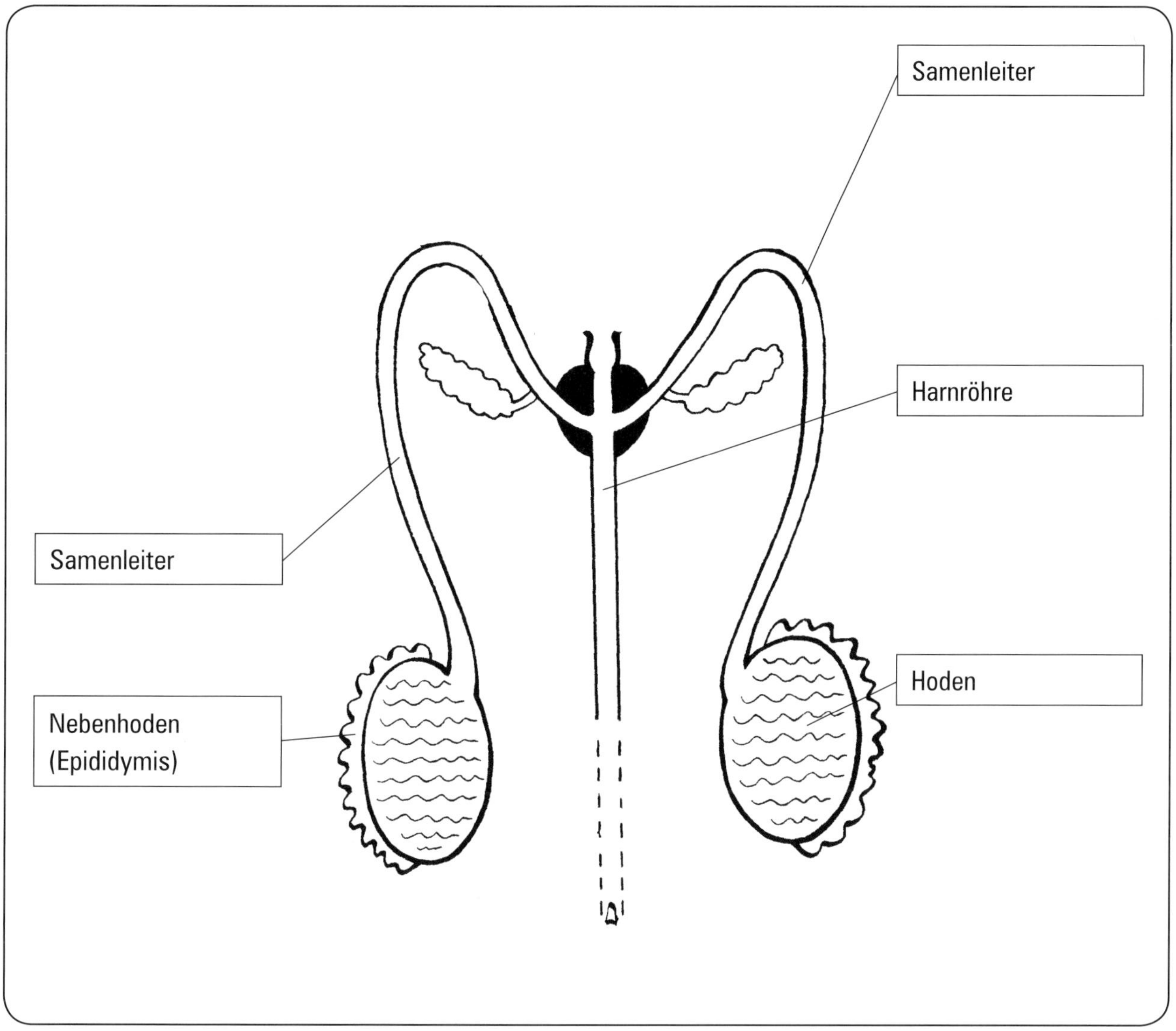

Samenleiter

Harnröhre

Samenleiter

Nebenhoden (Epididymis)

Hoden

5. Der **Nebenhoden** ist ein langer, gewundener Gang, der die Spermien während ihres Heranreifens speichert.

6. Der **Samenleiter** transportiert das **Sperma** während einer **Ejakulation** von den **Hoden** zum Penis.

7. Die **Harnröhre** ist ein dünnes Röhrchen, durch das Urin abfließt. Beim **Samenerguss** transportiert er das Sperma weiter.

4. Die Hoden sind zwei eiförmige Organe, die sich im **Hodensack** befinden. Sie produzieren **Sperma (männliche Geschlechtszellen)** und **männliche Sexualhormone**.

© Verlag an der Ruhr ❍ Postfach 10 22 51 ❍ 45422 Mülheim an der Ruhr ❍ www.verlagruhr.de ❍ ISBN 978-3-8346-0333-3

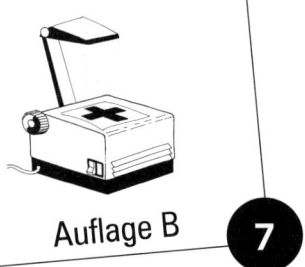

Männliche Organe – 1

Blase

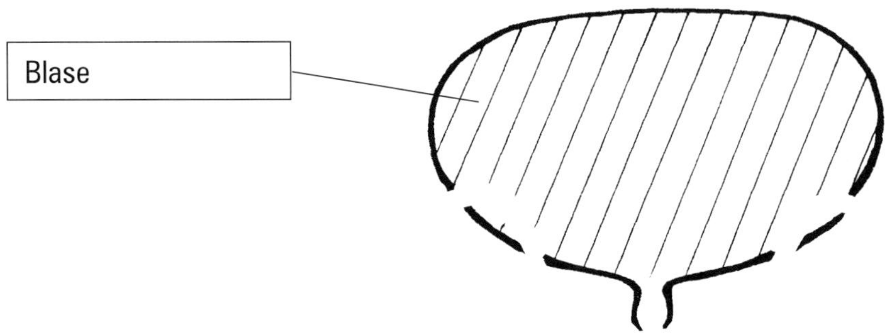

8. Die **Nieren reinigen Blut** von Abfallstoffen, die
durch **Stoffwechselvorgänge** entstehen.
Flüssigkeit, die in diesen Abfallstoffen enthalten
ist – der Urin – wird an die Blase weitergeleitet.
Hier wird sie zunächst gespeichert.

© Verlag an der Ruhr ● Postfach 10 22 51 ● 45422 Mülheim an der Ruhr ● www.verlagruhr.de ● ISBN 978-3-8346-0333-3

Männliche Organe – 2

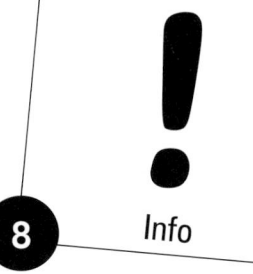

Das Bild unten zeigt die **männlichen Geschlechtsorgane**.
Es zeigt auch Teile des **harnableitenden Systems** und des
Verdauungssystems.

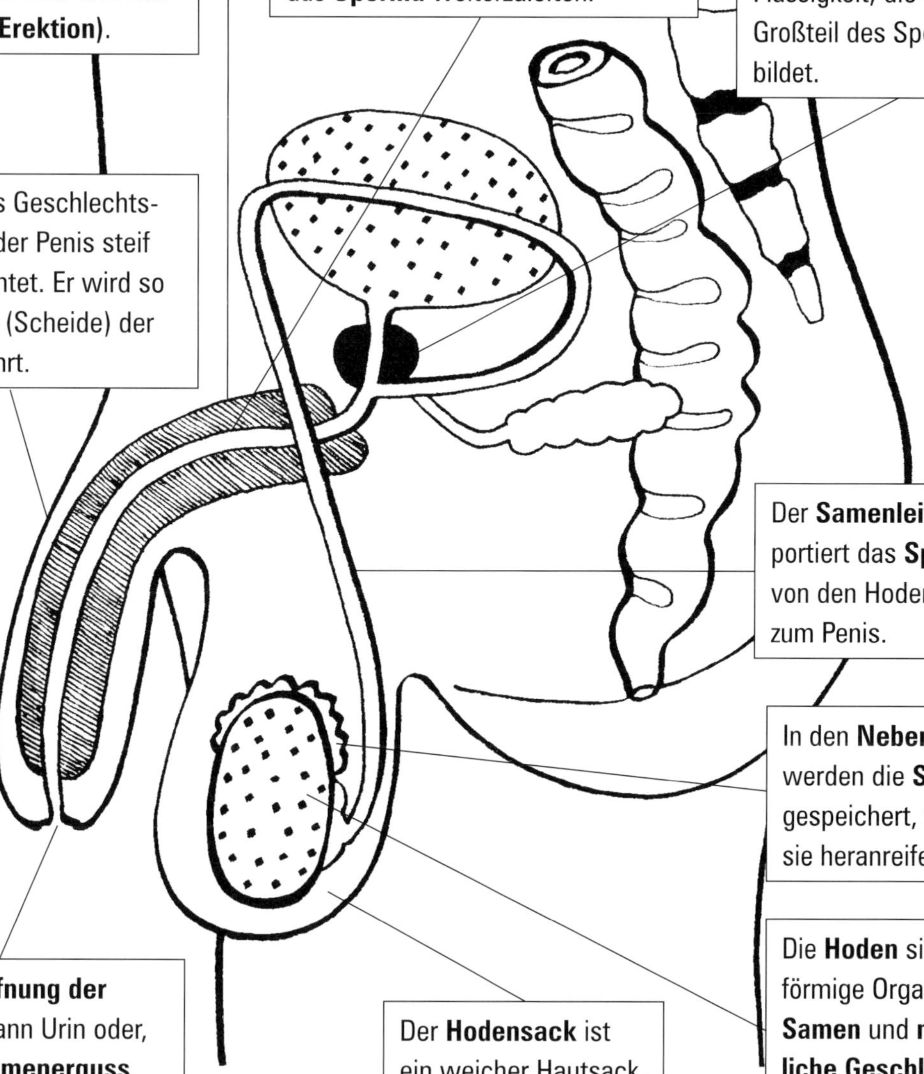

Wenn ein Mann oder ein Junge sexuell erregt ist, füllen sich die **Schwellkörper des Penis** mit Blut. Dadurch wird der Penis steif und richtet sich auf (**Erektion**).

Die **Harnröhre** ist ein dünnes Röhrchen, durch das Urin ausgeschieden wird. Bei einem **Samenerguss** zieht er sich auch zusammen, um das **Sperma** weiterzuleiten.

Die **Prostata** oder die **Vorsteherdrüse** ist etwa so groß wie eine Walnuss. Sie erzeugt eine Flüssigkeit, die einen Großteil des Spermas bildet.

Während des Geschlechtsverkehrs ist der Penis steif und aufgerichtet. Er wird so in die Vagina (Scheide) der Frau eingeführt.

Der **Samenleiter** transportiert das **Sperma** von den Hoden weiter zum Penis.

In den **Nebenhoden** werden die **Samen** gespeichert, während sie heranreifen.

Die **Hoden** sind eiförmige Organe, die **Samen** und **männliche Geschlechtshormone** erzeugen.

Durch die **Öffnung der Harnröhre** kann Urin oder, bei einem **Samenerguss**, **Sperma** austreten.

Der **Hodensack** ist ein weicher Hautsack, der die **Hoden** enthält.

Fragen

1. Beschreibe den Weg der Samen, bis sie den Körper verlassen.

2. Was ist in den Spermien enthalten?

3. Wodurch wird beim Mann eine Erektion ausgelöst?

4. Was geschieht bei einer Ejakulation?

5. Warum, denkst du, gibt es zwei Hoden?

© Verlag an der Ruhr ❍ Postfach 10 22 51 ❍ 45422 Mülheim an der Ruhr ❍ www.verlagruhr.de ❍ ISBN 978-3-8346-0333-3

Männliche Organe – 2

Aufgaben

1. Das Bild unten zeigt die Organe im Unterleib eines Jungen oder Mannes. Schneide es aus, und klebe es in dein Heft.

2. Verwende die Begriffe im Kasten rechts, um alle Organe auf dem Bild zu beschriften.

3. Male die einzelnen Körperteile bunt aus, die zum Verdauungs-, Fortpflanzungs- und harnab-

leitenden System gehören. Im linken Kasten siehst du, welche Farben du verwenden sollst.

4. Zeichne einen roten Pfeil, der den „Weg" männlicher Samen kennzeichnet.

Männliche Organe (2)

Zuordnung der Farben:

Fortpflanzungssystem **blau**

ableitende Harnwege **grün**

Verdauungssystem **gelb**

Weg des Spermas ⇨ ⇨

Begriffe zur Beschriftung der Zeichnung:

▶ Darmausgang ▶ Harnröhre ▶ Schwellkörper

▶ Wirbelsäule ▶ Blase ▶ Prostata

▶ Dickdarm ▶ Hoden ▶ Samenblase

▶ Samenleiter ▶ Nebenhoden ▶ Öffnung der Harnröhre

▶ Penis ▶ Hodensack

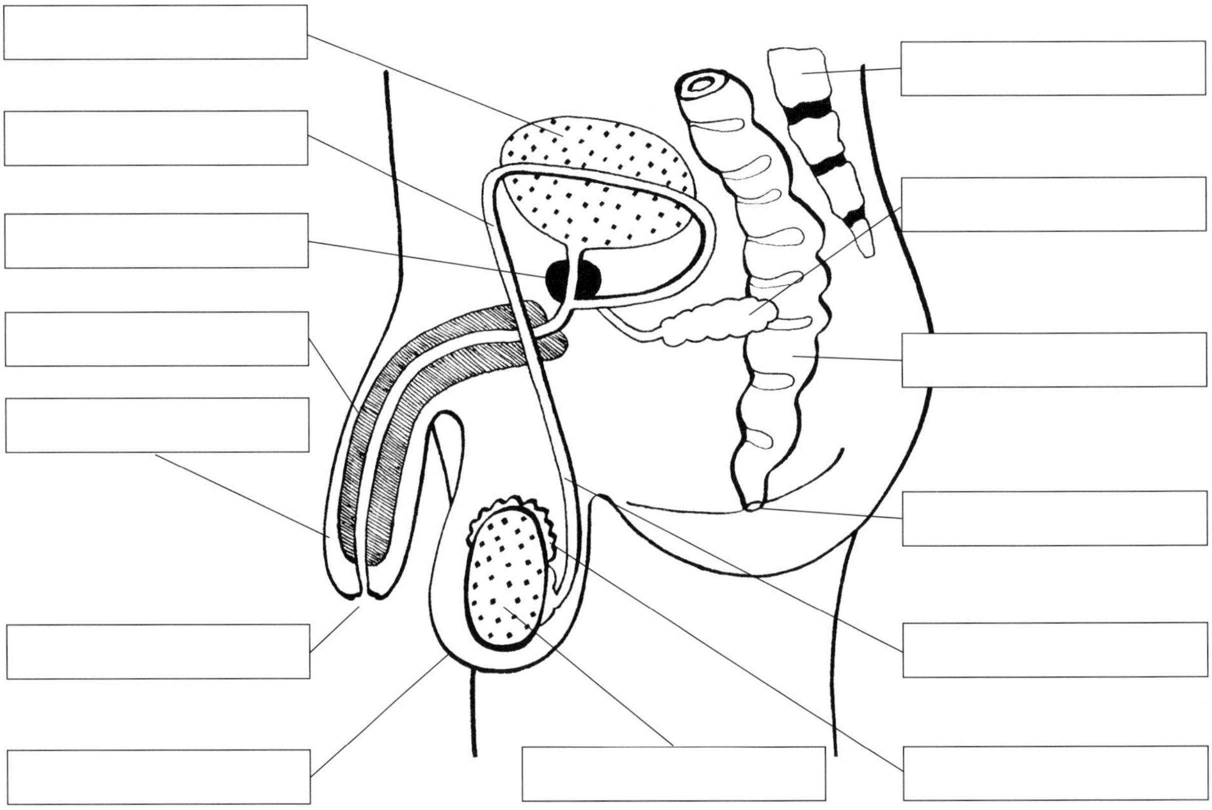

© Verlag an der Ruhr ❍ Postfach 10 22 51 ❍ 45422 Mülheim an der Ruhr ❍ www.verlagruhr.de ❍ ISBN 978-3-8346-0333-3

Männliche Organe – 2

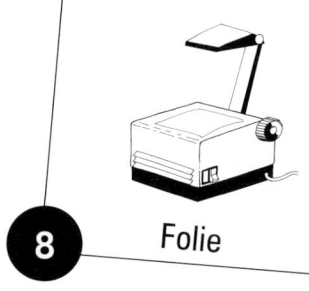

Die Abbildung unten zeigt den männlichen Körper in der Seitenansicht.

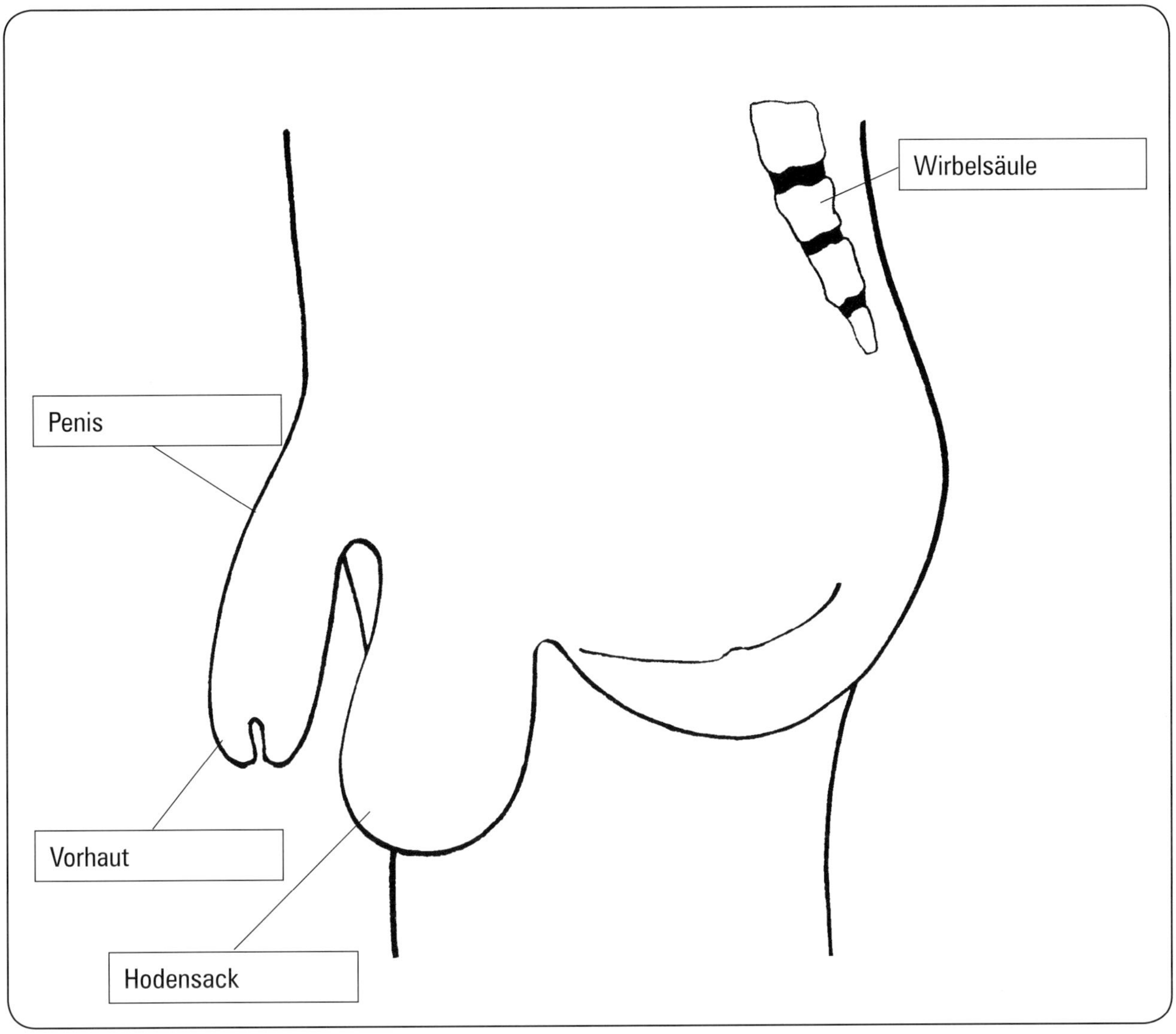

Penis

Vorhaut

Hodensack

Wirbelsäule

1. Der **Hodensack (Skrotum)** ist ein Hautsack, in dem sich zwei eiförmige Organe befinden: **die Hoden**.

2. Der **Penis** ist ca. 7–10 cm lang und beinhaltet die Schwellkörper.

3. Aus der **Öffnung der Harnröhre** verlässt der **Urin** den Körper. Auch **Sperma (Samen)** wird durch die Harnröhre ejakuliert.

© Verlag an der Ruhr ● Postfach 10 22 51 ● 45422 Mülheim an der Ruhr ● www.verlagruhr.de ● ISBN 978-3-8346-0333-3

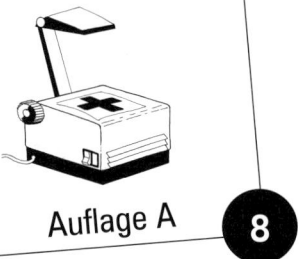

Männliche Organe – 2

Harnröhre

Schwellkörper

Prostata
(Vorsteherdrüse)

Samenblase

Samenleiter

Nebenhoden

Hoden

blase vermischen sich mit den Samen. So
entsteht **Samenflüssigkeit (Sperma)**.

7. Bei einer **Ejakulation** bewegt sich das **Sperma**
zunächst durch Harnröhre und Penis und wird
schließlich durch die Penisöffnung herausgestoßen.

8. Die **Schwellkörper des Penis** füllen sich mit Blut.
Dadurch wird er steif.

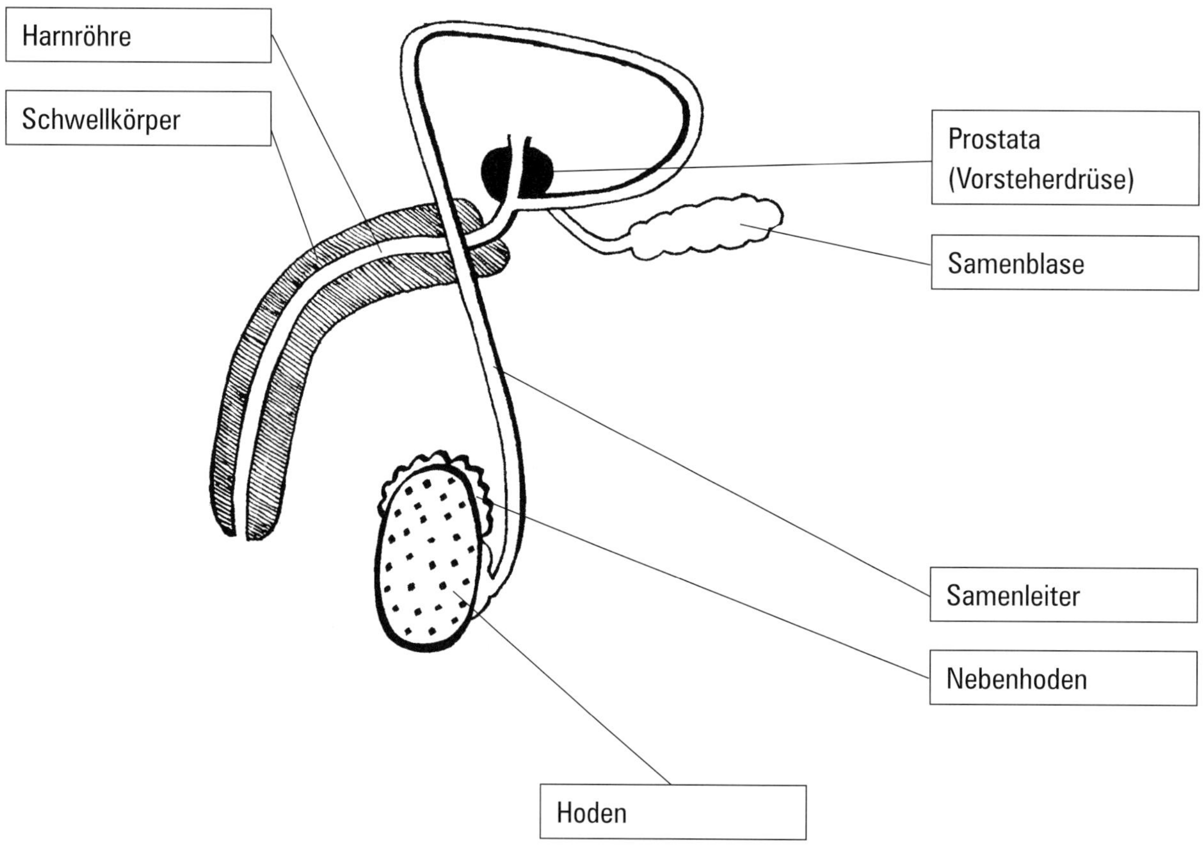

4. Die **Hoden** erzeugen männliche **Sexualhormone**
und **Samen (Spermien)**.

5. Die **Spermien** werden in den **Nebenhoden**
gespeichert. Unmittelbar vor der **Ejakulation**
bewegen sie sich durch den **Samenleiter**.

6. Flüssigkeiten aus der **Prostata** und der **Samen-**

© Verlag an der Ruhr ● Postfach 10 22 51 ● 45422 Mülheim an der Ruhr ● www.verlagruhr.de ● ISBN 978-3-8346-0333-3

Männliche Organe – 2

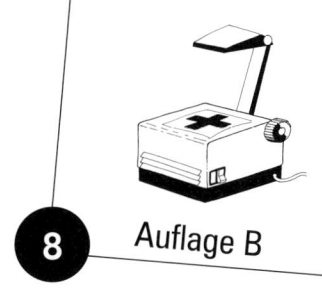

Blase

Dickdarm

Darmausgang
(After)

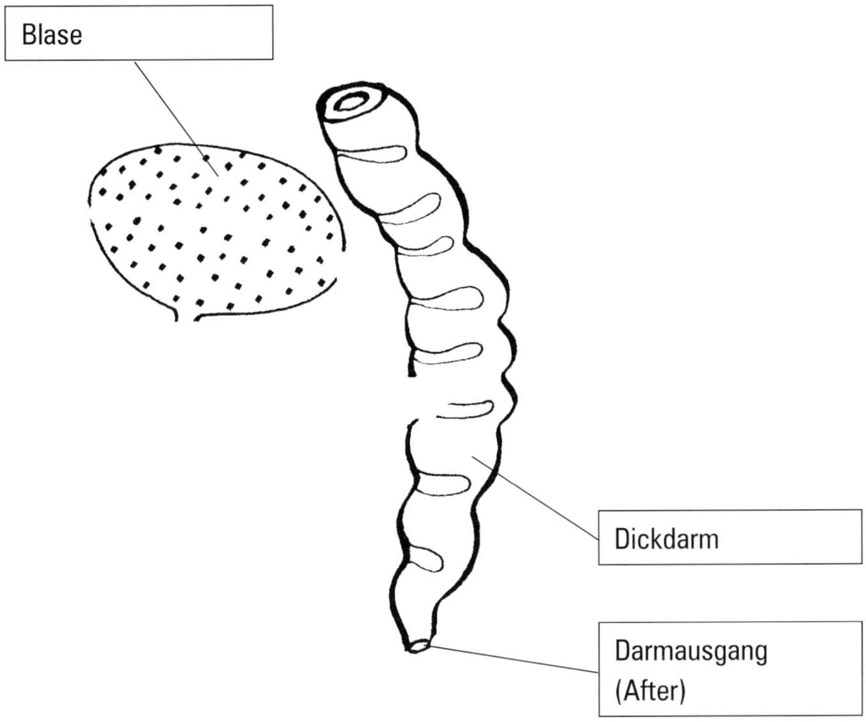

9. **Urin** ist eine Flüssigkeit, die **Abfallstoffe aus dem Stoffwechsel** enthält. Der Urin wird in der **Blase** gesammelt und durch die **Harnröhre** ausgeschieden.

10. Im **Dickdarm** werden Nahrungsreste gesammelt und durch den **Darmausgang (After)** ausgeschieden.

© Verlag an der Ruhr ❍ Postfach 10 22 51 ❍ 45422 Mülheim an der Ruhr ❍ www.verlagruhr.de ❍ ISBN 978-3-8346-0333-3

Der Menstruationszyklus

Der **Menstruationszyklus** kann zwischen **20 und 35 Tagen** dauern. Das ist von Frau zu Frau verschieden, kann aber auch bei ein und derselben Frau schwanken.

Im Durchschnitt dauert der Menstruationszyklus einer Frau **28 Tage** (so ist es in dem Schema dargestellt).

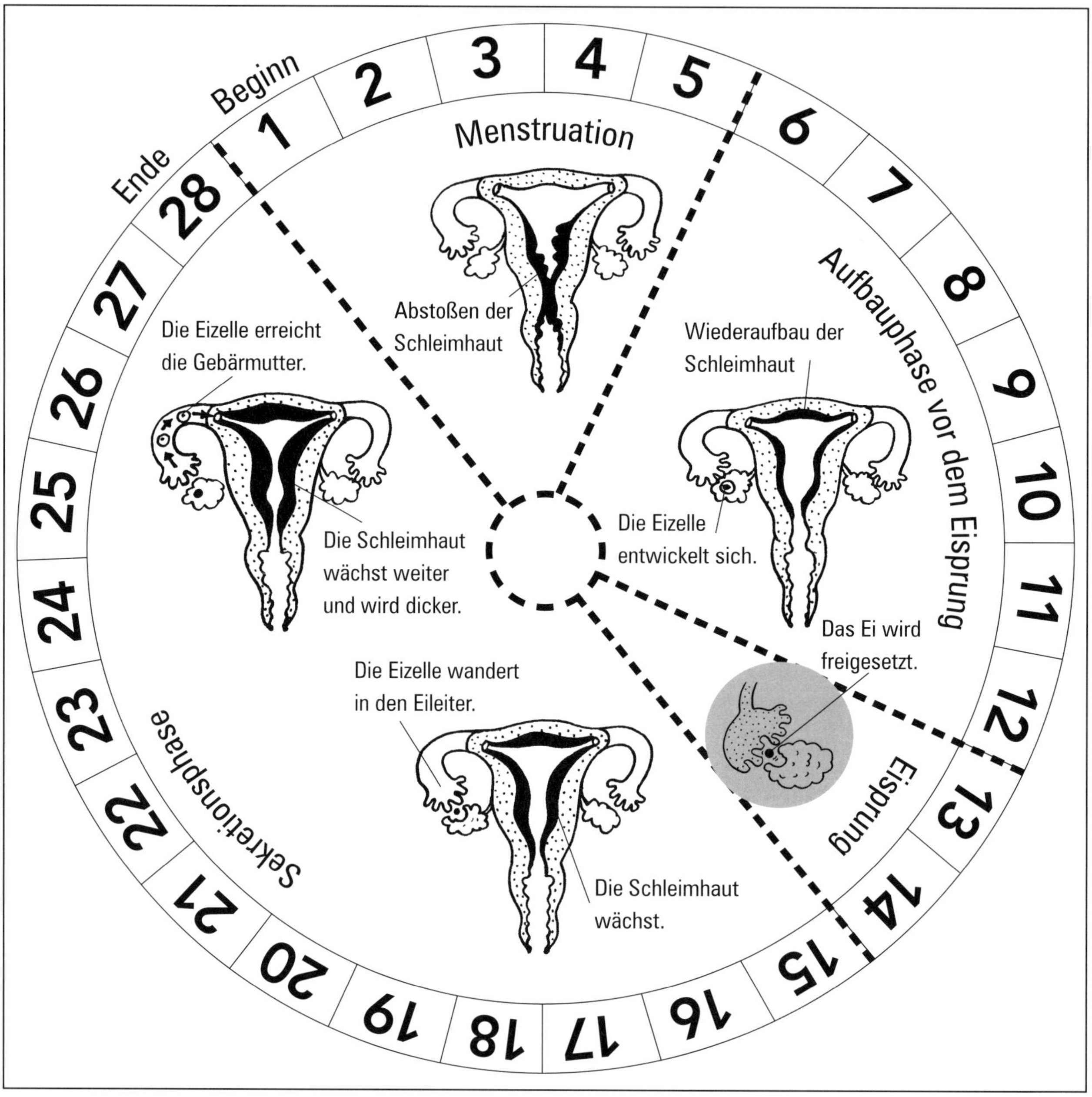

Ende · Beginn · 1 · 2 · 3 · 4 · 5 · 6 · 7 · 8 · 9 · 10 · 11 · 12 · 13 · 14 · 15 · 16 · 17 · 18 · 19 · 20 · 21 · 22 · 23 · 24 · 25 · 26 · 27 · 28

Menstruation

Aufbauphase vor dem Eisprung

Eisprung

Sekretionsphase

Abstoßen der Schleimhaut

Wiederaufbau der Schleimhaut

Die Eizelle entwickelt sich.

Das Ei wird freigesetzt.

Die Eizelle erreicht die Gebärmutter.

Die Schleimhaut wächst weiter und wird dicker.

Die Eizelle wandert in den Eileiter.

Die Schleimhaut wächst.

Fragen

1. Wie lange dauert im Durchschnitt der Menstruationszyklus einer Frau?

2. Was geschieht während einer Regelblutung (Periode)?

3. Im Verlauf des Zyklus wächst die Gebärmutterschleimhaut allmählich und wird immer dicker. Warum?

4. Zu welchem Zeitpunkt findet normalerweise der Eisprung statt, also die Freisetzung einer Eizelle durch den Eierstock?

© Verlag an der Ruhr ○ Postfach 10 22 51 ○ 45422 Mülheim an der Ruhr ○ www.verlagruhr.de ○ ISBN 978-3-8346-0333-3

Der Menstruationszyklus

Aufgaben

1. Das Schema unten zeigt den weiblichen Menstruationszyklus, der durchschnittlich 28 Tage dauert. Schneide es aus, und klebe es in dein Heft.

2. Nummeriere die Tage in den Kästchen.

3. Beschrifte die vier Phasen des Zyklus mit folgenden Begriffen: **Eisprung – Aufbauphase – Menstruation – Sekretionsphase**

4. Male die Tage um den Kreis herum bunt aus, damit die verschiedenen Phasen der Periode sichtbar werden: **Eisprung (grün) – Aufbauphase (gelb) – Menstruation (rot) – Sekretionsphase (orange)**

5. Beschrifte eine der Abbildungen im Kreis mit den Namen der folgenden Organe: **Eierstöcke – Eileiter – Gebärmutter – Vagina**

Der Menstruationszyklus einer Frau

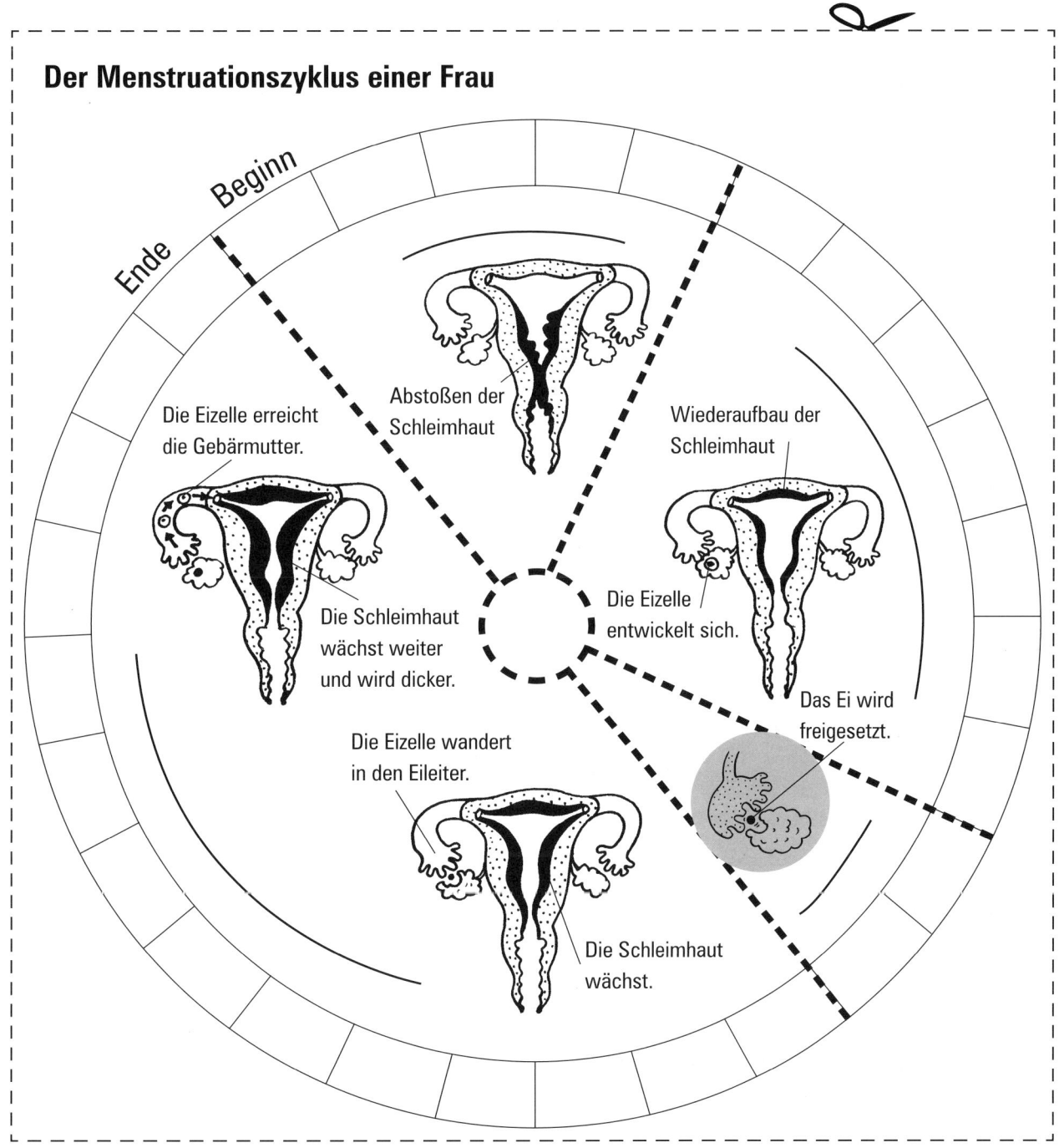

Ende — Beginn

Abstoßen der Schleimhaut

Die Eizelle erreicht die Gebärmutter.

Die Schleimhaut wächst weiter und wird dicker.

Die Eizelle wandert in den Eileiter.

Die Schleimhaut wächst.

Wiederaufbau der Schleimhaut

Die Eizelle entwickelt sich.

Das Ei wird freigesetzt.

© Verlag an der Ruhr ❂ Postfach 10 22 51 ❂ 45422 Mülheim an der Ruhr ❂ www.verlagruhr.de ❂ ISBN 978-3-8346-0333-3

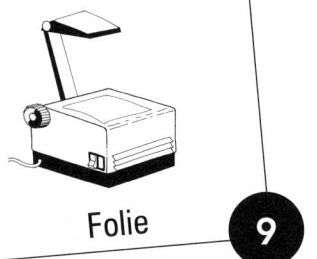

Der Menstruationszyklus

Ein **Menstruationszyklus** wird vom ersten Tag einer Regelblutung bis zum Tag vor der nächsten Regelblutung gezählt.

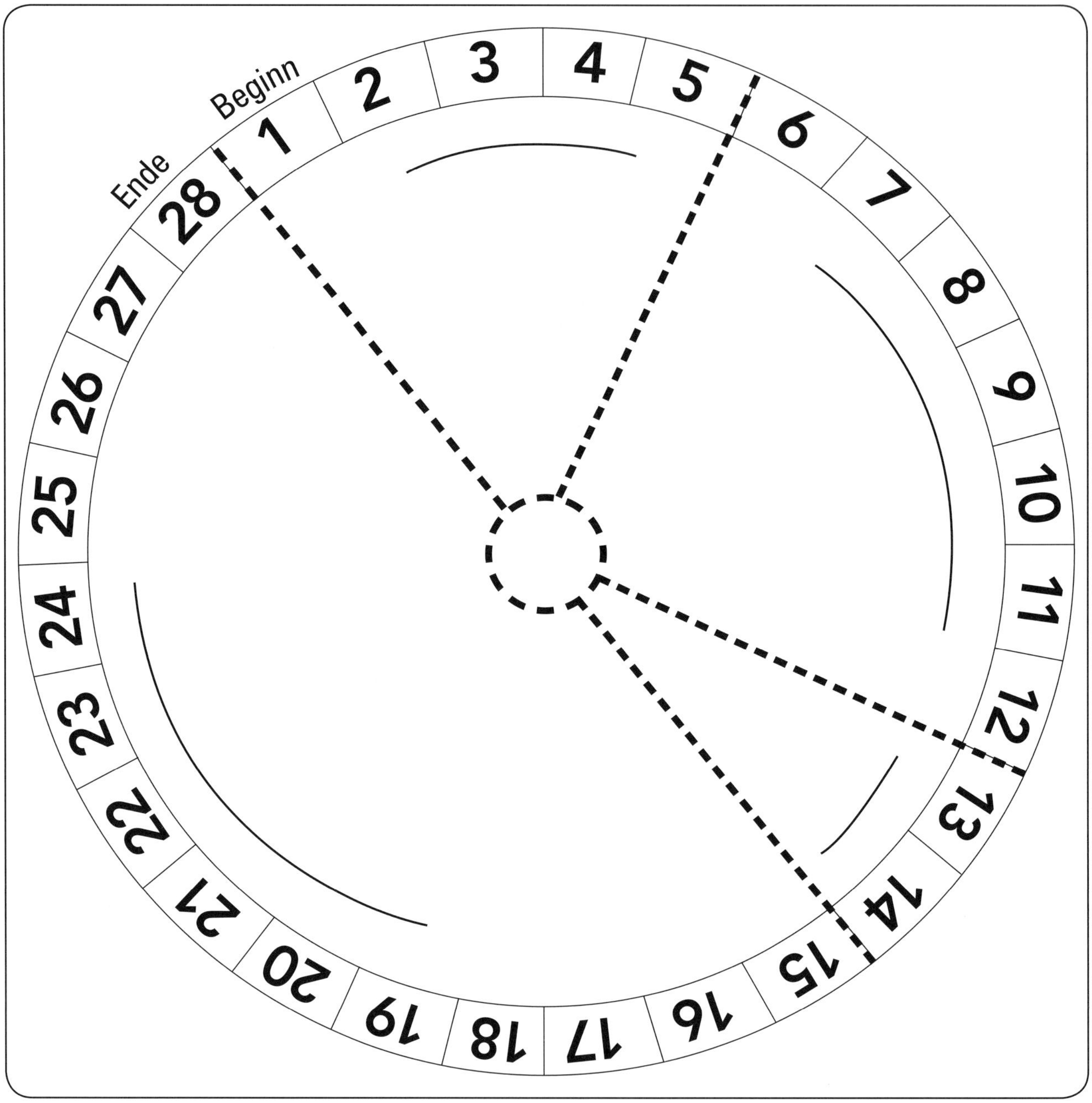

Ende   Beginn   2   3   4   5   6   7   8   9   10   11   12   13   14   15   16   17   18   19   20   21   22   23   24   25   26   27   28   1

1. Der **Menstruationszyklus** kann zwischen **20 und 35 Tagen** dauern. Das ist von Frau zu Frau verschieden, aber es kann auch bei ein und derselben Frau schwanken. Im Durchschnitt dauert der Menstruationszyklus einer Frau **28 Tage** (so ist es auch auf dem Bild dargestellt).

© Verlag an der Ruhr ● Postfach 10 22 51 ● 45422 Mülheim an der Ruhr ● www.verlagruhr.de ● ISBN 978-3-8346-0333-3

Der Menstruationszyklus

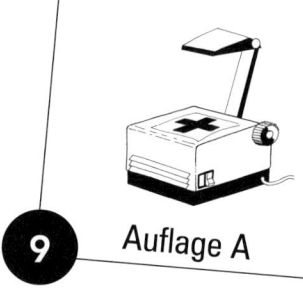

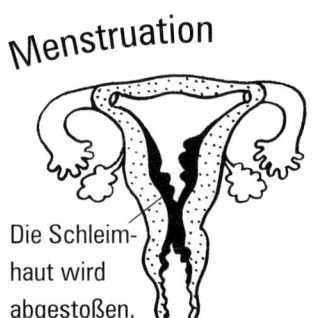

Menstruation

Die Schleim-
haut wird
abgestoßen.

2. Die Menstruation ist der **Blutfluss aus der
Vagina**. Er entsteht dadurch, dass die **Gebärmutterschleimhaut** abgestoßen wird.

© Verlag an der Ruhr ● Postfach 10 22 51 ● 45422 Mülheim an der Ruhr ● www.verlagruhr.de ● ISBN 978-3-8346-0333-3

Auflage B

9

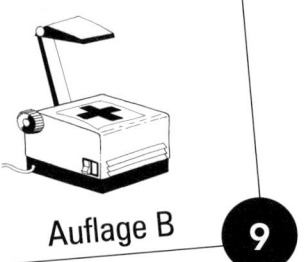

Der Menstruationszyklus

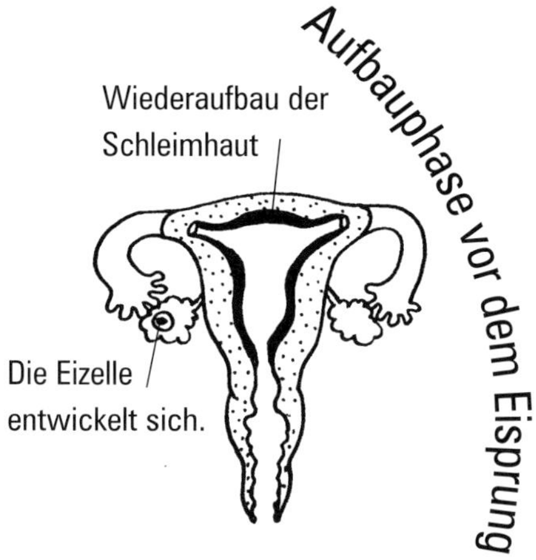

Aufbauphase vor dem Eisprung
Wiederaufbau der Schleimhaut
Die Eizelle entwickelt sich.

3. Während dieser Phase **reift das Ei im Eierstock heran**, und eine neue Gebärmutterschleimhaut entwickelt sich.

© Verlag an der Ruhr • Postfach 10 22 51 • 45422 Mülheim an der Ruhr • www.verlagruhr.de • ISBN 978-3-8346-0333-3

Der Menstruationszyklus

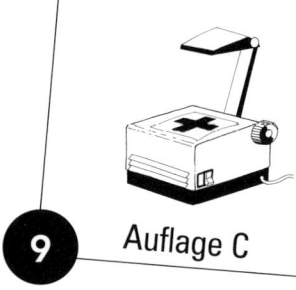

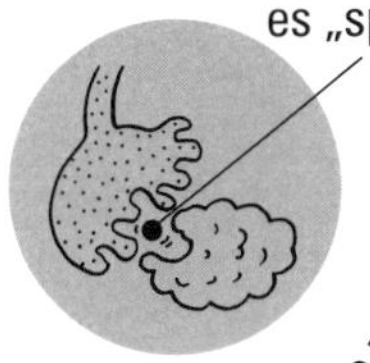

Das Ei wird freigesetzt – es „springt".

Eisprung

4. Der **Eisprung** geschieht in der Mitte des Zyklus, etwa 14 Tage vor der nächsten Regelblutung.

© Verlag an der Ruhr ● Postfach 10 22 51 ● 45422 Mülheim an der Ruhr ● www.verlagruhr.de ● ISBN 978-3-8346-0333-3

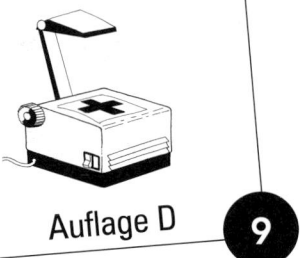

Der Menstruationszyklus

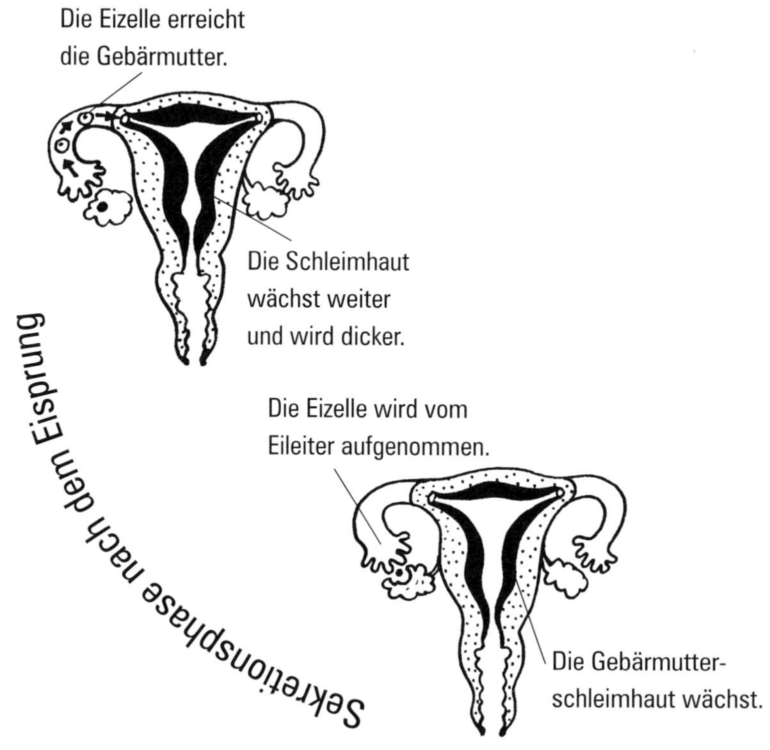

Die Eizelle erreicht
die Gebärmutter.

Die Schleimhaut
wächst weiter
und wird dicker.

Die Eizelle wird vom
Eileiter aufgenommen.

Die Gebärmutter-
schleimhaut wächst.

Sekretionsphase nach dem Eisprung

5. Die Eizelle wandert weiter zur **Gebärmutter**.
Gleichzeitig wird die **Gebärmutterschleimhaut**
immer dicker.

© Verlag an der Ruhr ❂ Postfach 10 22 51 ❂ 45422 Mülheim an der Ruhr ❂ www.verlagruhr.de ❂ ISBN 978-3-8346-0333-3

Der Menstruationszyklus
Ein Modell basteln (1)

Aufgaben

1. Male die Organe des weiblichen Fortpflanzungs-systems auf der Abbildung Teil B sorgfältig aus.

2. Klebe als Nächstes dieses Blatt (Teil A) auf einen Bogen Karton.

3. Schneide dann sorgfältig den Kreis aus. Nimm ein Schneidemesser oder eine kleine Schere, um die beiden Fenster in der Abbildung auszuschneiden.

4. Klebe dann das zweite Blatt (Teil B) auf einen Bogen Karton. Schneide auch diesen Kreis sorgfältig aus.

5. Stich ein kleines Loch in das Kreuz in der Mitte der Kreise.

6. Verbinde die beiden Teile des Modells mit einer Klammer (s.u.) miteinander. Teil B muss sich unter Teil A leicht drehen lassen. Biege die Spitzen der Klammer um, sodass sie flach auf dem Karton liegen.

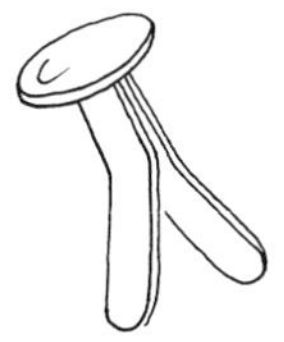

Modell des Menstruationszyklus

Teil A

© Verlag an der Ruhr ● Postfach 10 22 51 ● 45422 Mülheim an der Ruhr ● www.verlagruhr.de ● ISBN 978-3-8346-0333-3

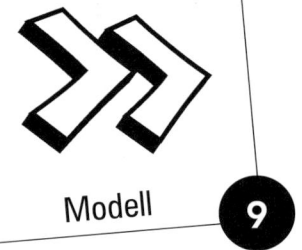

Modell 9

Der Menstruationszyklus
Ein Modell basteln (2)

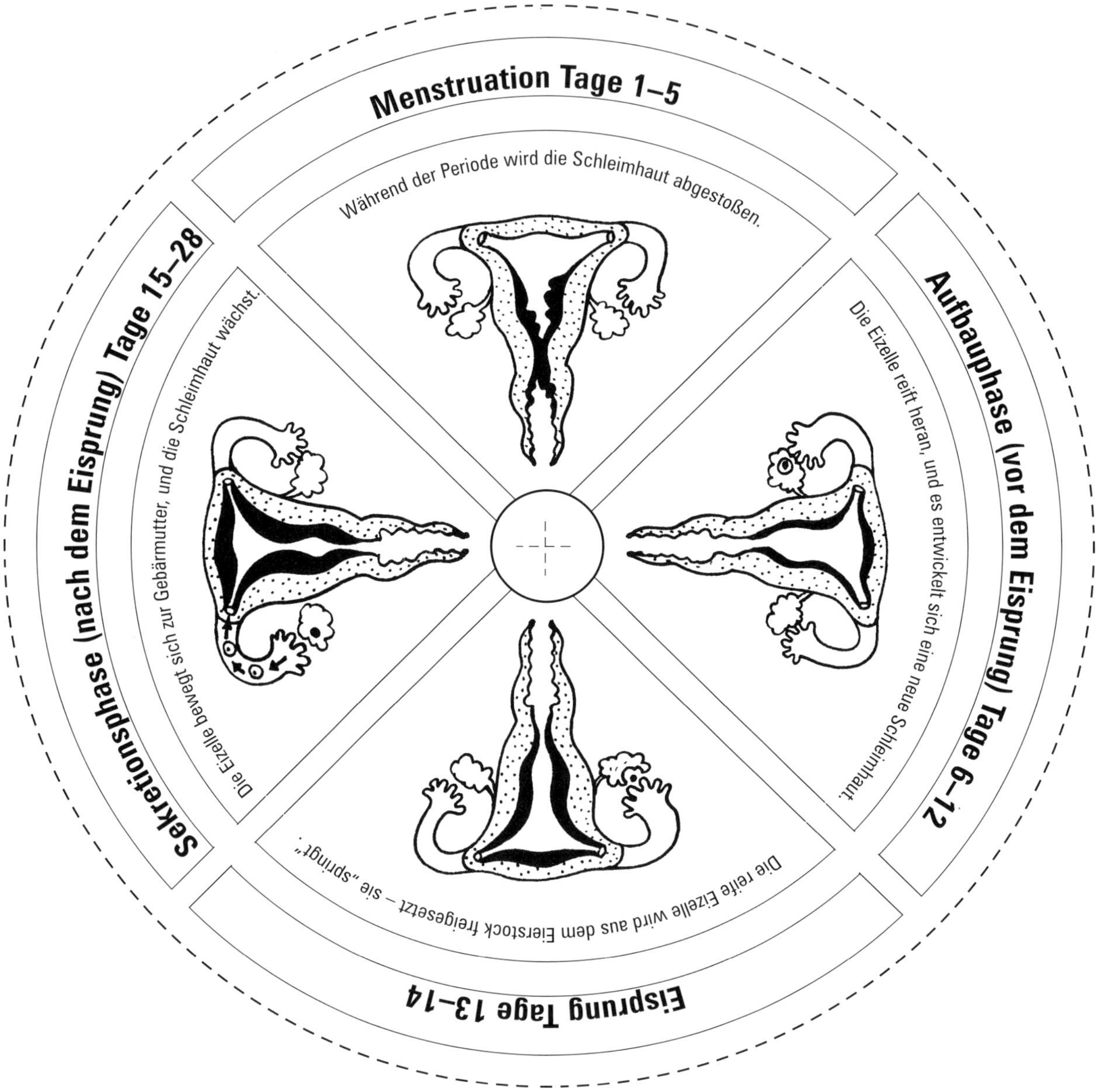

Menstruation Tage 1–5

Während der Periode wird die Schleimhaut abgestoßen.

Aufbauphase (vor dem Eisprung) Tage 6–12

Die Eizelle reift heran, und es entwickelt sich eine neue Schleimhaut.

Sekretionsphase (nach dem Eisprung) Tage 15–28

Die Eizelle bewegt sich zur Gebärmutter, und die Schleimhaut wächst.

Die reife Eizelle wird aus dem Eierstock freigesetzt – sie „springt".

Eisprung Tage 13–14

Teil B

© Verlag an der Ruhr ● Postfach 10 22 51 ● 45422 Mülheim an der Ruhr ● www.verlagruhr.de ● ISBN 978-3-8346-0333-3

Menstruationszyklus und Hormone

Der **Menstruationszyklus** einer Frau wird von **Hormonen** gesteuert. Das Bild unten zeigt die Organe des Körpers, die am Funktionieren des Zyklus beteiligt sind. Es zeigt auch, was diese Hormone während des Zyklus im Körper einer Frau bewirken.

A   Tag 1 bis 8

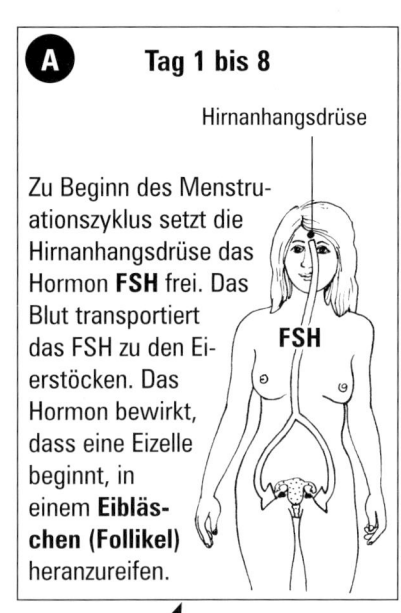

Zu Beginn des Menstruationszyklus setzt die Hirnanhangsdrüse das Hormon **FSH** frei. Das Blut transportiert das FSH zu den Eierstöcken. Das Hormon bewirkt, dass eine Eizelle beginnt, in einem **Eibläschen (Follikel)** heranzureifen.

Hirnanhangsdrüse

FSH

B   Tag 8 bis 12

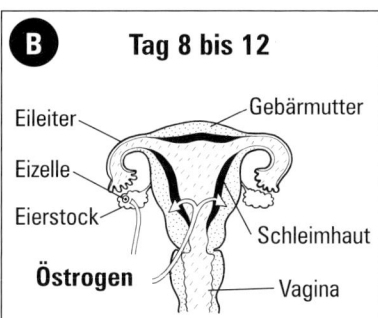

Eileiter — Gebärmutter
Eizelle
Eierstock — Schleimhaut
Östrogen — Vagina

Während die Eizelle heranreift, beginnt das Eibläschen mit der Bildung des Hormons **Östrogen**. Das Östrogen wandert zur Gebärmutter, wo es das Heranwachsen einer neuen Gebärmutterschleimhaut veranlasst.

C   Tag 13 bis 15

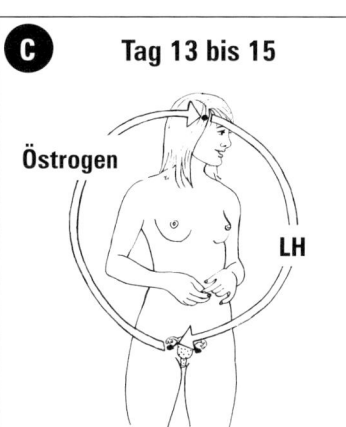

Östrogen   LH

Ein hoher Östrogenspiegel führt dazu, anstatt das Hormon FSH, das Hormon **LH** herzustellen. LH bewirkt den Eisprung.

F   Tag 28 bis 5

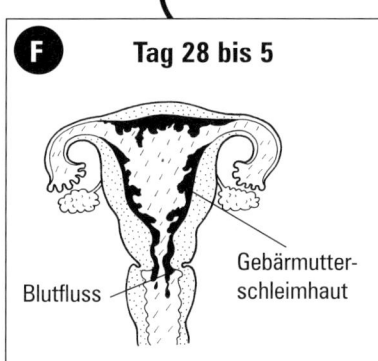

Blutfluss — Gebärmutterschleimhaut

Wird die Eizelle nicht befruchtet, stirbt sie ab. Das Eibläschen stellt Östrogen und Progesteron nicht mehr weiter her. Das führt dazu, dass die Gebärmutterschleimhaut abgestoßen wird.

E   Tag 15 bis 28

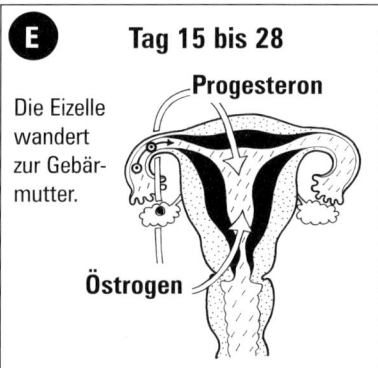

Die Eizelle wandert zur Gebärmutter.

Progesteron

Östrogen

Das Eibläschen erzeugt weiterhin **Östrogen** und das Hormon **Progesteron**. Beide bewirken das Wachsen der Gebärmutterschleimhaut, falls die Eizelle befruchtet wurde – also eine Empfängnis erfolgt ist.

D   Tag 14

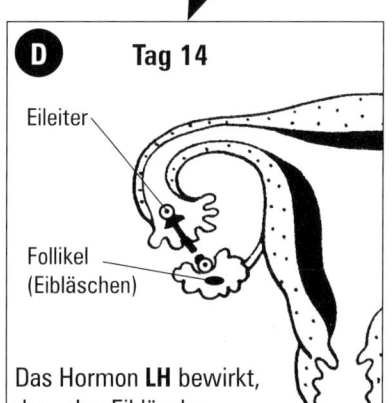

Eileiter

Follikel (Eibläschen)

Das Hormon **LH** bewirkt, dass das Eibläschen platzt. Damit wird eine Eizelle freigesetzt, die nun in den Eileiter wandert. Das leere Eibläschen verkümmert zu einem Gelbkörper.

Fragen

1. Welche Drüse stellt die Hormone her, die den Menstruationszyklus der Frau steuern?

2. Wie wirken folgende Hormone auf die Eierstöcke:
   a) FSH
   b) LH

3. Welche zwei Hormone bewirken das Wachstum der Gebärmutterschleimhaut?

4. Warum ist es wichtig, dass der Eisprung und das Wachstum der Gebärmutterschleimhaut zeitlich aufeinander abgestimmt sind?

© Verlag an der Ruhr ❍ Postfach 10 22 51 ❍ 45422 Mülheim an der Ruhr ❍ www.verlagruhr.de ❍ ISBN 978-3-8346-0333-3

Menstruationszyklus und Hormone

Aufgaben

1. Die Abbildung unten zeigt, wie Hormone den 28-tägigen Menstruationszyklus einer Frau steuern. Schneide es aus, und klebe es in dein Heft.

2. Schreibe in alle Felder den Namen des jeweiligen Hormons: **FSH – Progesteron – LH – Östrogen**

3. Beschreibe auf den Ereigniskästchen kurz, was in den jeweiligen Tagen passiert.

4. Male schließlich die verschiedenen Organe bunt an:
Eierstock = **gelb**
Eileiter = **grün**
Gebärmutter = **blau**
Gebärmutterschleimhaut = **rot**

A   **Tag 1 bis 8**

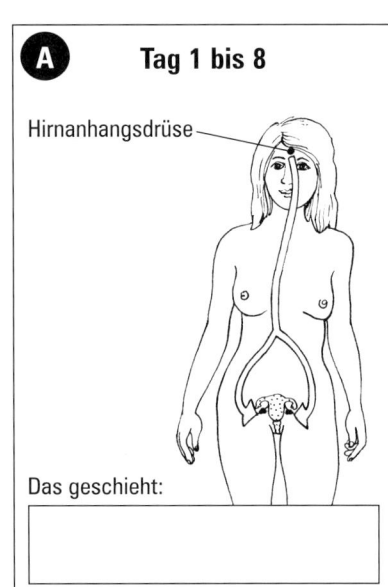

Hirnanhangsdrüse

Das geschieht:

B   **Tag 8 bis 12**

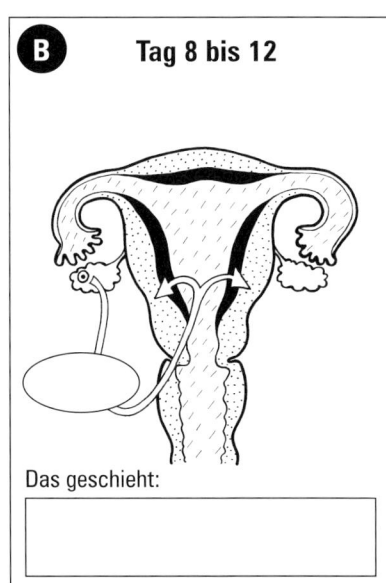

Das geschieht:

C   **Tag 13 bis 15**

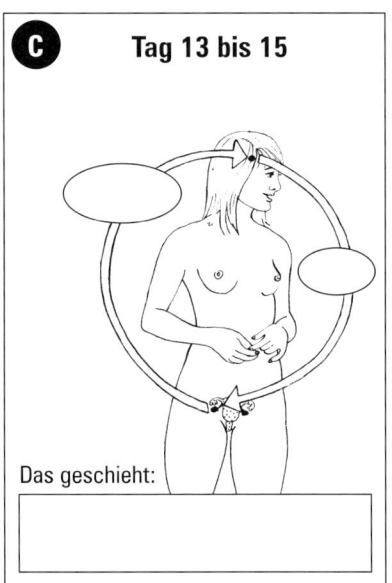

Das geschieht:

F   **Tag 28 bis 5**

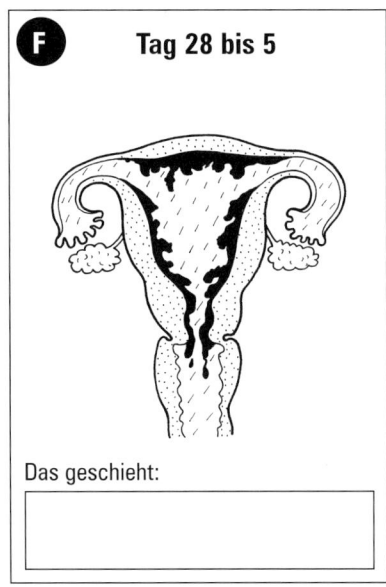

Das geschieht:

E   **Tag 15 bis 28**

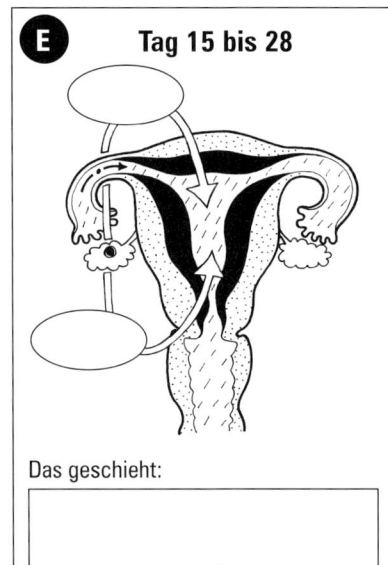

Das geschieht:

D   **Tag 14**

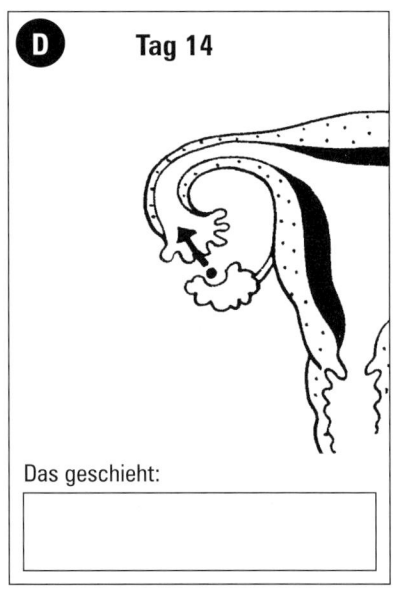

Das geschieht:

© Verlag an der Ruhr ● Postfach 10 22 51 ● 45422 Mülheim an der Ruhr ● www.verlagruhr.de ● ISBN 978-3-8346-0333-3

Menstruationszyklus und Hormone

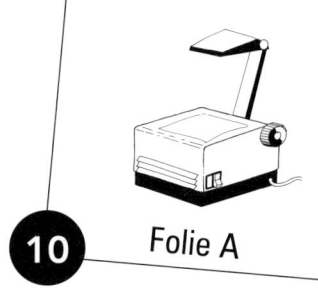

Die Abbildung unten zeigt, wie Hormone in der frühen Phase des Menstruationszyklus wirken.

Phase: Frühe Phase im Zyklus
Zeitraum: Tag 1–8

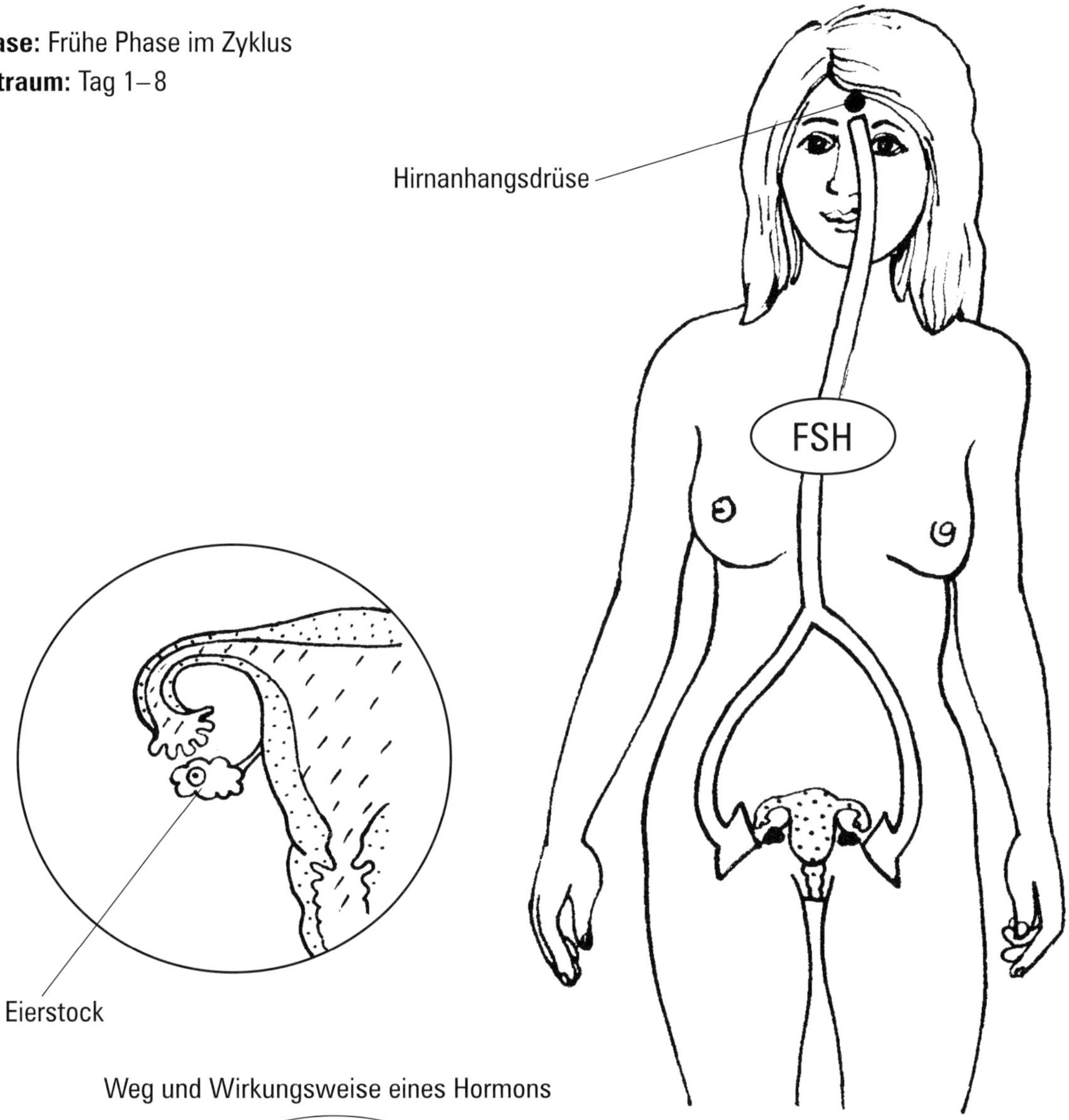

Hirnanhangsdrüse

FSH

Eierstock

Weg und Wirkungsweise eines Hormons

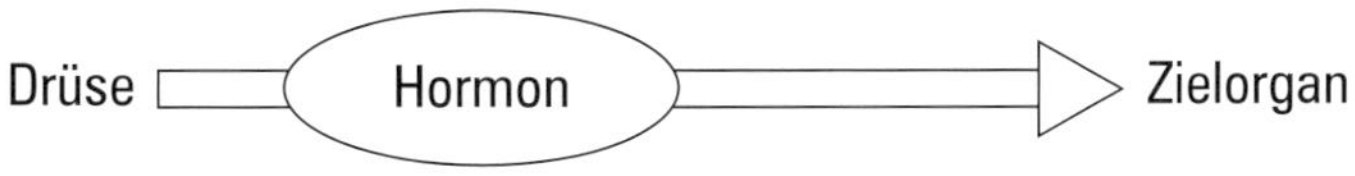

Drüse ⟼ Hormon ⟹ Zielorgan

1. Die **Hirnanhangsdrüse (Hypophyse)** befindet sich direkt unterhalb des Gehirns. Sie beginnt, das **Hormon FSH** zu erzeugen, das im Blut hinunter zu den Eierstöcken transportiert wird.

2. Der **steigende Spiegel von FSH** bewirkt, dass sich eine **Eizelle** entwickelt. Dieses geschieht in einer winzigen „Tasche", dem so genannten **Follikel (Eibläschen)**.

3. Während der frühen Phase des Zyklus wird auch die **Gebärmutterschleimhaut (Endometrium)** abgebaut – so kommt es zur **Regelblutung** der Frau. Ausgelöst wird dieser Vorgang durch die niedrigen Spiegel von **Östrogen** und **Progesteron** im Blut.

© Verlag an der Ruhr ❍ Postfach 10 22 51 ❍ 45422 Mülheim an der Ruhr ❍ www.verlagruhr.de ❍ ISBN 978-3-8346-0333-3

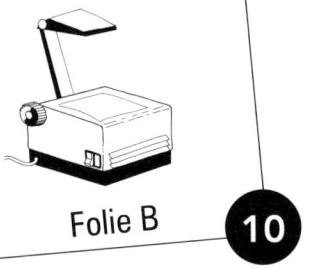

Menstruationszyklus und Hormone

Die Abbildung unten zeigt, wie Hormone im Zyklus während der
Aufbauphase (vor dem Eisprung) wirken.

Phase: Aufbauphase vor dem Eisprung
Tage: 5–12

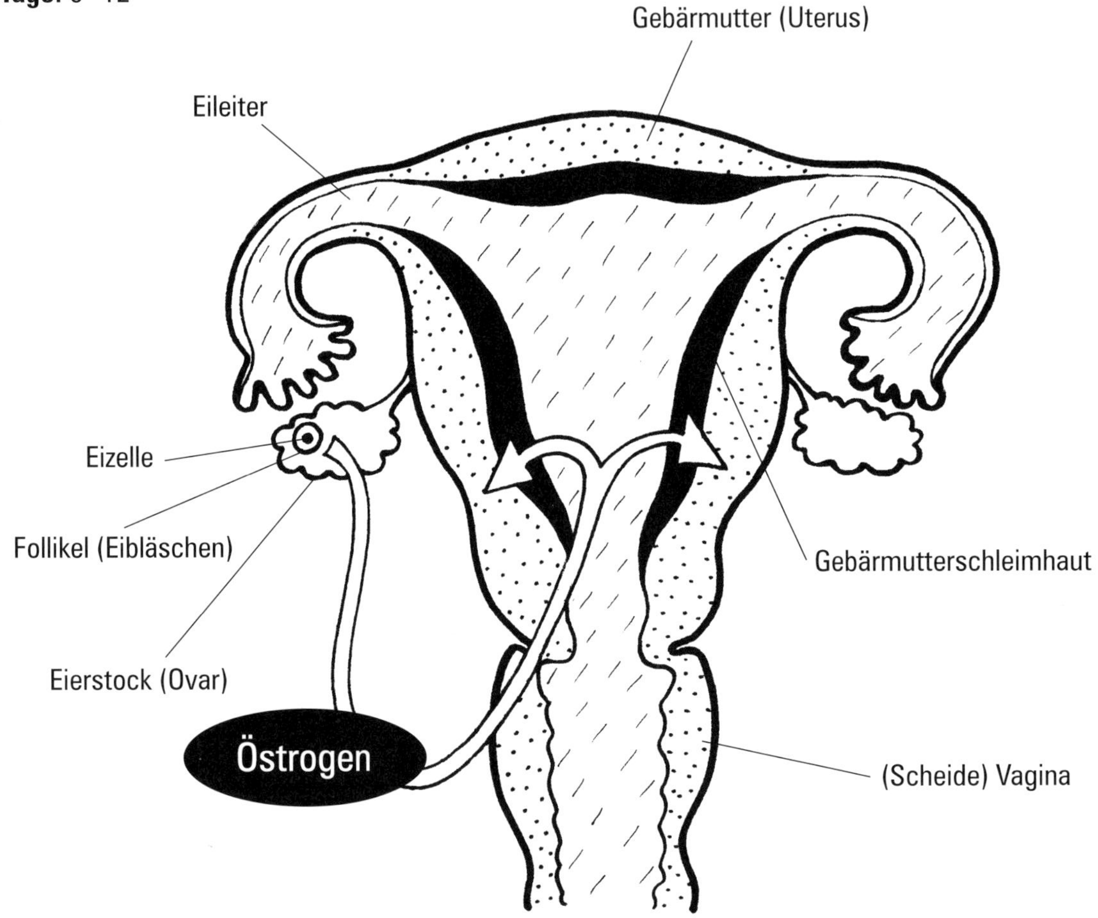

Gebärmutter (Uterus)

Eileiter

Eizelle

Follikel (Eibläschen)

Eierstock (Ovar)

Östrogen

Gebärmutterschleimhaut

(Scheide) Vagina

Weg und Wirkungsweise eines Hormons

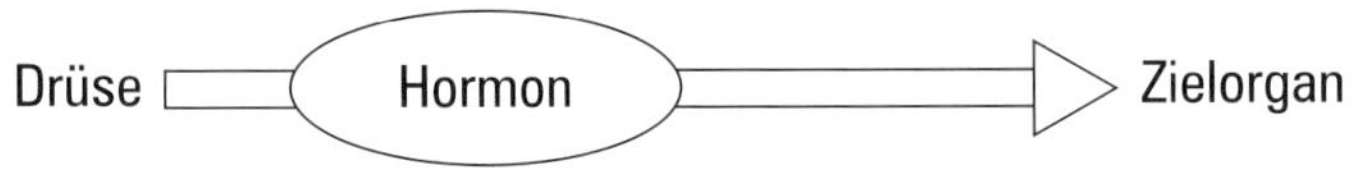

Drüse ⊏===⊐ (Hormon) ➤ Zielorgan

---

1. Die Eizelle reift im **Follikel** innerhalb eines Eierstockes heran. Währenddessen beginnt der Follikel, das **Hormon Östrogen** zu erzeugen.

2. Das **Östrogen** wandert im Blut zur Gebärmutter. Dort bewirkt es das Wachsen einer neuen Gebärmutterschleimhaut. Dies ist die Vorbereitung für eine mögliche Schwangerschaft.

3. Der **Östrogenspiegel** im Blut steigt allmählich an und wirkt mittels einer Rückkoppelung auf die Hirnanhangsdrüse.

© Verlag an der Ruhr ❂ Postfach 10 22 51 ❂ 45422 Mülheim an der Ruhr ❂ www.verlagruhr.de ❂ ISBN 978-3-8346-0333-3

Menstruationszyklus und Hormone

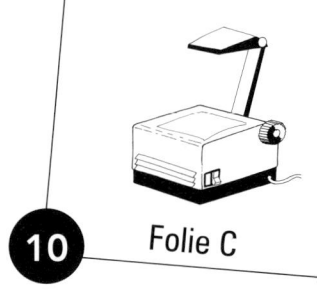
Die Abbildung unten zeigt, wie Hormone während des Eisprungs wirken.

Phase: Eisprung
Tage: 13–14

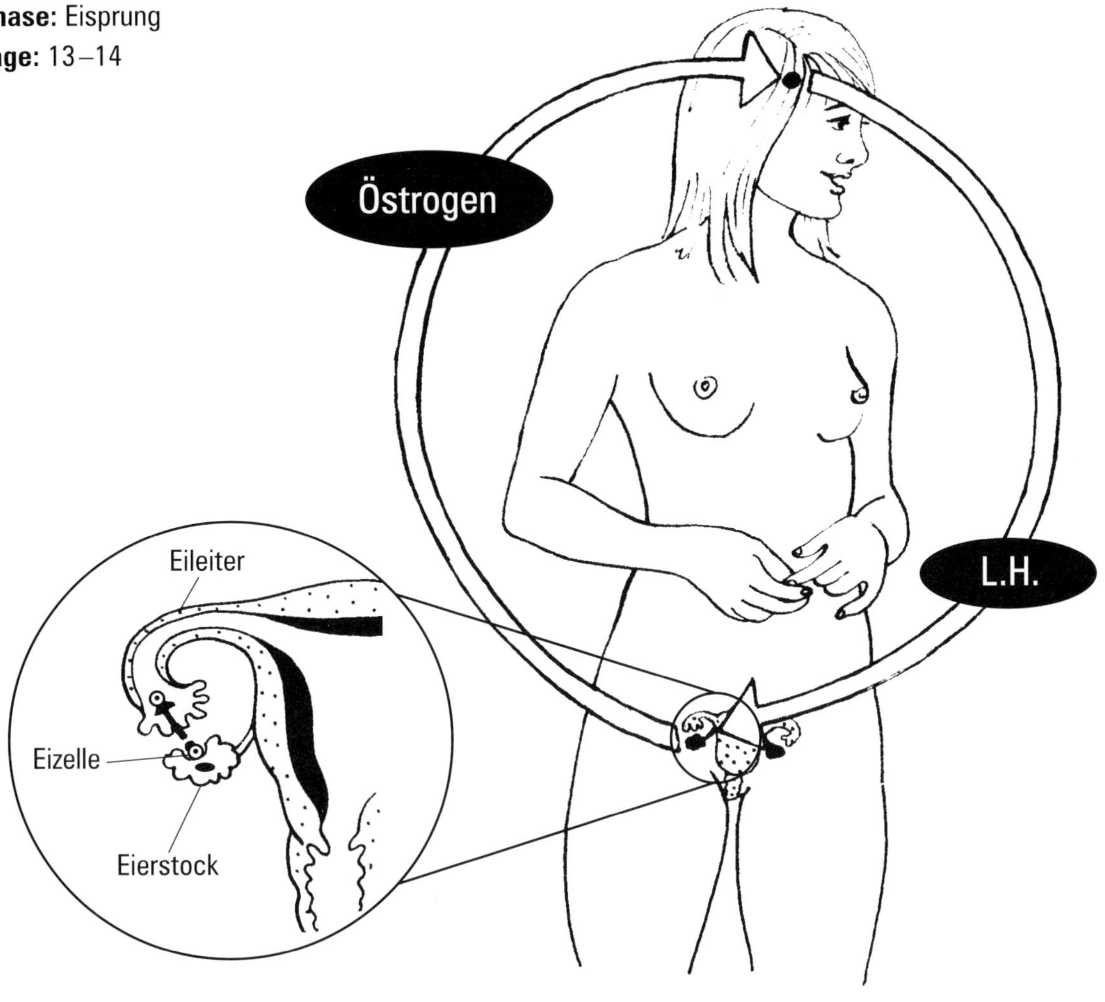

Östrogen

L.H.

Eileiter

Eizelle

Eierstock

Weg und Wirkungsweise eines Hormons

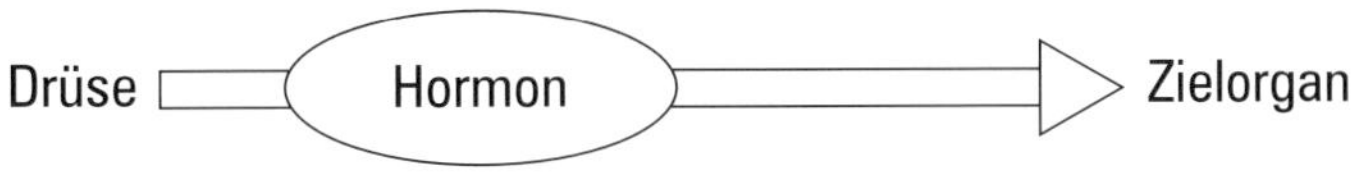

Drüse ⊏⊐ (Hormon) ⟹ Zielorgan

1. Der wachsende Östrogenspiegel im Blut bewirkt, dass die Hirnanhangsdrüse die Erzeugung von **FSH** abbricht.

2. Die Hirnanhangsdrüse wechselt nun dazu, **LH** zu erzeugen. Dieses Hormon gelangt über das Blut zum Eierstock.

3. Das plötzliche starke Ansteigen des **LH-Spiegels** bewirkt, dass der wachsende **Follikel** platzt und eine reife Eizelle in den Eileiter abgibt. Diesen Vorgang nennt man **Eisprung (Ovulation)**.

© Verlag an der Ruhr ◉ Postfach 10 22 51 ◉ 45422 Mülheim an der Ruhr ◉ www.verlagruhr.de ◉ ISBN 978-3-8346-0333-3

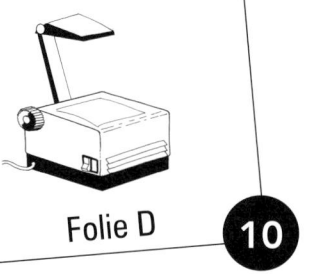

Menstruationszyklus und Hormone

Die Abbildung unten zeigt, wie **Hormone** im Zyklus während der
Sekretionsphase (in der Phase nach dem Eisprung) wirken.

Phase: Sekretionsphase (nach dem Eisprung)
Tage: 15 – 28

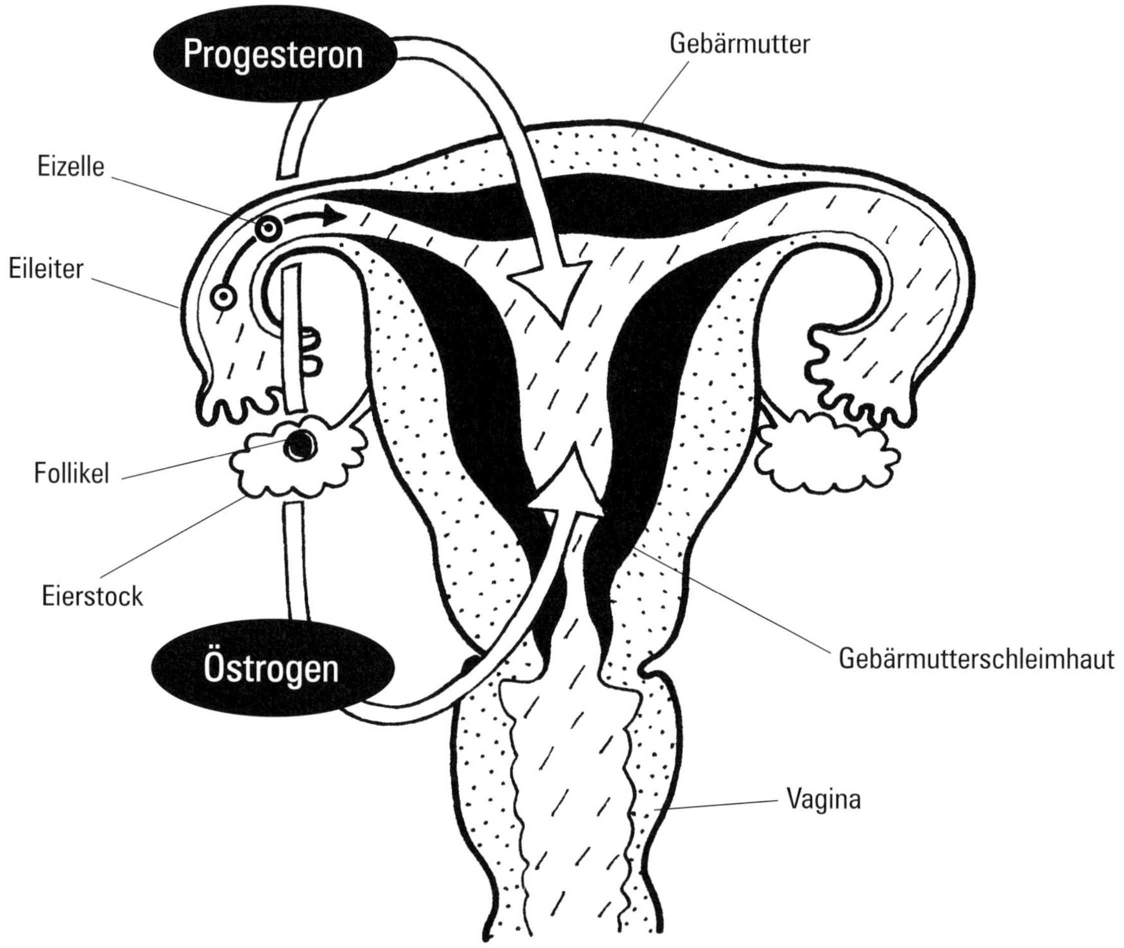

Progesteron

Gebärmutter

Eizelle

Eileiter

Follikel

Eierstock

Östrogen

Gebärmutterschleimhaut

Vagina

Weg und Wirkungsweise eines Hormons

Drüse ▭ (Hormon) ⟹ Zielorgan

1. Nachdem die Eizelle vom zerplatzten **Follikel**
   freigesetzt wurde, einwickelt sich der Follikel
   zu einem **Gelbkörper**, dem **Corpus Luteum**.

2. Der Gelbkörper beginnt, neben dem **Östrogen**
   auch noch ein anderes Hormon, **das Progeste-**
   ron, zu erzeugen.

3. Beide Hormone sorgen dafür, dass die **Gebärmut-**
   terschleimhaut sich weiterentwickelt, um für
   eine mögliche Schwangerschaft bereit zu sein.

© Verlag an der Ruhr ❶ Postfach 10 22 51 ❶ 45422 Mülheim an der Ruhr ❶ www.verlagruhr.de ❶ ISBN 978-3-8346-0333-3

Menstruationszyklus und Hormone

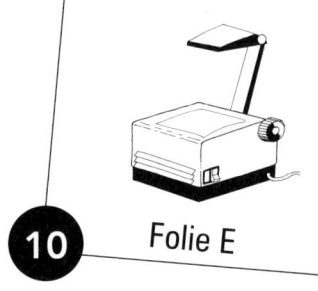

Die Abbildung unten zeigt, wie Hormone im Zyklus während der **Menstruation** wirken.

Phase: Menstruation
Tage: 29–33

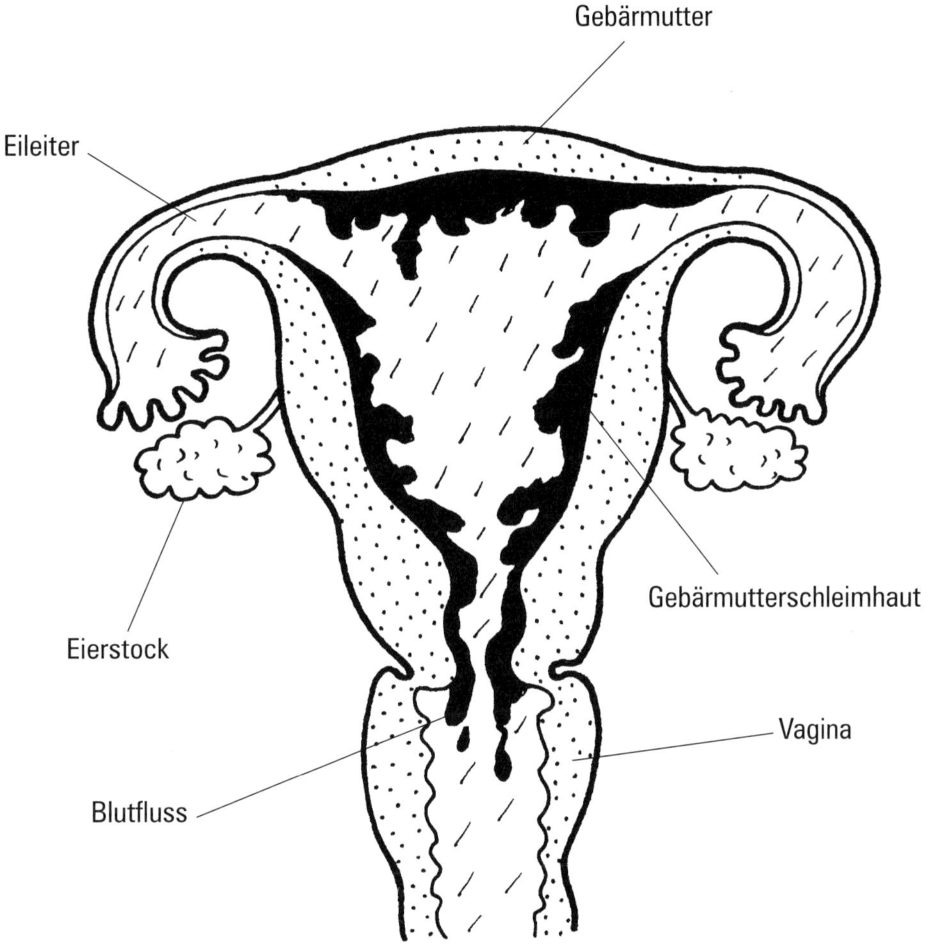

Gebärmutter

Eileiter

Eierstock

Blutfluss

Gebärmutterschleimhaut

Vagina

Trifft die Eizelle auf ihrem „Weg" entlang des **Eileiters** nicht innerhalb von ca. 36 Stunden auf ein Spermium, so bildet sie sich zurück.

1. Da der Gelbkörper dann keine hormonellen Botschaften mehr von der Eizelle erhält, bildet auch er sich zurück – und erzeugt die Hormone **Östrogen** und **Progesteron** nicht mehr weiter.

2. Die Spiegel von **Östrogen** und **Progesteron** im Blut fallen. Dies führt dazu, dass die Gebärmutterschleimhaut sich von der Uteruswand löst – so kommt es zu einer **Regelblutung**.

© Verlag an der Ruhr ○ Postfach 10 22 51 ○ 45422 Mülheim an der Ruhr ○ www.verlagruhr.de ○ ISBN 978-3-8346-0333-3

Menstruationszyklus und Hormone
Den weiblichen Zyklus erklären

Erklären 10

Aufgaben

1. Jede der Karten unten steht für eine der Phasen des Menstruationszyklus einer Frau.

2. Male die Karten mit unterschiedlichen Farben an. Nimm möglichst immer dieselbe Farbe für dasselbe Organ auf den verschiedenen Karten.

3. Klebe das ganze Blatt mit den Karten auf einen Bogen stabilen Karton. Warte, bis der Kleber getrocknet ist.

4. Schneide dann alle Karten vorsichtig am Rand entlang aus.

5. Schaue dir jede Karte gut an. Überprüfe, ob du verstehst, wie die verschiedenen Hormone den weiblichen Menstruationszyklus steuern. Schreibe die richtigen Namen der Hormone in die leeren Felder hinein.

6. Erkläre einem Mitschüler, auf welche Weise die verschiedenen Hormone den weiblichen Menstruationszyklus steuern. Verwende dazu die Karten in der richtigen Reihenfolge. Die Stichworte auf den Karten helfen dir dabei.

A Tag 1 bis 8

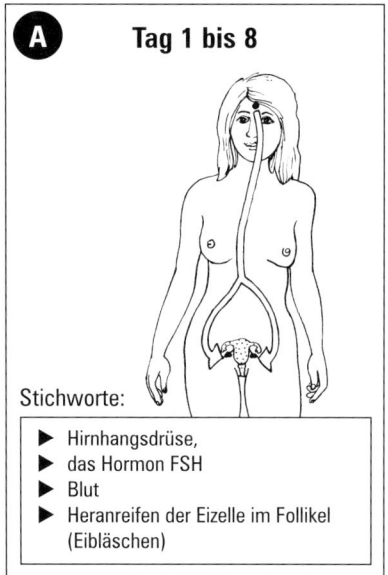

Stichworte:
- ▶ Hirnhangsdrüse,
- ▶ das Hormon FSH
- ▶ Blut
- ▶ Heranreifen der Eizelle im Follikel (Eibläschen)

B Tag 8 bis 12

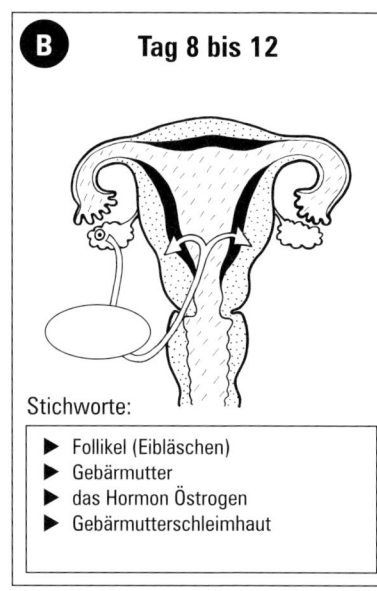

Stichworte:
- ▶ Follikel (Eibläschen)
- ▶ Gebärmutter
- ▶ das Hormon Östrogen
- ▶ Gebärmutterschleimhaut

C Tag 13 bis 15

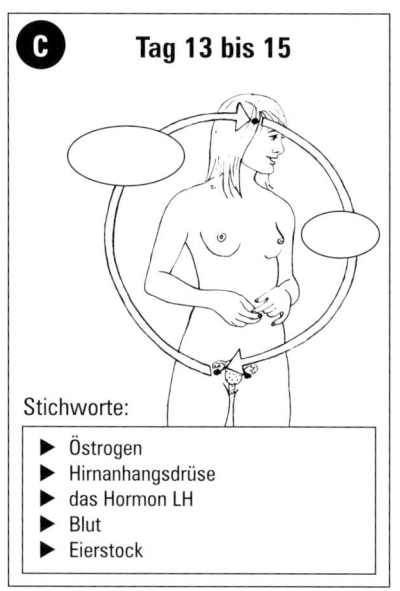

Stichworte:
- ▶ Östrogen
- ▶ Hirnanhangsdrüse
- ▶ das Hormon LH
- ▶ Blut
- ▶ Eierstock

F Tag 28 bis 5

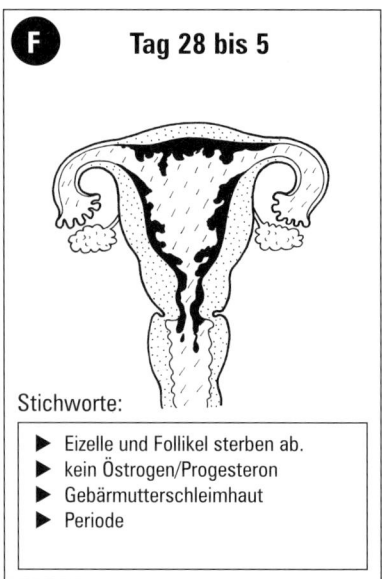

Stichworte:
- ▶ Eizelle und Follikel sterben ab.
- ▶ kein Östrogen/Progesteron
- ▶ Gebärmutterschleimhaut
- ▶ Periode

E Tag 15 bis 28

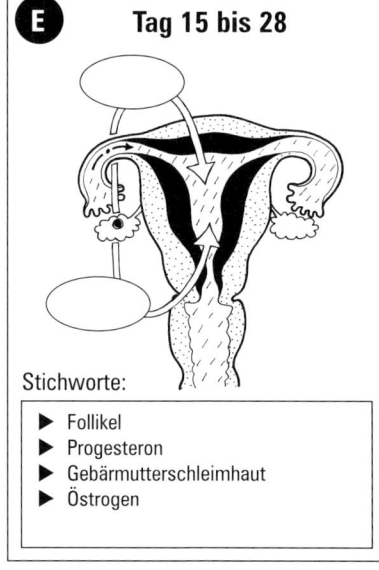

Stichworte:
- ▶ Follikel
- ▶ Progesteron
- ▶ Gebärmutterschleimhaut
- ▶ Östrogen

D Tag 14

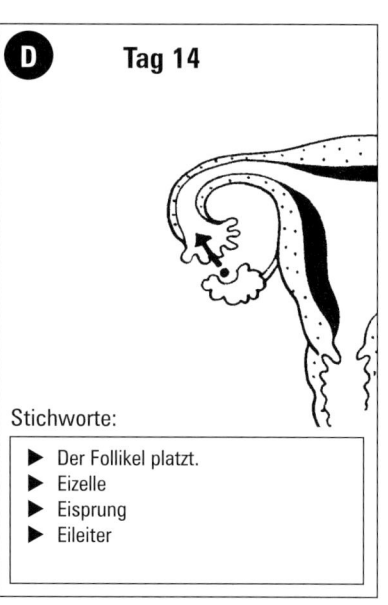

Stichworte:
- ▶ Der Follikel platzt.
- ▶ Eizelle
- ▶ Eisprung
- ▶ Eileiter

© Verlag an der Ruhr ● Postfach 10 22 51 ● 45422 Mülheim an der Ruhr ● www.verlagruhr.de ● ISBN 978-3-8346-0333-3

Hormonspiegel und Zyklus

Das Bild unten zeigt die Mengen, in denen die Fortpflanzungshormone während der verschiedenen Phasen des **Zyklus** im weiblichen Körper vorhanden sind. Man nennt das auch den **„Hormonspiegel"**. Das Bild geht von der durchschnittlichen Zykluslänge von 28 Tagen aus.

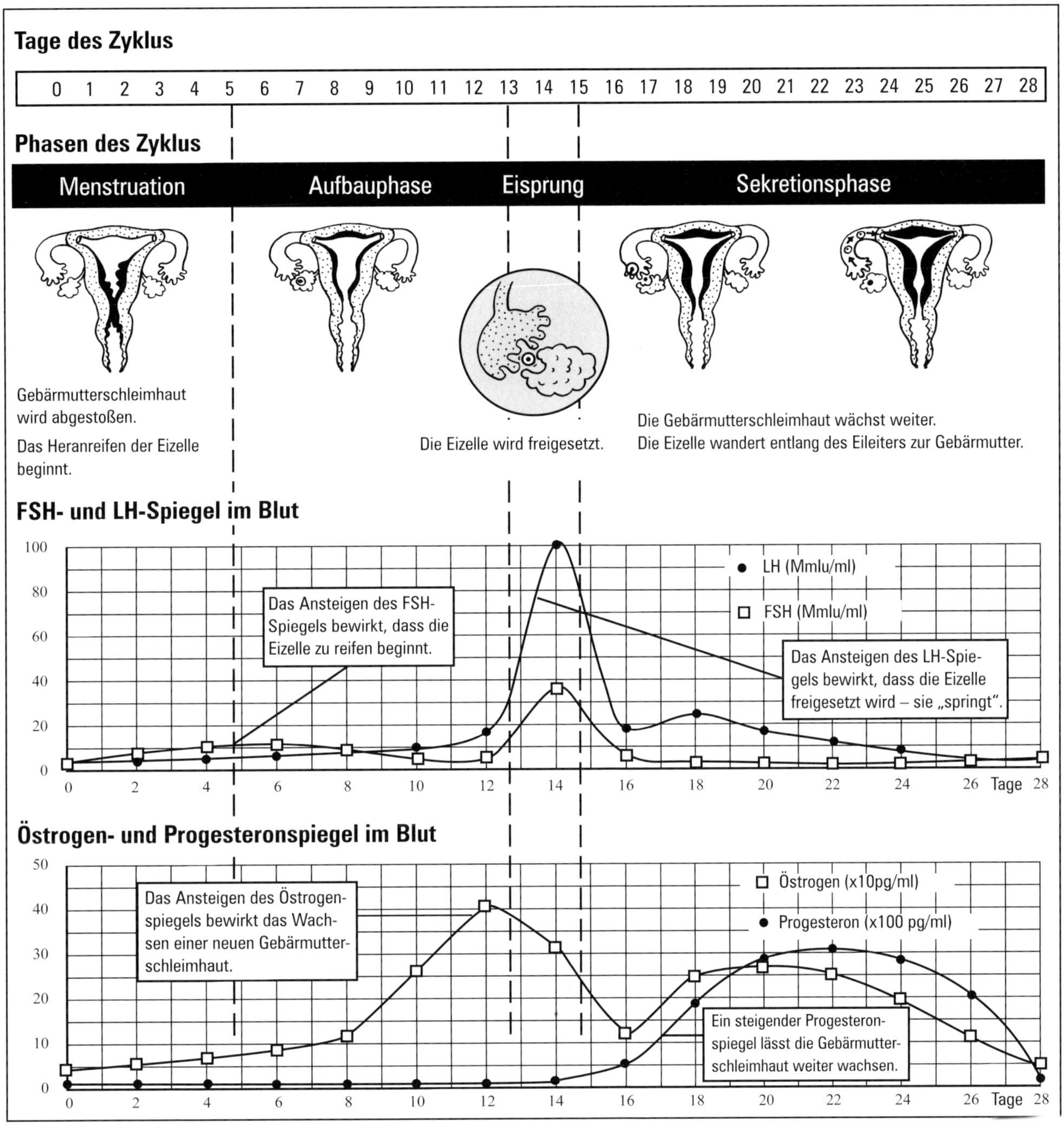

Tage des Zyklus

| 0 | 1 | 2 | 3 | 4 | 5 | 6 | 7 | 8 | 9 | 10 | 11 | 12 | 13 | 14 | 15 | 16 | 17 | 18 | 19 | 20 | 21 | 22 | 23 | 24 | 25 | 26 | 27 | 28 |

Phasen des Zyklus

| Menstruation | Aufbauphase | Eisprung | Sekretionsphase |

Gebärmutterschleimhaut wird abgestoßen.

Das Heranreifen der Eizelle beginnt.

Die Eizelle wird freigesetzt.

Die Gebärmutterschleimhaut wächst weiter.
Die Eizelle wandert entlang des Eileiters zur Gebärmutter.

FSH- und LH-Spiegel im Blut

Das Ansteigen des FSH-Spiegels bewirkt, dass die Eizelle zu reifen beginnt.

• LH (Mmlu/ml)

□ FSH (Mmlu/ml)

Das Ansteigen des LH-Spiegels bewirkt, dass die Eizelle freigesetzt wird – sie „springt".

Östrogen- und Progesteronspiegel im Blut

Das Ansteigen des Östrogenspiegels bewirkt das Wachsen einer neuen Gebärmutterschleimhaut.

□ Östrogen (x10pg/ml)

• Progesteron (x100 pg/ml)

Ein steigender Progesteronspiegel lässt die Gebärmutterschleimhaut weiter wachsen.

Fragen

1. Wie lange dauern ungefähr die verschiedenen Phasen in einem Zyklus mit durchschnittlicher Länge, also von 28 Tagen?

2. Beschreibe, was während der verschiedenen Zyklusphasen mit der Gebärmutterschleimhaut geschieht.

3. Was genau passiert im Verlauf des Zyklus, wenn FSH und LH ihre „Spitzenwerte" erreichen?

4. Was bewirken die Hormone Östrogen und Progesteron in der Gebärmutter?

© Verlag an der Ruhr ● Postfach 10 22 51 ● 45422 Mülheim an der Ruhr ● www.verlagruhr.de ● ISBN 978-3-8346-0333-3

Hormonspiegel und Zyklus

Aufgaben

1. Die Abbildung unten zeigt den Hormonspiegel einer Frau im Verlauf eines 28-tägigen Menstruationszyklus. Schneide sie aus, und klebe sie in dein Heft.

2. Markiere die vier Zyklusphasen farbig, und beschrifte sie mit folgenden Begriffen:
   Eisprung – Aufbauphase – Menstruation – Sekretionsphase

3. Beschrifte in den Grafiken unten jeweils die Kurve, die die Menge (oder den Spiegel) der folgenden Hormone anzeigt:

a) **FSH** (Tipp: FSH bewirkt das Wachstum der Eizelle.)

b) **LH** (Tipp: LH bewirkt den Eisprung.)

c) **Östrogen** (Tipp: Östrogen bewirkt das frühe Wachstum der Gebärmutterschleimhaut.)

d) **Progesteron** (Tipp: Progesteron bewirkt das späte Wachstum der Gebärmutterschleimhaut.)

Tage des Zyklus

| 0 | 1 | 2 | 3 | 4 | 5 | 6 | 7 | 8 | 9 | 10 | 11 | 12 | 13 | 14 | 15 | 16 | 17 | 18 | 19 | 20 | 21 | 22 | 23 | 24 | 25 | 26 | 27 | 28 |

Phasen des Zyklus

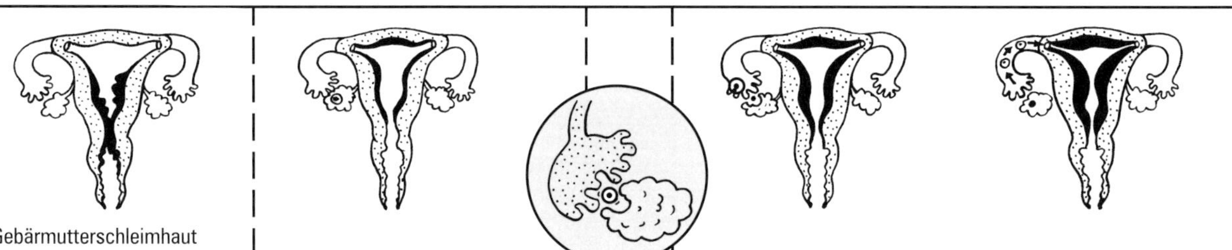

Gebärmutterschleimhaut wird abgestoßen.

Das Heranreifen der Eizelle beginnt.

Die Eizelle wird freigesetzt.

Die Gebärmutterschleimhaut wächst weiter.
Die Eizelle wandert entlang des Eileiters zur Gebärmutter.

FSH- und LH-Spiegel im Blut

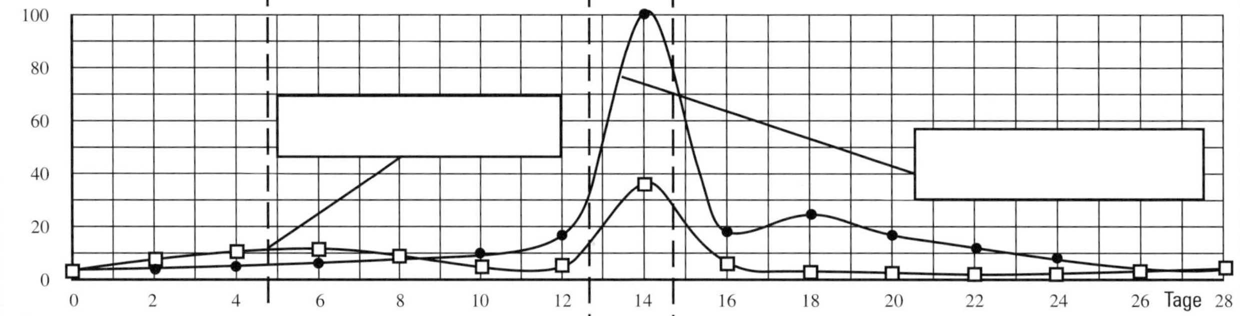

Östrogen- und Progesteronspiegel im Blut

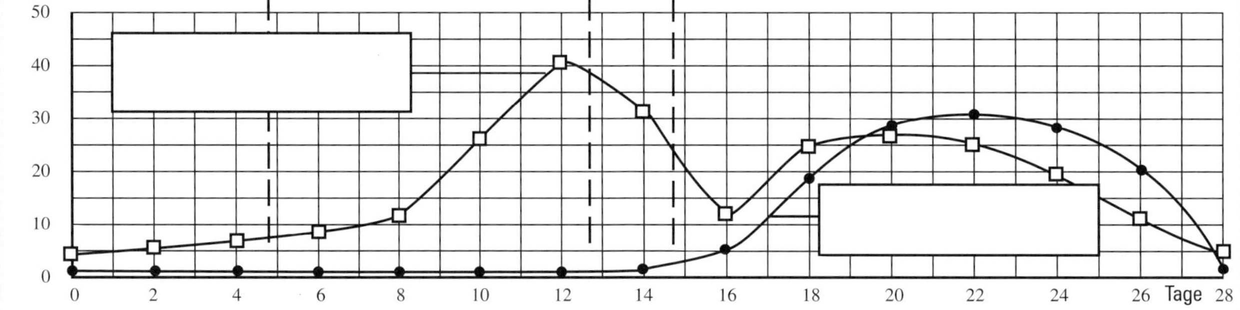

© Verlag an der Ruhr ● Postfach 10 22 51 ● 45422 Mülheim an der Ruhr ● www.verlagruhr.de ● ISBN 978-3-8346-0333-3

Hormonspiegel und Zyklus

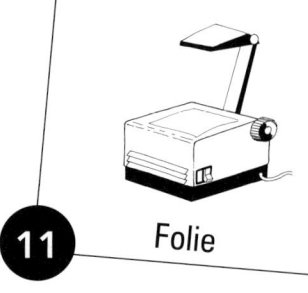

Die Abbildung entspricht einem durchschnittlichen Zyklus mit der Dauer von 28 Tagen.

Tage des Zyklus

0	1	2	3	4	5	6	7	8	9	10	11	12	13	14	15	16	17	18	19	20	21	22	23	24	25	26	27	28

1. Der **Menstruationszyklus** wird von Hormonen gesteuert. Die Abläufe während des Zyklus werden durch die Veränderungen des **Hormonspiegels** verursacht.

© Verlag an der Ruhr ○ Postfach 10 22 51 ○ 45422 Mülheim an der Ruhr ○ www.verlagruhr.de ○ ISBN 978-3-8346-0333-3

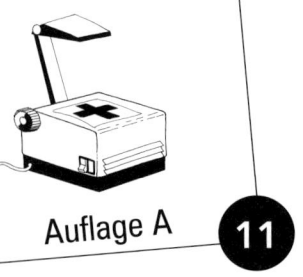
Hormonspiegel und Zyklus

Phasen des Zyklus

Menstruation	Aufbauphase	Eisprung	Sekretionsphase

2. Die **Menstruation**, die Ablösung der Schleimhaut der Gebärmutter, geschieht in den ersten fünf Tagen des Zyklus.

3. Während der **Aufbauphase** beginnt eine neue Eizelle, heranzureifen. Die Gebärmutterschleimhaut wächst.

4. Beim Eisprung löst sich eine **reife Eizelle** aus dem Eierstock und wird vom Eileiter aufgenommen.

5. Während der **Sekretionsphase** wandert die Eizelle zum **Uterus**. Die Gebärmutterschleimhaut wächst weiterhin.

© Verlag an der Ruhr ◉ Postfach 10 22 51 ◉ 45422 Mülheim an der Ruhr ◉ www.verlagruhr.de ◉ ISBN 978-3-8346-0333-3

Hormonspiegel und Zyklus

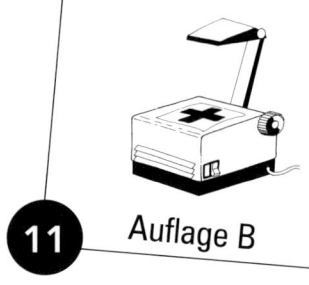

FSH- und LH-Spiegel im Blut

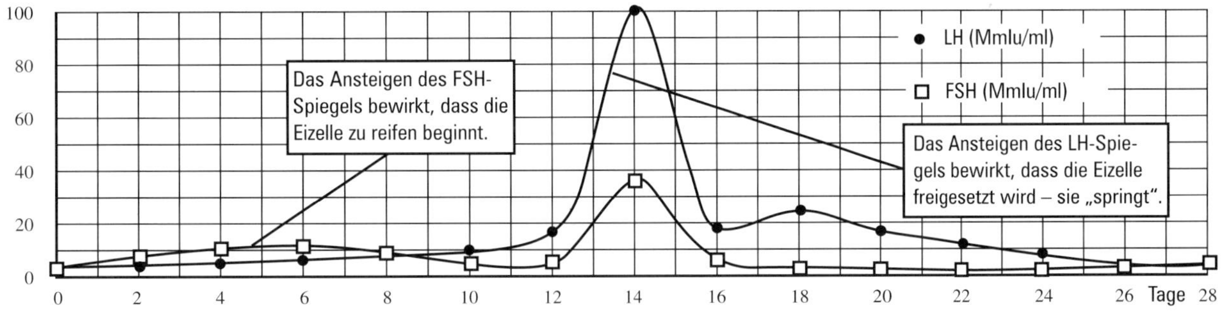

Das Ansteigen des FSH-Spiegels bewirkt, dass die Eizelle zu reifen beginnt.

● LH (Mmlu/ml)

□ FSH (Mmlu/ml)

Das Ansteigen des LH-Spiegels bewirkt, dass die Eizelle freigesetzt wird – sie „springt".

(Diagramm: y-Achse 0 bis 100, x-Achse 0 bis 28 Tage)

stock **eine Eizelle** heranreift. Während der **Aufbauphase** fällt der FSH-Spiegel.

7. Um den 12. Zyklustag herum beginnt die **Hypophyse, LH zu erzeugen**. Das **Ansteigen des LH-Spiegels** bewirkt das Zerplatzen des **Follikels**. Das reife Ei wird freigesetzt und von einem **Eileiter** aufgenommen.

6. Die **Hypophyse** erzeugt in der frühen Phase des Zyklus **FSH**. Ein steigender FSH-Spiegel bewirkt, dass im Eier-

© Verlag an der Ruhr ○ Postfach 10 22 51 ○ 45422 Mülheim an der Ruhr ○ www.verlagruhr.de ○ ISBN 978-3-8346-0333-3

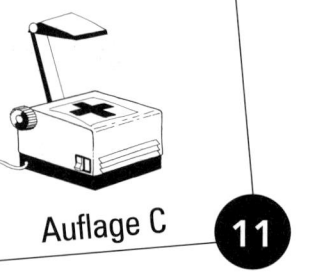

Hormonspiegel und Zyklus

Östrogen- und Progesteronspiegel im Blut

Das Ansteigen des Östrogenspiegels bewirkt das Wachsen einer neuen Gebärmutterschleimhaut.

☐ Östrogen (x10 pg/ml)

● Progesteron (x100 pg/ml)

Ein steigender Progesteronspiegel lässt die Gebärmutterschleimhaut weiter wachsen.

(x-Achse: 0 2 4 6 8 10 12 14 16 18 20 22 24 26 Tage 28; y-Achse: 0 10 20 30 40 50)

8. Der **Follikel**, der das heranreifende Ei enthält, erzeugt das **Hormon Östrogen**. Dieses bewirkt das **Heranwachsen einer neuen Schleimhaut**. Steigt der Östrogenspiegel im Blut, wird mit der Erzeugung von **LH** begonnen. Dieses Hormon **LH** löst den Eisprung aus.

9. Den nach dem Eisprung verkümmerten Follikel, nennt man den **Gelbkörper.** Er erzeugt das Hormon **Progesteron**, das das Weiterwachsen der Gebärmutterschleimhaut bewirkt.

© Verlag an der Ruhr ● Postfach 10 22 51 ● 45422 Mülheim an der Ruhr ● www.verlagruhr.de ● ISBN 978-3-8346-0333-3

Hormonspiegel und Zyklus
Den Hormonspiegel grafisch darstellen

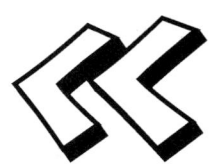

Aufgaben

1. Diese Tabelle zeigt die Menge (oder besser gesagt: **den Spiegel**) der vier verschiedenen Hormone im Blut einer Frau im Verlauf eines **Menstruationszyklus**.

2. Trage zuerst die **Zahlenangaben** für die **Hormone FSH** und **LH** in das obere der beiden Raster unten auf der Seite ein. Nimm eine andere Farbe für jedes der beiden Hormone. Verbinde dann die einzelnen Angaben für jedes Hormon mit je einer Linie.

3. Trage die Zahlenangaben für Östrogen und Progesteron in das untere der beiden Raster ein.

4. Füge eine Legende hinzu: Welche Linie steht für welches Hormon?

5. Trage unterhalb der Zeitachse in beiden Grafiken folgende Phasen an der richtigen Stelle ein: **Menstruation**, **Aufbauphase** (vor dem Eisprung), **Eisprung**, **Sekretionsphase** (nach dem Eisprung)

6. Schneide schließlich beide Grafiken entlang der gestrichelten Linie aus. Klebe dann jede für sich mit Klebeband an ihren schmalen Enden zusammen, sodass zwei Zylinder entstehen.

Tage	FSH (mIU/ml)	LH (mIU/ml)	Östrogen (x10pg/ml)	Progesteron (x1000pg/ml)
0	4	3	4	1
2	7	3	5	1
4	10	4	7	1
6	12	6	9	1
8	9	7	12	1
10	5	10	26	1
12	3	12	40	1
14	36	100	30	1,5
16	3	16	12	5
18	3	25	25	18
20	2	16	27	28
22	2	12	25	30
24	2	7	19	28
26	3	4	10	20
28	4	3	4	1

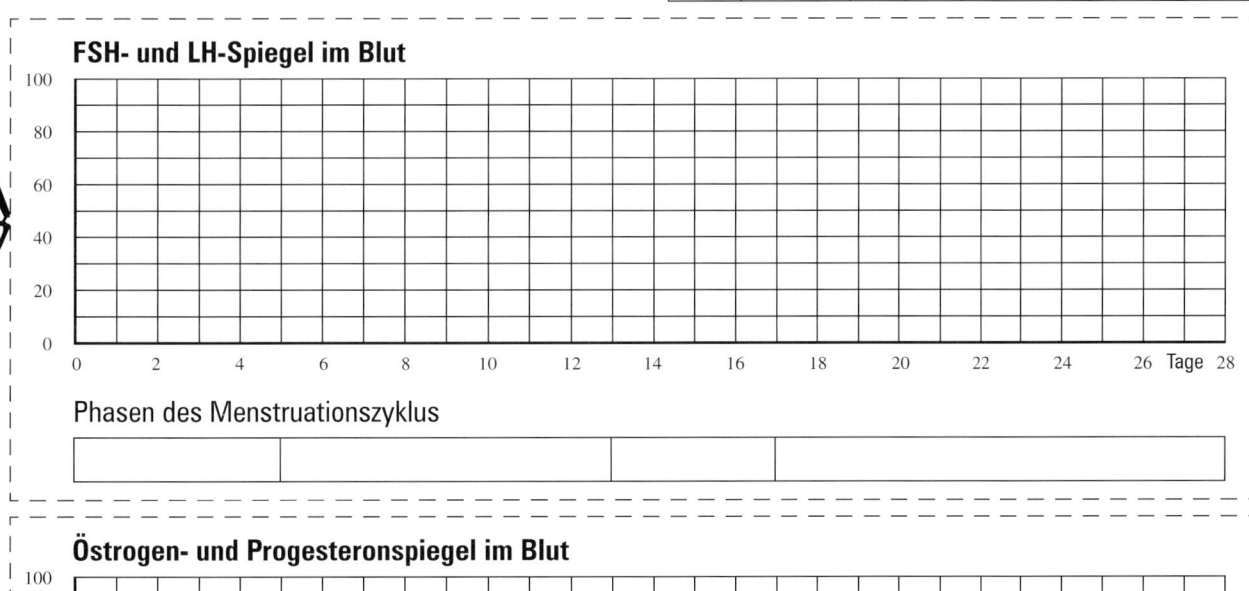

FSH- und LH-Spiegel im Blut

Phasen des Menstruationszyklus

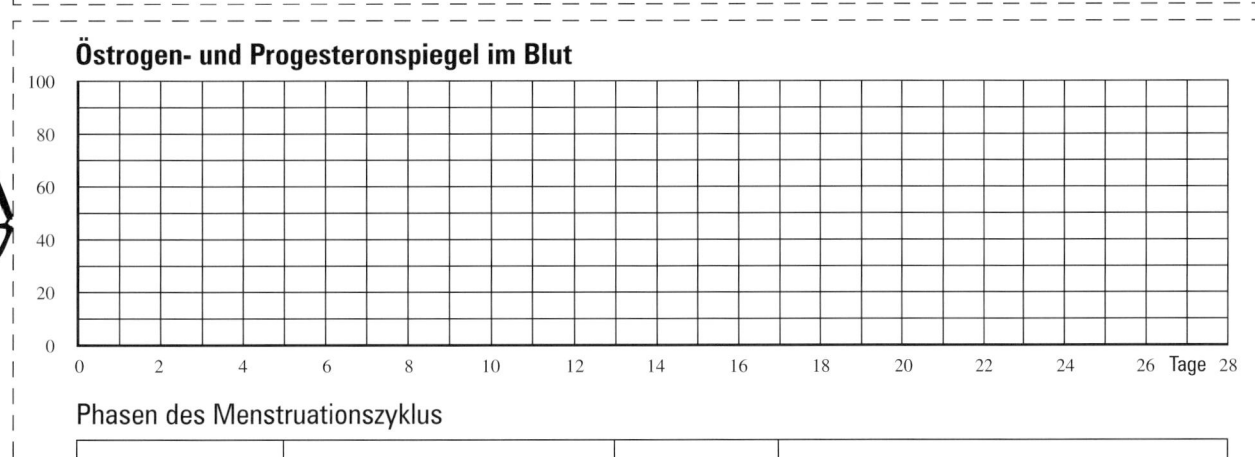

Östrogen- und Progesteronspiegel im Blut

Phasen des Menstruationszyklus

© Verlag an der Ruhr ● Postfach 10 22 51 ● 45422 Mülheim an der Ruhr ● www.verlagruhr.de ● ISBN 978-3-8346-0333-3

Geschlechtsverkehr

Viele Paare wünschen sich ein gemeinsames Kind. Die Zeugung des Kindes geschieht durch **Geschlechtsverkehr**. Dabei wird **Sperma** des Mannes an die Frau weitergegeben. Normalerweise ist **Geschlechtsverkehr** eine lustvolle Erfahrung für beide.

Eine Frau und ein Mann können damit ihre Liebe zueinander ausdrücken. Deshalb spricht man manchmal auch vom „Liebe machen". Oft verwendet man auch die Ausdrücke „miteinander schlafen" oder „miteinander ins Bett gehen".

Wenn ein Mann und eine Frau beginnen, sich zu küssen und zu berühren, geschehen in ihrem Körper wichtige Veränderungen.

Verspürt der Mann sexuelle Erregung, verändert sich sein Penis: Die **Schwellkörper** in seinem Penis füllen sich mit Blut und lassen ihn wachsen, steif werden und sich aufrichten – dies bezeichnet man als **Erektion**.

Empfindet die Frau sexuelle Erregung durch die zärtliche Berührung des Mannes, weitet sich ihre **Vagina** und bildet eine Flüssigkeit, die sie feucht werden lässt. Die Feuchtigkeit und die Vergrößerung der Vagina machen den Geschlechtsverkehr sehr viel angenehmer.

Der Mann kann den Penis nun in die Vagina der Frau einführen. Die körperliche Erregung des Paares wächst. Beide beginnen, sich zu bewegen. Dabei bewegt sich der Penis in der Vagina vor und zurück.

Diese Bewegungen wirken auf Frauen sehr unterschiedlich. Bei manchen Frauen werden **die Vagina und ihre Klitoris** durch den Körper des Mannes stimuliert, und sie kommen zu einem **Orgasmus**. Dabei erleben sie lustvolle Kontraktionen, die sich von ihrem Genitalbereich auf den gesamten Körper ausbreiten können. Bei vielen Frauen geht das jedoch nicht ganz so einfach: Ihre Klitoris bekommt von der Bewegung einfach „zu wenig mit". Das hängt vor allem damit zusammen, wie ihr Körper gebaut ist. Um mehr Erregung zu empfinden und schließlich einen Orgasmus zu erleben, benötigen sie die direkte Berührung ihrer Klitoris.

Frauen, die beim Geschlechtsverkehr nicht „automatisch" einen Orgasmus erleben, brauchen sich keine Sorgen zu machen. Lieber sollten sie geduldig herausfin-

den, was ihnen gut tut, ihnen Lust bereitet und sie erregt – und das muss nicht jeden Tag dasselbe sein.

Wenn der Penis sich in der Vagina bewegt, empfindet der Mann sehr starke Erregung. Die Muskeln um die Samenleiter und die Hoden können sich auf sehr lustvolle Weise zusammenziehen (kontrahieren) – das ist der **männliche Orgasmus**. Diese Kontraktionen pressen Millionen von **Samen** durch die Samenleiter, die nun aus dem Penis herausschießen. Dies nennt man **Ejakulation**.

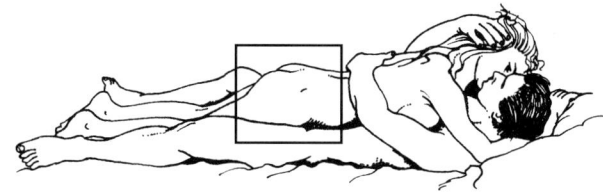

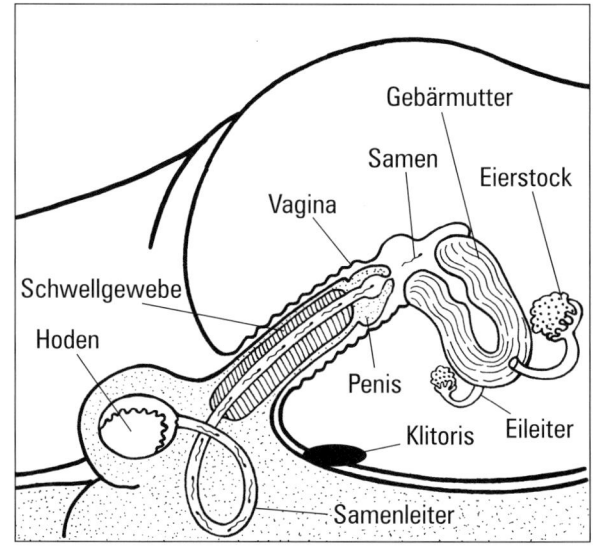

Fragen

1. Warum ist der Geschlechtsverkehr für die Menschen so wichtig?

2. Welche Teile des Körpers werden bei Männern und Frauen sexuell erregt, wenn sie miteinander schlafen?

3. Warum ist „Liebe machen" mehr als nur der Geschlechtsverkehr?

4. Was geschieht beim Geschlechtsverkehr im Körper des Mannes und der Frau?

© Verlag an der Ruhr ❍ Postfach 10 22 51 ❍ 45422 Mülheim an der Ruhr ❍ www.verlagruhr.de ❍ ISBN 978-3-8346-0333-3

Geschlechtsverkehr

Aufgaben

1. Schneide die Abbildung unten aus, und klebe sie in dein Heft.

2. Male in dem Bild unten rechts den männlichen und den weiblichen Körperteil in zwei verschiedenen Farben an.

3. Vervollständige mit Hilfe der Zahlen auf der Zeichnung die Liste unten links, sodass neben jeder Zahl der Name eines männlichen oder weiblichen Körperteils steht.

4. Zeichne einen Pfeil, der den Weg des Spermas von einem Hoden bis hinauf zu einem Eileiter zeigt.

5. Beschreibe oben auf dem Arbeitsblatt einige der Veränderungen, die in einer Frau und einem Mann geschehen, wenn sie sexuelle Erregung spüren.

Veränderungen bei Frauen, wenn sie sexuelle Erregung empfinden:

1._____   2. _____

Veränderungen bei Männern, wenn sie sexuelle Erregung empfinden:

1. _____   2. _____

Namen der Organe

1. _____
2. _____
3. _____
4. _____
5. _____
6. _____
7. _____
8. _____
9. _____

Weg des Spermas von einem Hoden zu einem Eileiter.

© Verlag an der Ruhr ● Postfach 10 22 51 ● 45422 Mülheim an der Ruhr ● www.verlagruhr.de ● ISBN 978-3-8346-0333-3

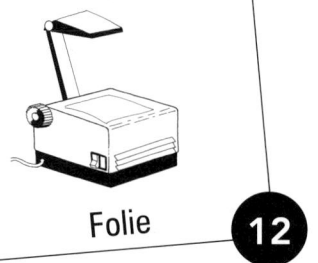
Geschlechtsverkehr

Wenn ein Mann und eine Frau sexuell erregt sind und einander berühren, geschehen in ihrem Körper viele Veränderungen.

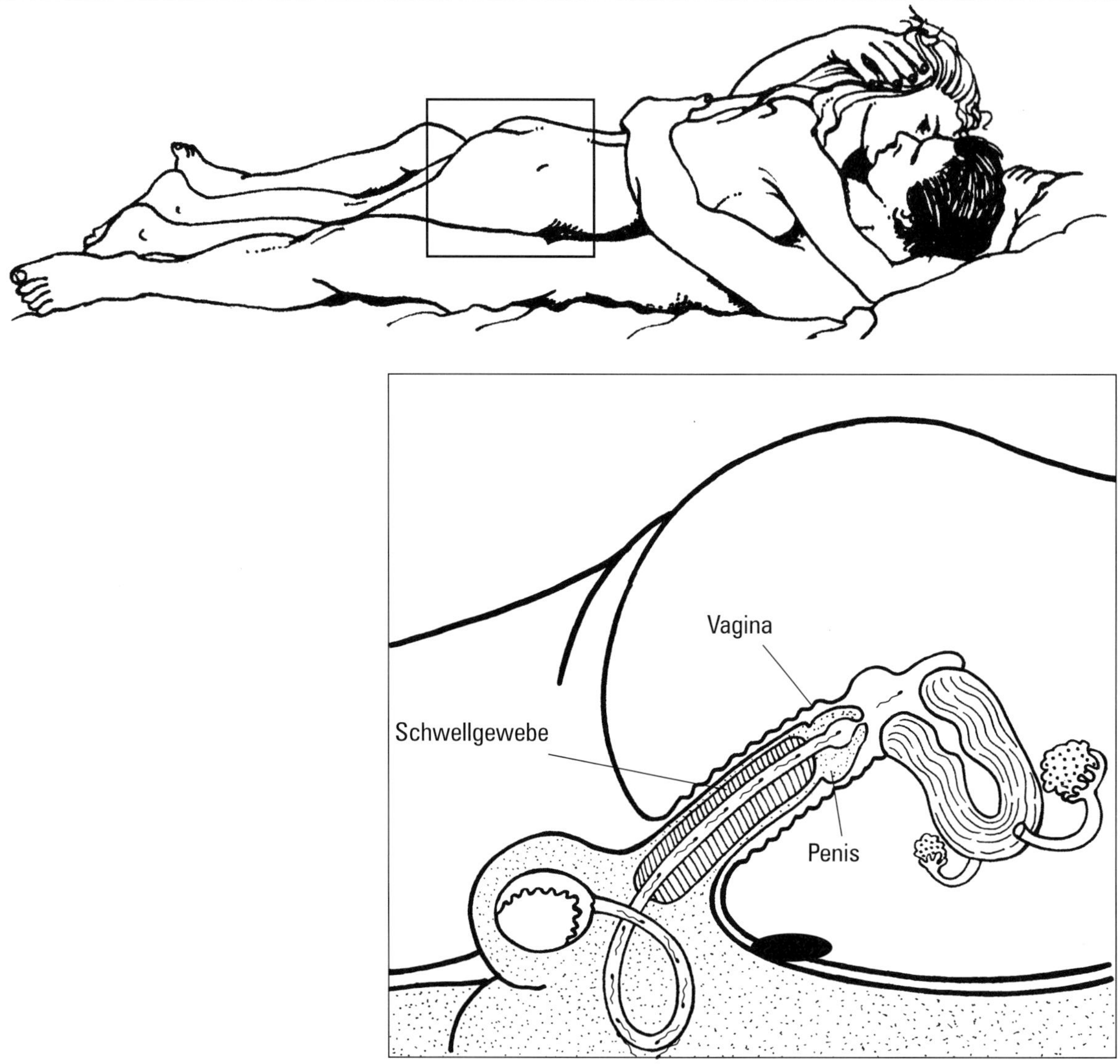

Vagina

Schwellgewebe

Penis

1. Verspürt der Mann **sexuelle Erregung**, verändert sich sein Penis: Die **Schwellkörper in seinem Penis** füllen sich mit Blut und lassen ihn wachsen und sich aufrichten – dies bezeichnet man als **Erektion**.

2. Empfindet die Frau **sexuelle Erregung**, weitet sich ihre **Vagina**. Sie bildet außerdem eine Flüssigkeit. Die Feuchtigkeit und die Vergrößerung der Vagina machen den Geschlechtsverkehr angenehmer.

© Verlag an der Ruhr ● Postfach 10 22 51 ● 45422 Mülheim an der Ruhr ● www.verlagruhr.de ● ISBN 978-3-8346-0333-3

Geschlechtsverkehr

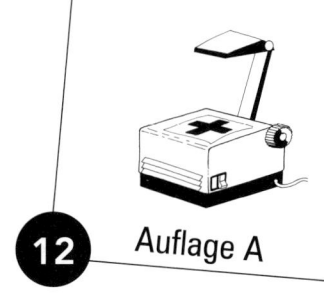

Gebärmutter

Samen

Eierstock

Hoden

Klitoris

Eileiter

Samenleiter

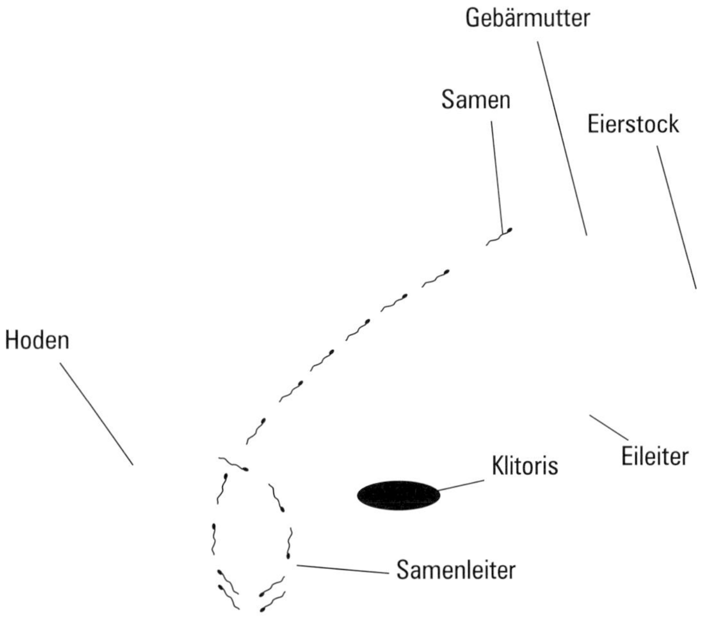

3. Die Frau kann den Penis des Mannes nun in ihre **Vagina** aufnehmen. Die Erregung des Paares wächst. Sie beginnen, sich zu bewegen. Dabei bewegt sich der Penis in der Vagina vor und zurück.

4. Diese Bewegungen wirken auf Frauen sehr unterschiedlich. Bei manchen Frauen werden ihre **Vagina** und ihre **Klitoris** durch den Körper des Mannes stimuliert. Sie kommen zu einem **Orgasmus**.

5. Wenn der Penis sich in der Vagina bewegt, empfindet der Mann **starke Erregung**. Die Muskeln um die Samenleiter und die Hoden können sich auf sehr lustvolle Weise zusammenziehen (**kontrahieren**) – das ist der **männliche Orgasmus**. Durch diese Kontraktionen schießen Millionen von Samen aus dem Penis heraus (**Ejakulation**).

© Verlag an der Ruhr ○ Postfach 10 22 51 ○ 45422 Mülheim an der Ruhr ○ www.verlagruhr.de ○ ISBN 978-3-8346-0333-3

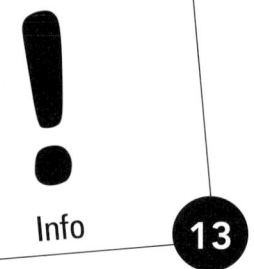

Der Beginn eines neuen Lebens

Die Abbildung unten zeigt den **Beginn eines neuen Lebens** im Körper der Frau. Die weiß unterlegten Kästchen beziehen sich auf „den Weg" der **Eizelle**. Die grau unterlegten Kästchen beziehen sich auf „den Weg" des **Spermiums**.

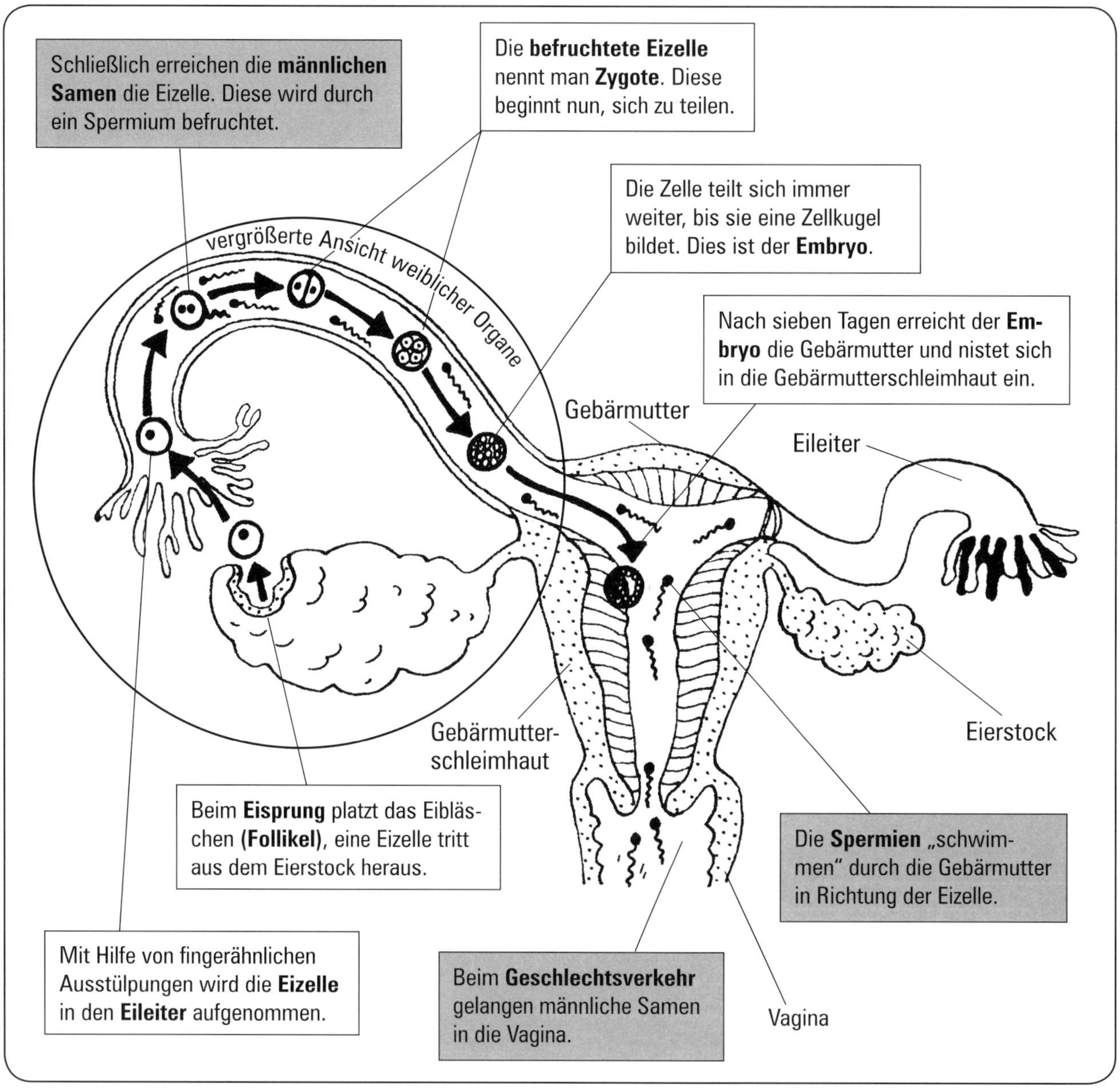

Schließlich erreichen die **männlichen Samen** die Eizelle. Diese wird durch ein Spermium befruchtet.

Die **befruchtete Eizelle** nennt man **Zygote**. Diese beginnt nun, sich zu teilen.

Die Zelle teilt sich immer weiter, bis sie eine Zellkugel bildet. Dies ist der **Embryo**.

Nach sieben Tagen erreicht der **Embryo** die Gebärmutter und nistet sich in die Gebärmutterschleimhaut ein.

vergrößerte Ansicht weiblicher Organe

Gebärmutter

Eileiter

Gebärmutter-schleimhaut

Eierstock

Beim **Eisprung** platzt das Eibläs-chen **(Follikel)**, eine Eizelle tritt aus dem Eierstock heraus.

Die **Spermien** „schwim-men" durch die Gebärmutter in Richtung der Eizelle.

Mit Hilfe von fingerähnlichen Ausstülpungen wird die **Eizelle** in den **Eileiter** aufgenommen.

Beim **Geschlechtsverkehr** gelangen männliche Samen in die Vagina.

Vagina

Fragen

1. Wenn der Mann ejakuliert, gelangen Millionen von Spermien in die Vagina. Warum werden so viele Spermien abgegeben, wenn nur eines gebraucht wird, um ein Ei zu befruchten?

2. Beschreibe den Weg, den die Spermien nehmen müssen, um auf eine Eizelle zu treffen.

3. Wo im Körper müssen Ei und Samen aufeinander-treffen, damit eine Befruchtung stattfinden kann?

4. Was ist der Unterschied zwischen einer Eizelle, einer Zygote und einem Embryo?

5. Warum nistet sich der Embryo schließlich in der Gebärmutterschleimhaut ein?

© Verlag an der Ruhr ● Postfach 10 22 51 ● 45422 Mülheim an der Ruhr ● www.verlagruhr.de ● ISBN 978-3-8346-0333-3

Der Beginn eines neuen Lebens

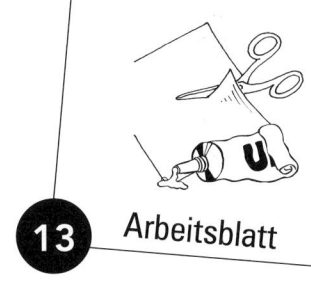

13 Arbeitsblatt

Aufgaben

1. Schneide die Abbildung unten aus, und klebe sie in dein Heft.

2. Markiere das Fortpflanzungssystem mit Farben. Die Zuordnung der Farben siehst du im Kasten oben rechts.

3. Zeichne einen langen Pfeil entlang des Weges, den ein Spermium von der Vagina aus nehmen muss, um ein Ei zu befruchten.

4. Schneide die Entwicklungsphasen des Eies in den Kästchen ganz unten auf der Seite einzeln aus. Klebe sie dann in die richtigen Kreise auf der großen Abbildung.

5. Beschrifte jeden Ablauf mit den folgenden Begriffen: **Eisprung – Geschlechtsverkehr – Das Ei gelangt in den Eileiter – Das Spermium gelangt in den Eileiter – Befruchtung – Zellteilung – Einnistung**

Zuordnung der Farben:

Gebärmutter	**rot**	Vagina	**blau**
Eileiter	**grün**	Eierstock	**gelb**

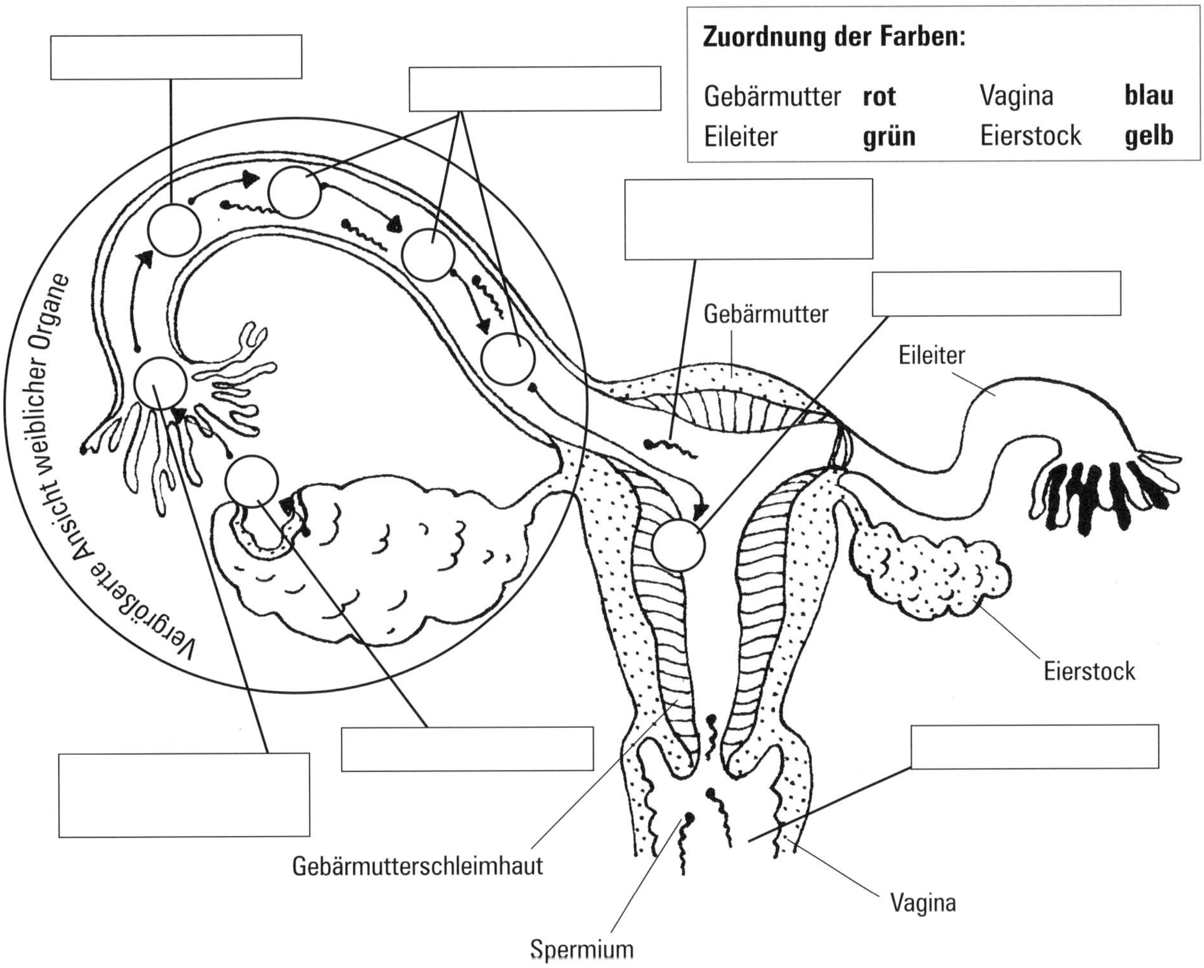

Vergrößerte Ansicht weiblicher Organe

Gebärmutter

Eileiter

Eierstock

Gebärmutterschleimhaut

Vagina

Spermium

Phasen der Entwicklung des Eies

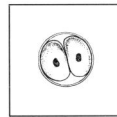 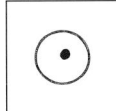 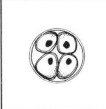 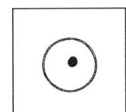 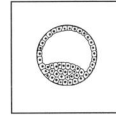 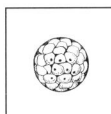 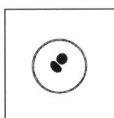

© Verlag an der Ruhr ● Postfach 10 22 51 ● 45422 Mülheim an der Ruhr ● www.verlagruhr.de ● ISBN 978-3-8346-0333-3

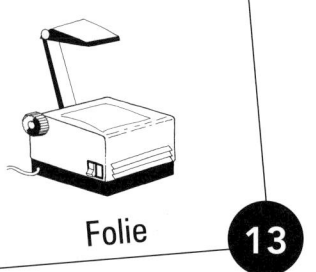
Der Beginn eines neuen Lebens

Die Abbildung unten zeigt, was geschieht, wenn im Körper einer Frau ein **neues Leben** entsteht. Das erste Ereignis ist die **Freisetzung einer Eizelle** oder auch der **Eisprung**. Beim **Geschlechtsverkehr** treten **Spermien** – männliche Samen – in die **Vagina** der Frau ein.

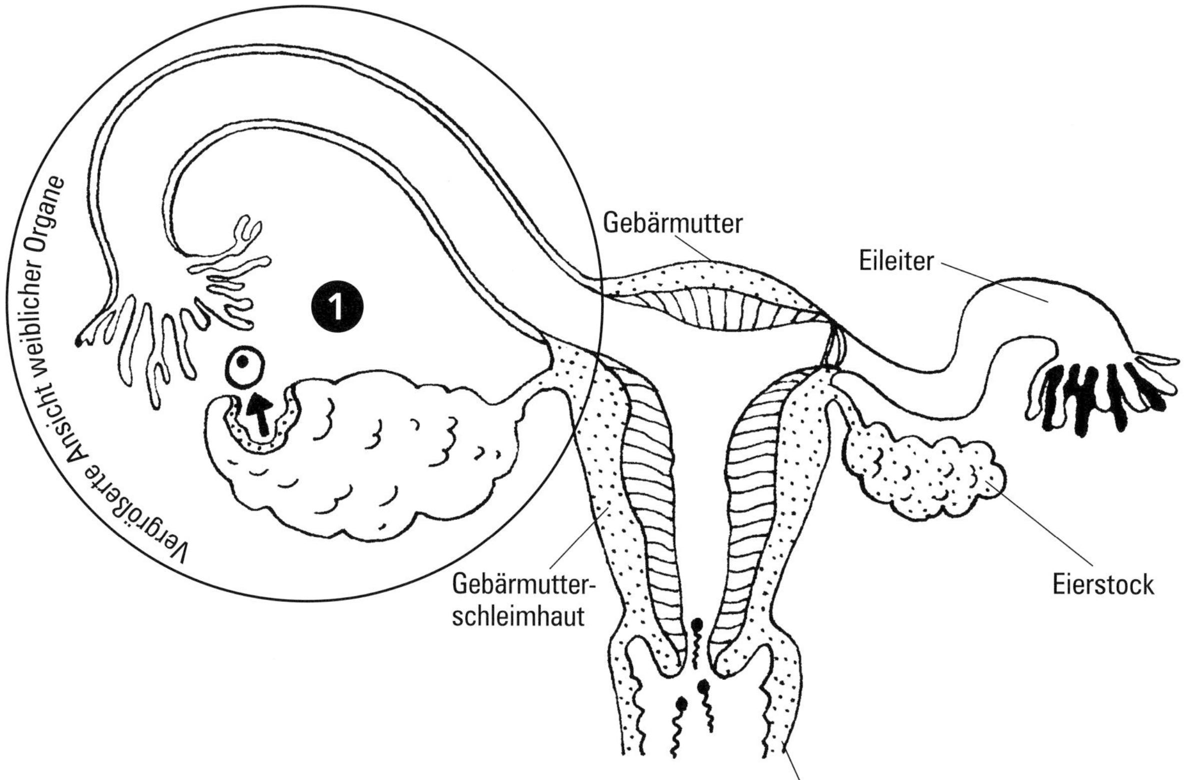

Vergrößerte Ansicht weiblicher Organe

1

Gebärmutter

Eileiter

Eierstock

Gebärmutter-schleimhaut

2

Vagina

1. Beim **Eisprung** platzt das **Eibläschen (Follikel)** und stößt eine **Eizelle** aus dem Eierstock heraus.

2. Beim **Geschlechtsverkehr** gelangen mit der **Ejakulation** männliche **Samen** in die Vagina der Frau.

© Verlag an der Ruhr ● Postfach 10 22 51 ● 45422 Mülheim an der Ruhr ● www.verlagruhr.de ● ISBN 978-3-8346-0333-3

Der Beginn eines neuen Lebens

13 Auflage A

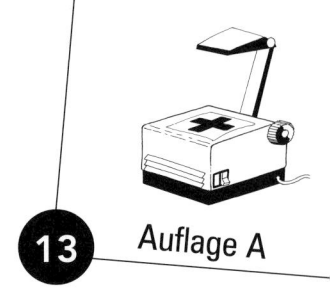

Die Eizelle wird vom Eileiter aufgenommen, und die Spermien „schwimmen" die Gebärmutter hinauf.

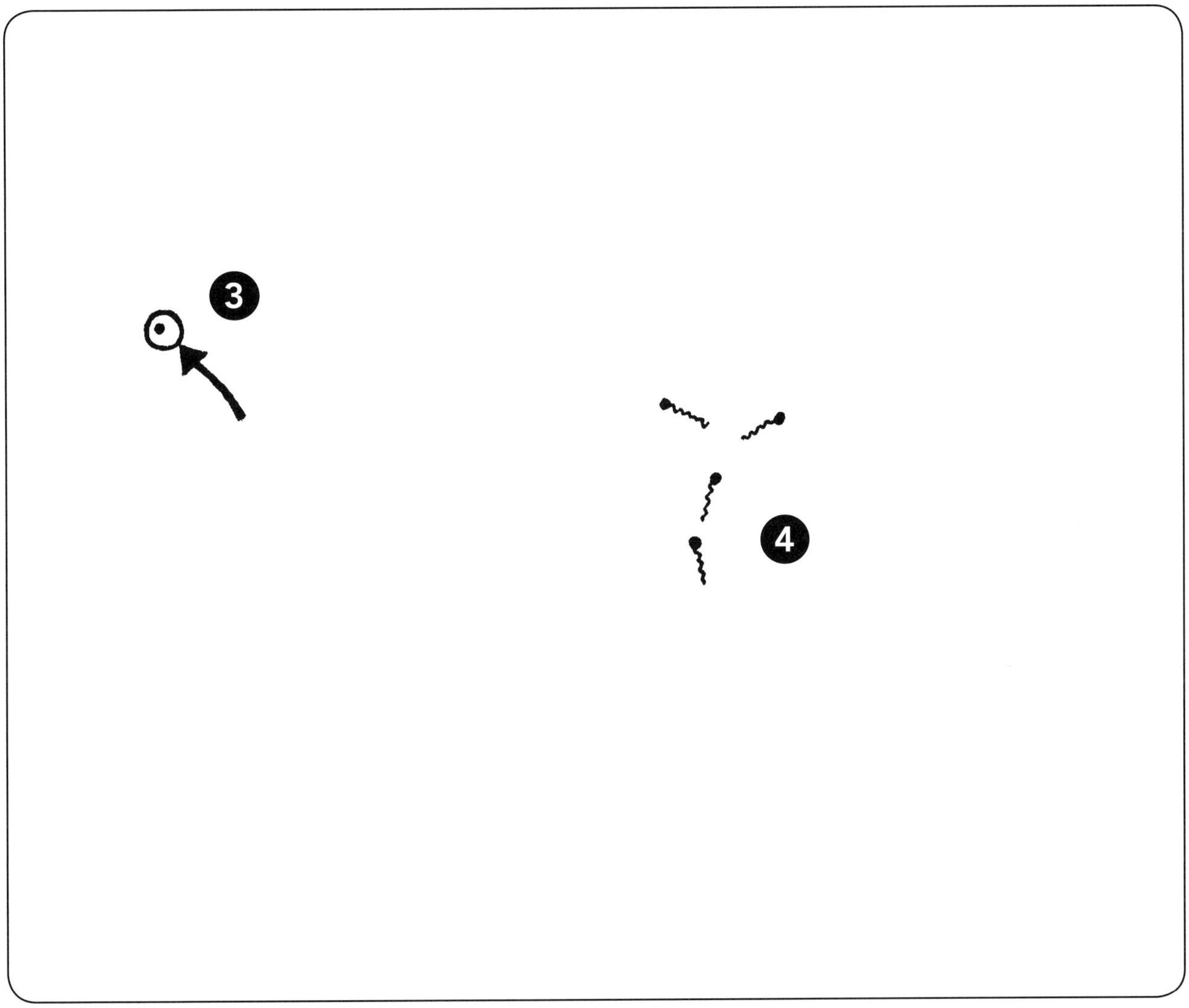

3. Mit Hilfe fingerähnlicher Ausstülpungen wird die **Eizelle** in den Trichter des **Eileiters** aufgenommen.
4. Die Spermien „schwimmen" durch den **Zervixkanal** und durch die **Gebärmutter** in die **Eileiter**.

© Verlag an der Ruhr • Postfach 10 22 51 • 45422 Mülheim an der Ruhr • www.verlagruhr.de • ISBN 978-3-8346-0333-3

Auflage B

13

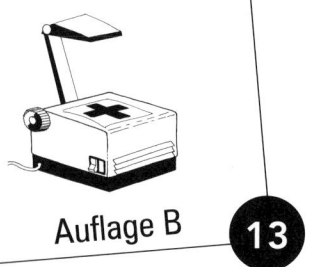

Der Beginn eines neuen Lebens

5

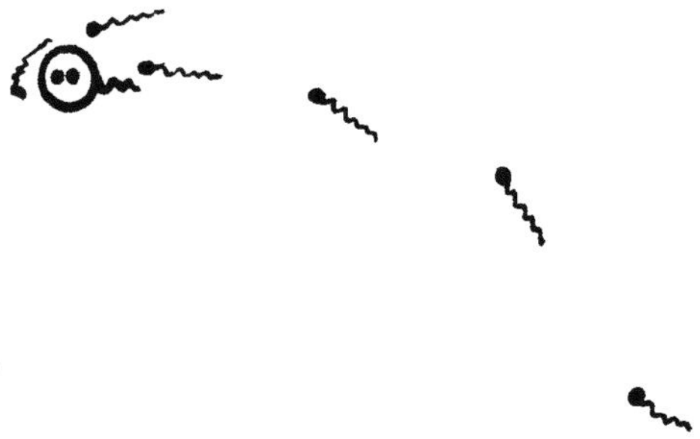

5. Die **Spermien** zersetzen die Ummantelung der **Eizelle**, bis ein Spermium in sie eindringen und mit ihr verschmelzen kann.

© Verlag an der Ruhr • Postfach 10 22 51 • 45422 Mülheim an der Ruhr • www.verlagruhr.de • ISBN 978-3-8346-0333-3

Der Beginn eines neuen Lebens

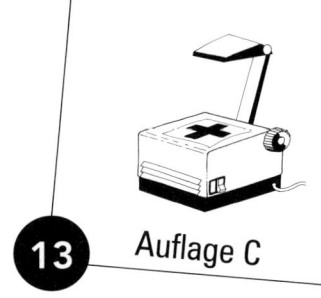
6. und **7.** Die **befruchtete Eizelle (Zygote)** beginnt, sich zu teilen. Sie bildet eine **Zellkugel** – den **Embryo**.

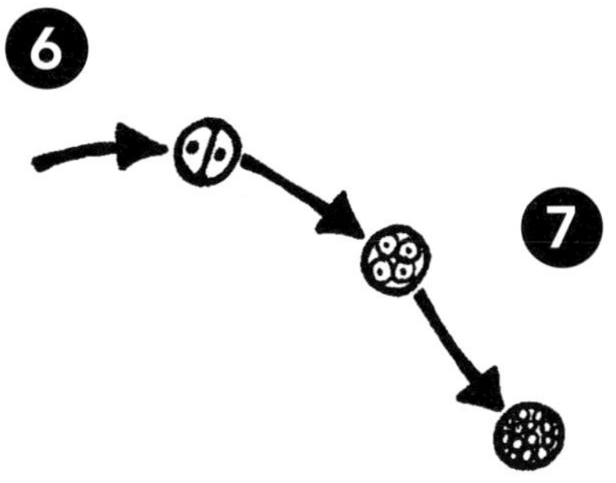

© Verlag an der Ruhr ❍ Postfach 10 22 51 ❍ 45422 Mülheim an der Ruhr ❍ www.verlagruhr.de ❍ ISBN 978-3-8346-0333-3

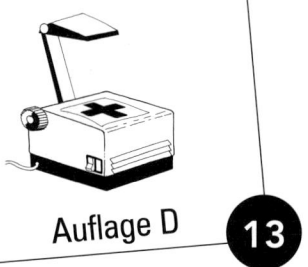

Der Beginn eines neuen Lebens

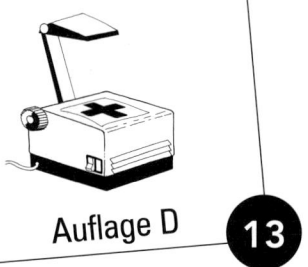

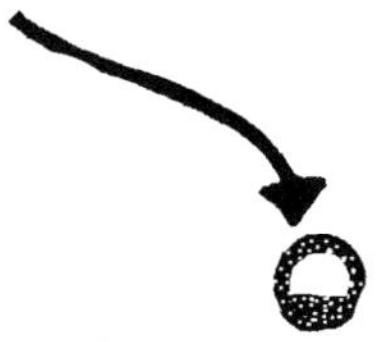

8

8. Der **Embryo** wandert etwa sieben Tage lang durch die **Gebärmutter** und nistet sich dann in die **Gebärmutterschleimhaut** ein.

© Verlag an der Ruhr ● Postfach 10 22 51 ● 45422 Mülheim an der Ruhr ● www.verlagruhr.de ● ISBN 978-3-8346-0333-3

Der Beginn eines neuen Lebens
Ein Modell basteln (1)

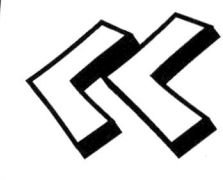

Aufgaben

1. Male die Organe des weiblichen Fortpflanzungssystems auf der Abbildung unten sorgfältig an. Halte dich an die Zuordnung der Farben im Kästchen rechts.

2. Klebe als Nächstes das ganze Blatt auf einen Bogen Karton. Warte, bis der Kleber getrocknet ist.

3. Schneide dann sorgfältig den Kreis aus. Nimm ein Schneidemesser oder eine kleine Schere, um alle Fenster in der Abbildung auszuschneiden.

Zuordnung der Farben:	
Gebärmutter	**rot**
Vagina	**blau**
Eileiter	**grün**
Eierstock	**gelb**

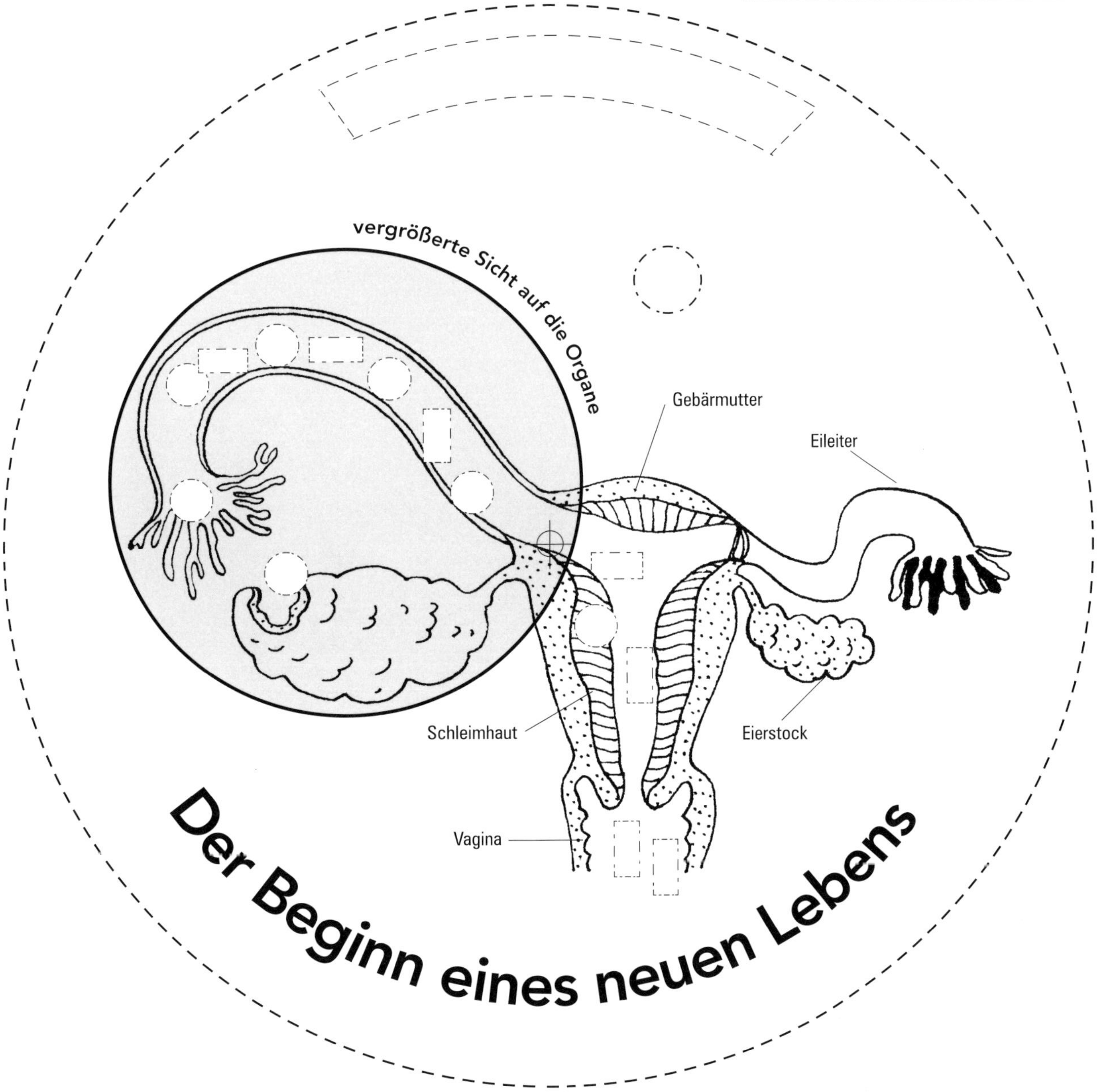

vergrößerte Sicht auf die Organe

Gebärmutter

Eileiter

Schleimhaut

Eierstock

Vagina

Der Beginn eines neuen Lebens

Teil A

© Verlag an der Ruhr ● Postfach 10 22 51 ● 45422 Mülheim an der Ruhr ● www.verlagruhr.de ● ISBN 978-3-8346-0333-3

Der Beginn eines neuen Lebens
Ein Modell basteln (2)

Aufgaben

4. Klebe dann dieses ganze Blatt auf einen Bogen Karton. Wenn der Kleber getrocknet ist, schneide den Kreis sorgfältig aus.

5. Stich ein kleines Loch in den kleinen Kreis in der Mitte sowie durch den Kreis in der Mitte von Teil A.

6. Verbinde die beiden Teile des Modells mit einer Musterbeutelklammer miteinander. Teil B muss sich unter Teil A leicht drehen lassen. Biege die Spitzen der Klammer um, sodass sie flach auf dem Karton liegen.

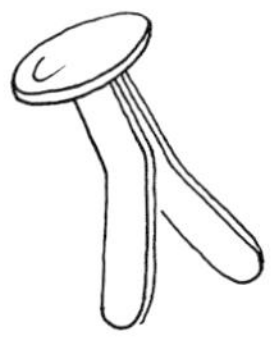

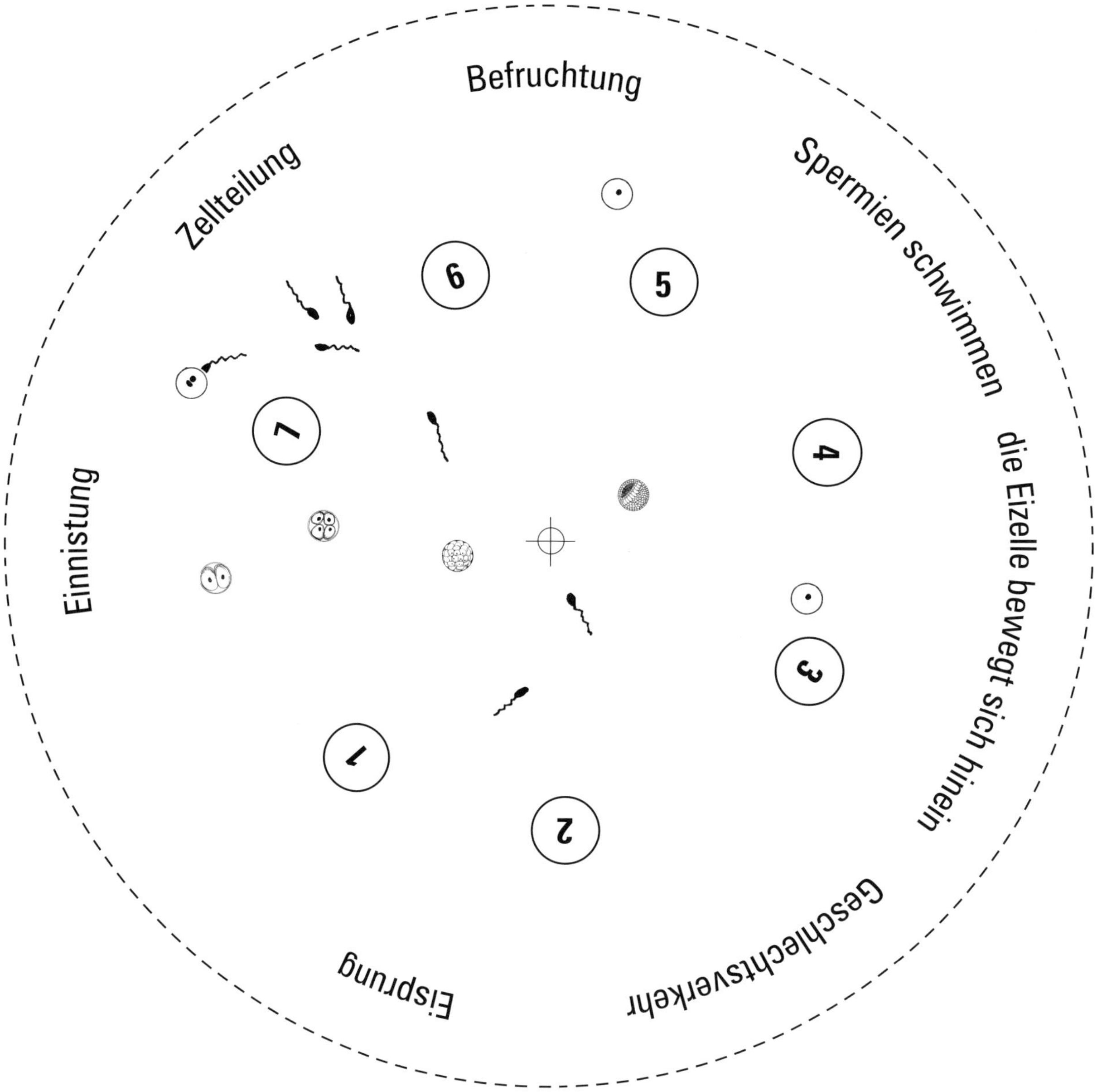

Befruchtung

Zellteilung

Spermien schwimmen

Einnistung

die Eizelle bewegt sich hinein

6

5

7

4

1

3

2

Eisprung

Geschlechtsverkehr

Teil B

© Verlag an der Ruhr ❶ Postfach 10 22 51 ❶ 45422 Mülheim an der Ruhr ❶ www.verlagruhr.de ❶ ISBN 978-3-8346-0333-3

Erste Schritte der Entwicklung eines neuen Lebens

Die Abbildung unten zeigt die **frühen Stadien eines neuen Lebens**, welches im Mutterleib heranwächst. Das Leben beginnt mit dem **Zusammentreffen von Spermium und Eizelle** im oberen Bereich des Eileiters.

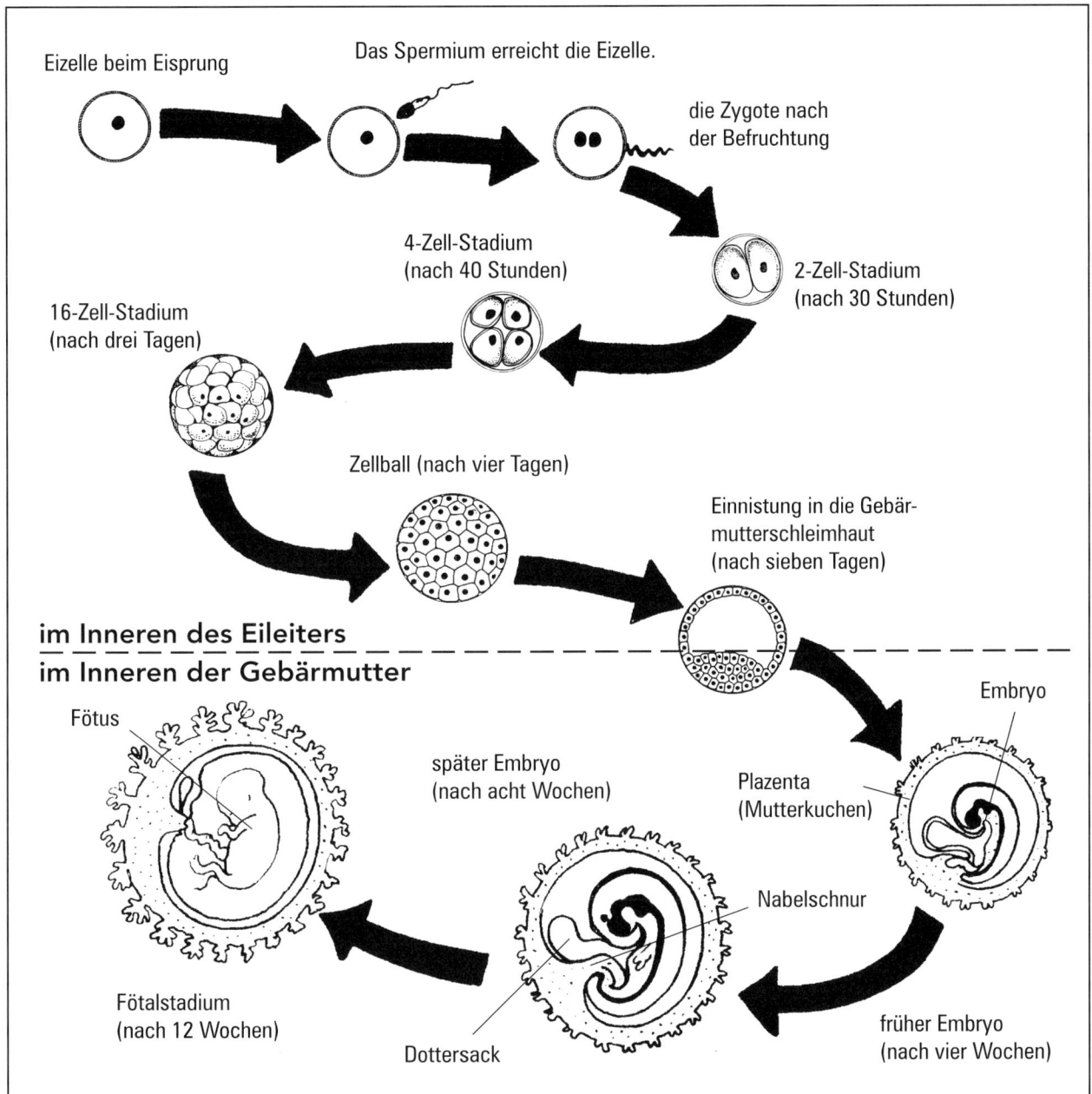

Eizelle beim Eisprung

Das Spermium erreicht die Eizelle.

die Zygote nach der Befruchtung

4-Zell-Stadium (nach 40 Stunden)

2-Zell-Stadium (nach 30 Stunden)

16-Zell-Stadium (nach drei Tagen)

Zellball (nach vier Tagen)

Einnistung in die Gebärmutterschleimhaut (nach sieben Tagen)

im Inneren des Eileiters
im Inneren der Gebärmutter

Embryo

Fötus

später Embryo (nach acht Wochen)

Plazenta (Mutterkuchen)

Nabelschnur

Fötalstadium (nach 12 Wochen)

Dottersack

früher Embryo (nach vier Wochen)

Fragen

1. Wo findet die Befruchtung der Eizelle statt?

2. Was ist der Unterschied zwischen Eisprung, Befruchtung und Einnistung?

3. Die ersten Phasen eines neuen Lebens sind:
  a. die der Zygote,
  b. des Embryos und
  c. des Fötus.

Welche Unterschiede gibt es zwischen diesen Phasen?

4. Welche Merkmale des Menschen hat ein Fötus bereits?

© Verlag an der Ruhr ● Postfach 10 22 51 ● 45422 Mülheim an der Ruhr ● www.verlagruhr.de ● ISBN 978-3-8346-0333-3

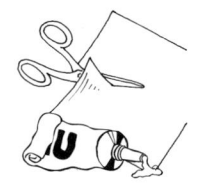

Erste Schritte der Entwicklung eines neuen Lebens

Aufgaben

1. Schneide die Abbildung unten entlang der gestrichelten Linie aus, und klebe sie in dein Heft.

2. Beschrifte jede einzelne der frühen Entwicklungsphasen mit Hilfe folgender Begriffe:
   Eizelle – Befruchtung – Fötus – Zellball – früher Embryo – Einnistung – 16-Zell-Stadium – später Embryo – Zygote – 2-Zell-Stadium – 4-Zell-Stadium

3. Male die verschiedenen Stadien der Entwicklung mit verschiedenen Farben an, um die einzelnen Entwicklungsschritte zu kennzeichnen.

4. Zeichne einen Pfeil, um anzuzeigen, welchen Entwicklungsweg ein neues Leben geht – beginnend bei der Eizelle bis hin zum Fötus.

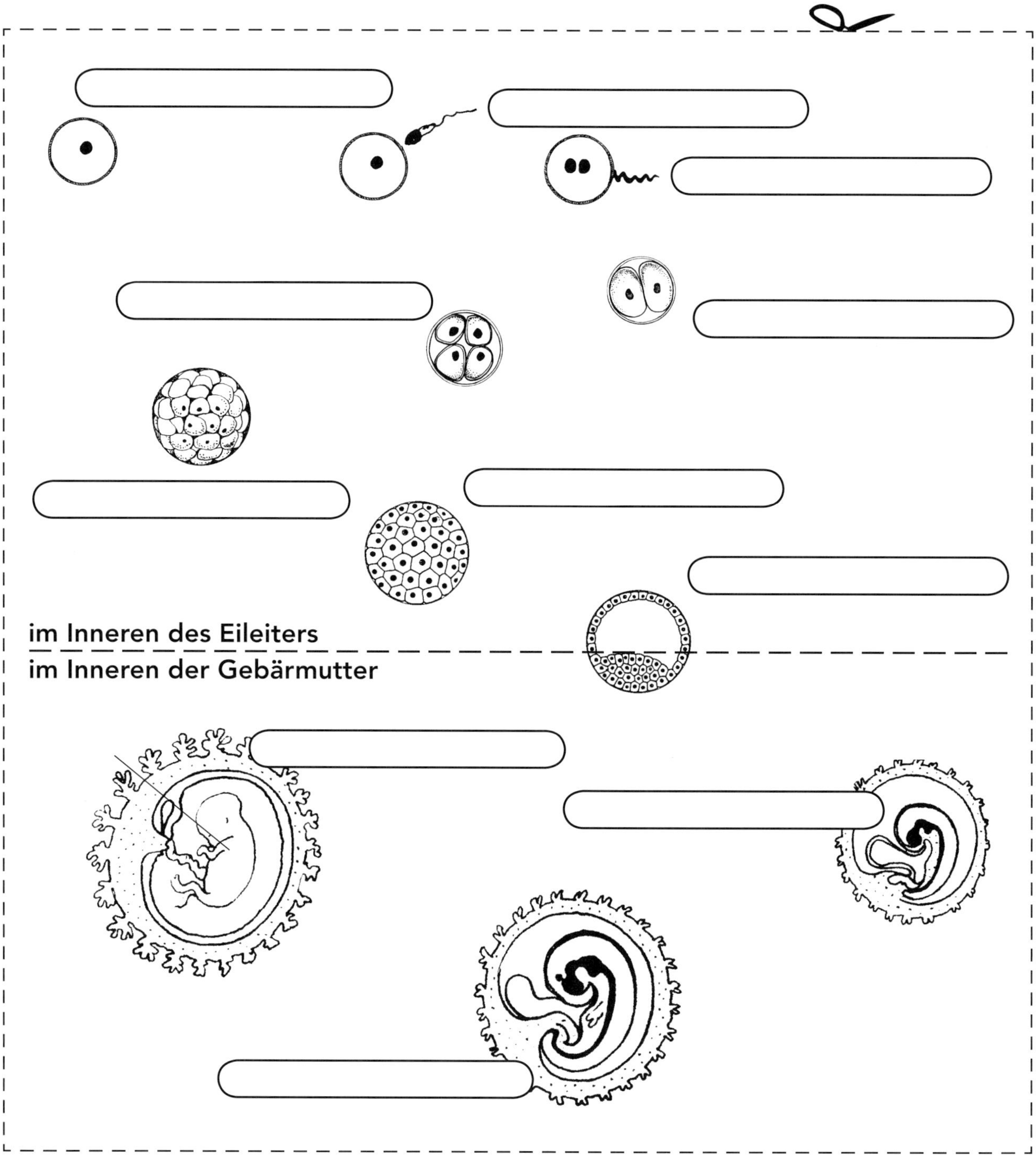

im Inneren des Eileiters

im Inneren der Gebärmutter

© Verlag an der Ruhr ● Postfach 10 22 51 ● 45422 Mülheim an der Ruhr ● www.verlagruhr.de ● ISBN 978-3-8346-0333-3

Erste Schritte der Entwicklung eines neuen Lebens

Die Abbildung unten zeigt die frühen Stadien eines neuen Lebens, das im Mutterleib heranwächst.

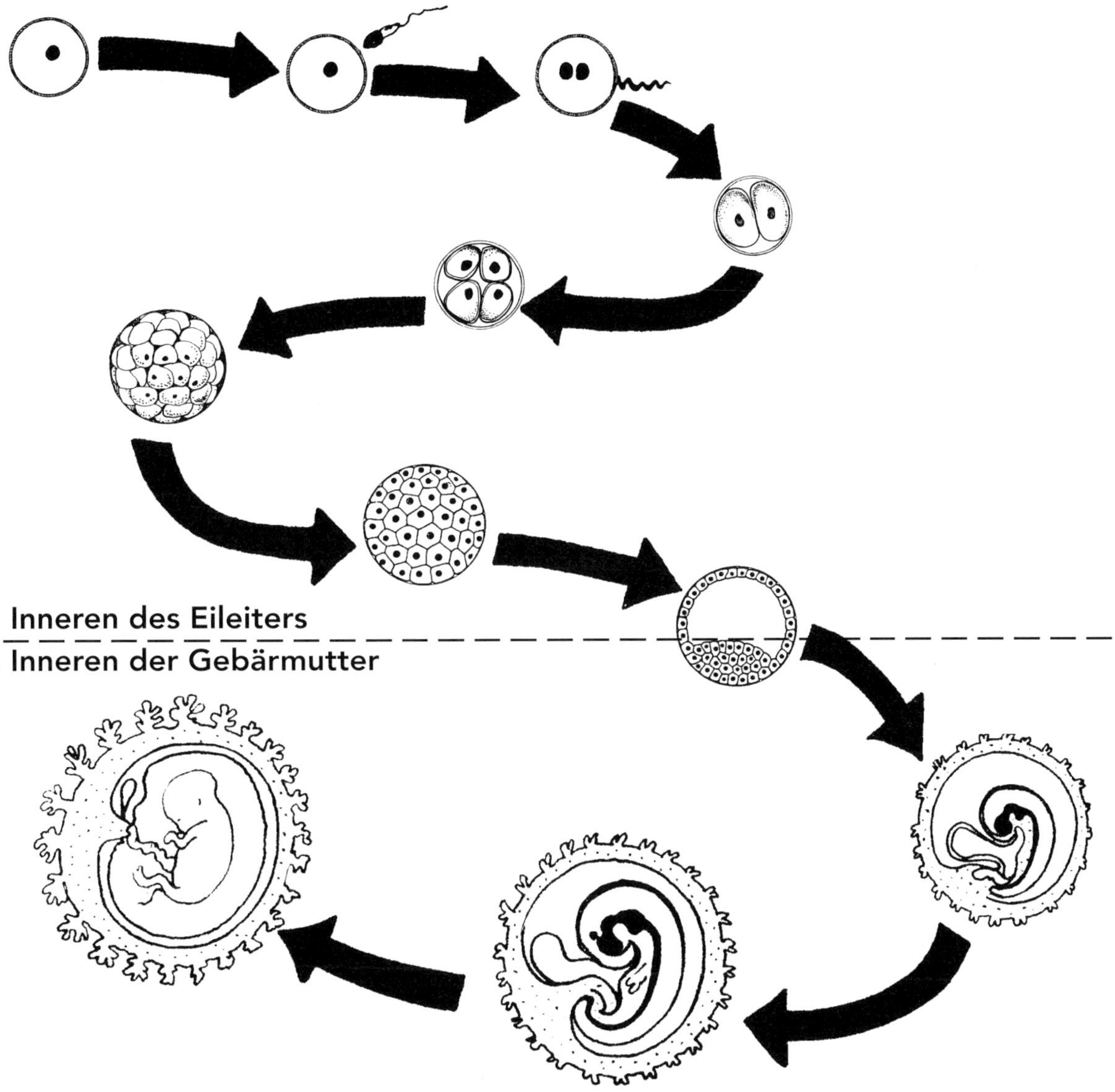

im Inneren des Eileiters

im Inneren der Gebärmutter

1. Das Leben beginnt mit dem **Eindringen eines Spermiums in eine Eizelle** im oberen Bereich eines Eileiters. Dies bezeichnet man als **Befruchtung**.

2. Auf seiner „Reise" durch den Eileiter teilt sich die **Eizelle** immer wieder.

3. Ist sie in der Gebärmutter angekommen, hat sie sich in eine **Zellkugel** verwandelt.

© Verlag an der Ruhr ❍ Postfach 10 22 51 ❍ 45422 Mülheim an der Ruhr ❍ www.verlagruhr.de ❍ ISBN 978-3-8346-0333-3

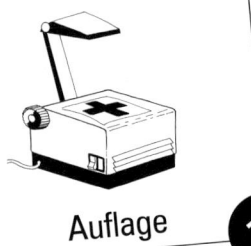

Erste Schritte der Entwicklung eines neuen Lebens

Eizelle beim Eisprung

Das Spermium erreicht die Eizelle.

die Zygote nach
der Befruchtung

4-Zell-Stadium
(nach 40 Stunden)

2-Zell-Stadium
(nach 30 Stunden)

16-Zell-Stadium
(nach drei Tagen)

Zellball (nach vier Tagen)

Einnistung in die Gebär-
mutterschleimhaut
(nach sieben Tagen)

später Embryo
(nach acht Wochen)

Fötalstadium
(nach 12 Wochen)

früher Embryo
(nach vier Wochen)

4. Die **Zellkugel** nistet sich in die **Gebärmutter-schleimhaut** ein. Aus der Schleimhaut erhält sie ihre Nahrung.

5. Dieses Stadium bezeichnet man als „**Embryonal-stadium**". Dem Embryo beginnen Arme, Beine und ein Kopf zu wachsen.

6. Nach 12 Wochen hat der Embryo erkennbar menschliche Züge. Ab diesem Zeitpunkt spricht man von einem „**Fötus**".

© Verlag an der Ruhr ● Postfach 10 22 51 ● 45422 Mülheim an der Ruhr ● www.verlagruhr.de ● ISBN 978-3-8346-0333-3

Erste Schritte der Entwicklung eines neuen Lebens

Empfängnis erklären

Aufgaben

1. Jede der Karten unten steht für eines der Stadien der Entwicklung eines neuen Lebens.

2. Male die Karten mit verschiedenen Farben an. Klebe das Blatt auf einen Bogen stabilen Karton. Warte, bis alles getrocknet ist.

3. Schneide alle Karten sorgfältig aus.

4. Nummeriere die Karten in der richtigen Reihenfolge, und beschrifte das Ereignis auf jeder von ihnen mit dem korrekten Begriff.

5. Erkläre einem Mitschüler, wie die Empfängnis vor sich geht. Verwende dazu die Karten in der richtigen Reihenfolge.

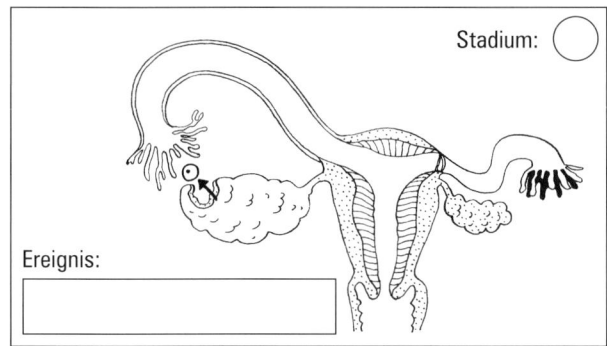

Stadium:

Ereignis:

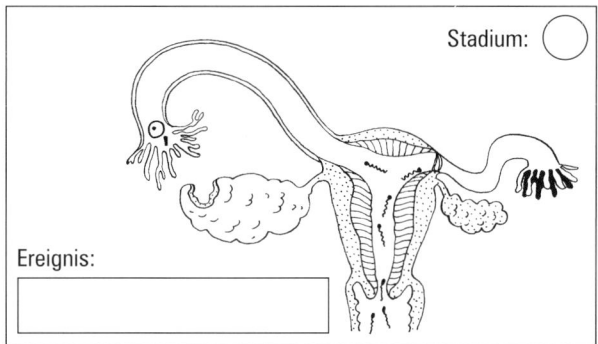

Stadium:

Ereignis:

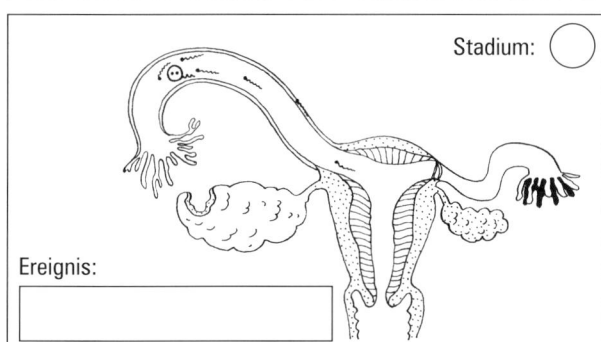

Stadium:

Ereignis:

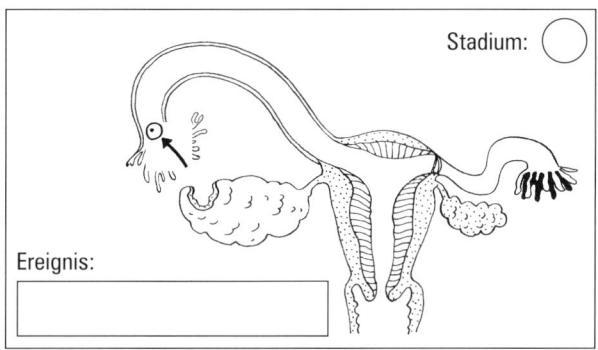

Stadium:

Ereignis:

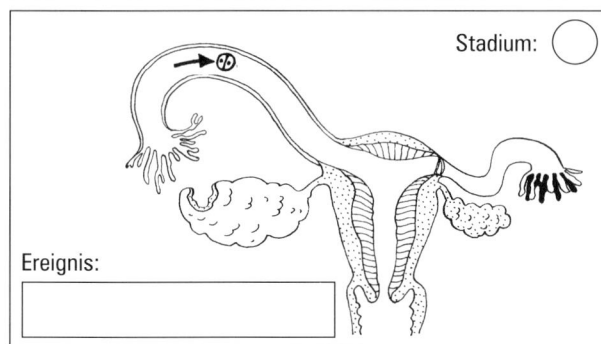

Stadium:

Ereignis:

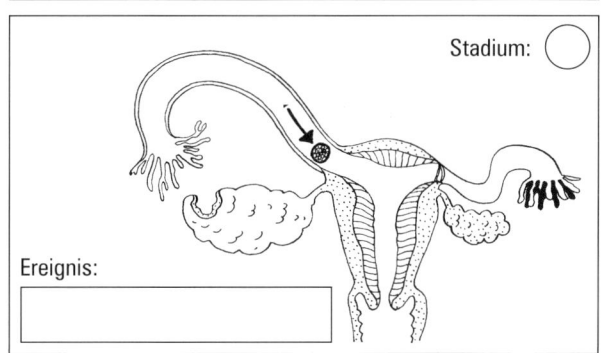

Stadium:

Ereignis:

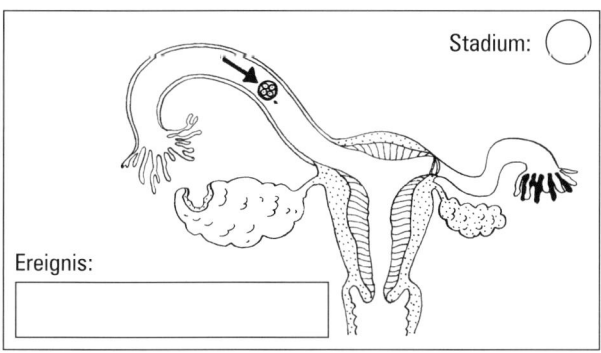

Stadium:

Ereignis:

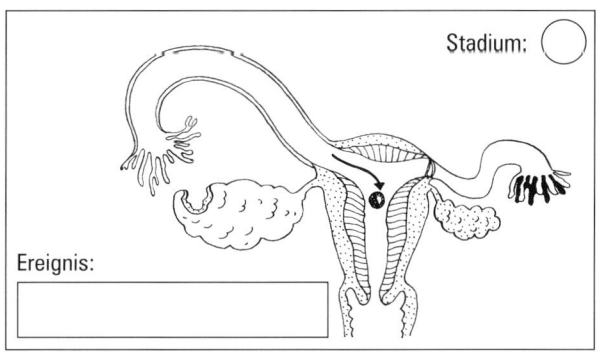

Stadium:

Ereignis:

© Verlag an der Ruhr ● Postfach 10 22 51 ● 45422 Mülheim an der Ruhr ● www.verlagruhr.de ● ISBN 978-3-8346-0333-3

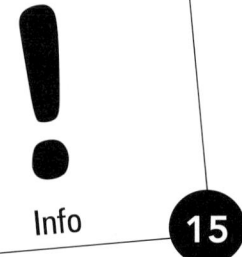

Das System zur Lebenserhaltung

Ein **Fötus**, der im Körper seiner Mutter heranwächst, benötigt **Nahrung und Sauerstoff** und muss außerdem **Abfallprodukte** aus seinem Stoffwechsel abgeben können. Das Kind im Mutterleib atmet und isst nicht selbst, sondern erhält Nahrung und Sauerstoff über das **Blut seiner Mutter**. Der Stoffaustausch zwischen dem Blut der Mutter und dem des Kindes geschieht über ein spezielles Organ, die **Plazenta** (oder auch: **Mutterkuchen**). Die Plazenta ist das **System zur Lebenserhaltung** des Kindes.

2 Die Blutgefäße in der Plazenta und die Blutgefäße der Mutter liegen sehr dicht beieinander. Dort, wo sie einander berühren, findet ein **Austausch von Stoffen** statt: **Abfallprodukte** werden ins Blut der Mutter abgegeben; **Nahrung und Sauerstoff** werden vom mütterlichen Blut in das des Kindes abgegeben.

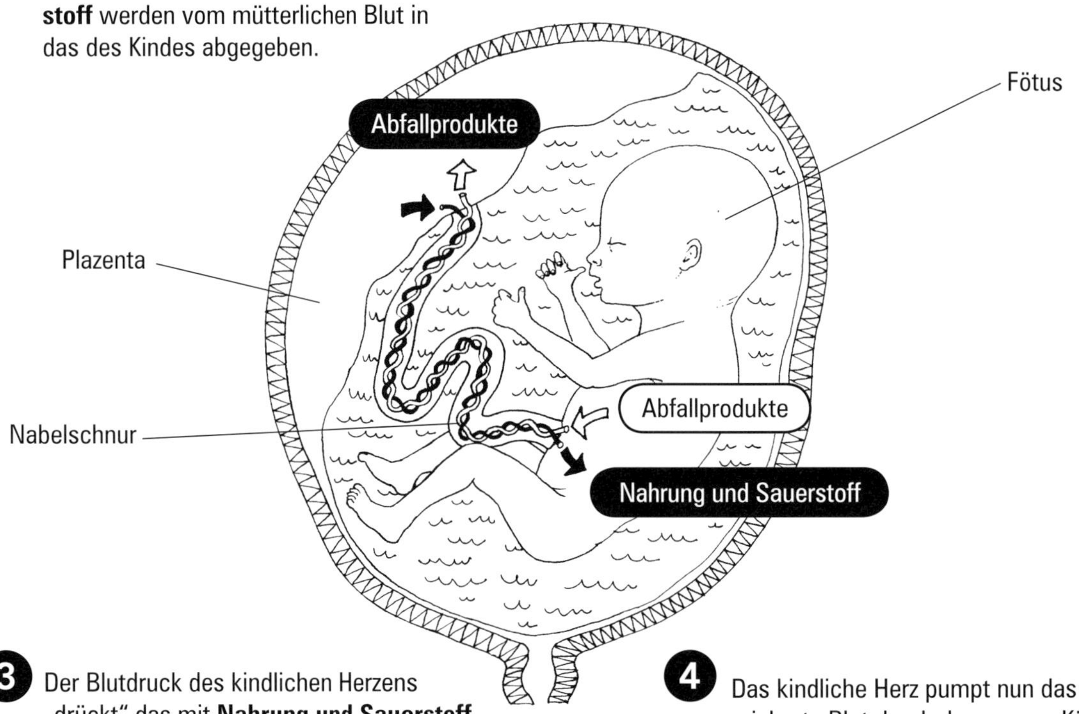

1 Hat der **Embryo** das Alter von **10 Wochen** erreicht, ist die **Plazenta** voll entwickelt, und das Herz des Kindes arbeitet. Es pumpt Blut aus dem Körper des Kindes mit **Abfallprodukten** durch die Nabelschnur in die Plazenta. Dieses Blut ist bläulich, da es arm an Sauerstoff ist.

Abfallprodukte

Fötus

Plazenta

Abfallprodukte

Nabelschnur

Nahrung und Sauerstoff

3 Der Blutdruck des kindlichen Herzens „drückt" das mit **Nahrung und Sauerstoff angereicherte Blut** zurück durch die Nabelschnur und damit zurück zum Kind. Das Blut ist nun hellrot, weil es sauerstoffreich ist. Das Herz eines ungeborenen Kindes schlägt viel schneller als das eines Erwachsenen.

4 Das kindliche Herz pumpt nun das angereicherte Blut durch den ganzen Körper des Kindes. So wird es überall mit Nahrung und Sauerstoff versorgt, damit es wachsen kann. Während das Blut im Körper des Kindes kreist, sammelt es dort auch **Abfallprodukte** ein.

Fragen

1. Warum nennt man die Plazenta das „System zur Lebenserhaltung"?

2. Welche zwei Stoffe braucht jeder menschliche Körper, um zu leben?

3. Warum hat Blut mal eine bläuliche und mal eine rötliche Farbe?

4. Wie erhält das Kind vor, wie nach der Geburt Nahrung und Sauerstoff?

5. Warum kann es einem ungeborenen Kind schaden, wenn seine Mutter Drogen oder Alkohol zu sich nimmt?

© Verlag an der Ruhr ● Postfach 10 22 51 ● 45422 Mülheim an der Ruhr ● www.verlagruhr.de ● ISBN 978-3-8346-0333-3

Das System zur Lebenserhaltung

Aufgaben

1. Schneide die Abbildung unten aus, und klebe sie in dein Heft.

2. Markiere die verschiedenen Teile und Funktionen des lebenserhaltenden Systems mit unterschiedlichen Farben. Die Farbzuordnung siehst du unten.

3. Fülle die leeren Kästchen aus: Welche Stoffe werden zwischen dem Kind und der Plazenta transportiert? Verwende dazu folgende Begriffe: **Sauerstoff – Abfallprodukte – Nahrung**

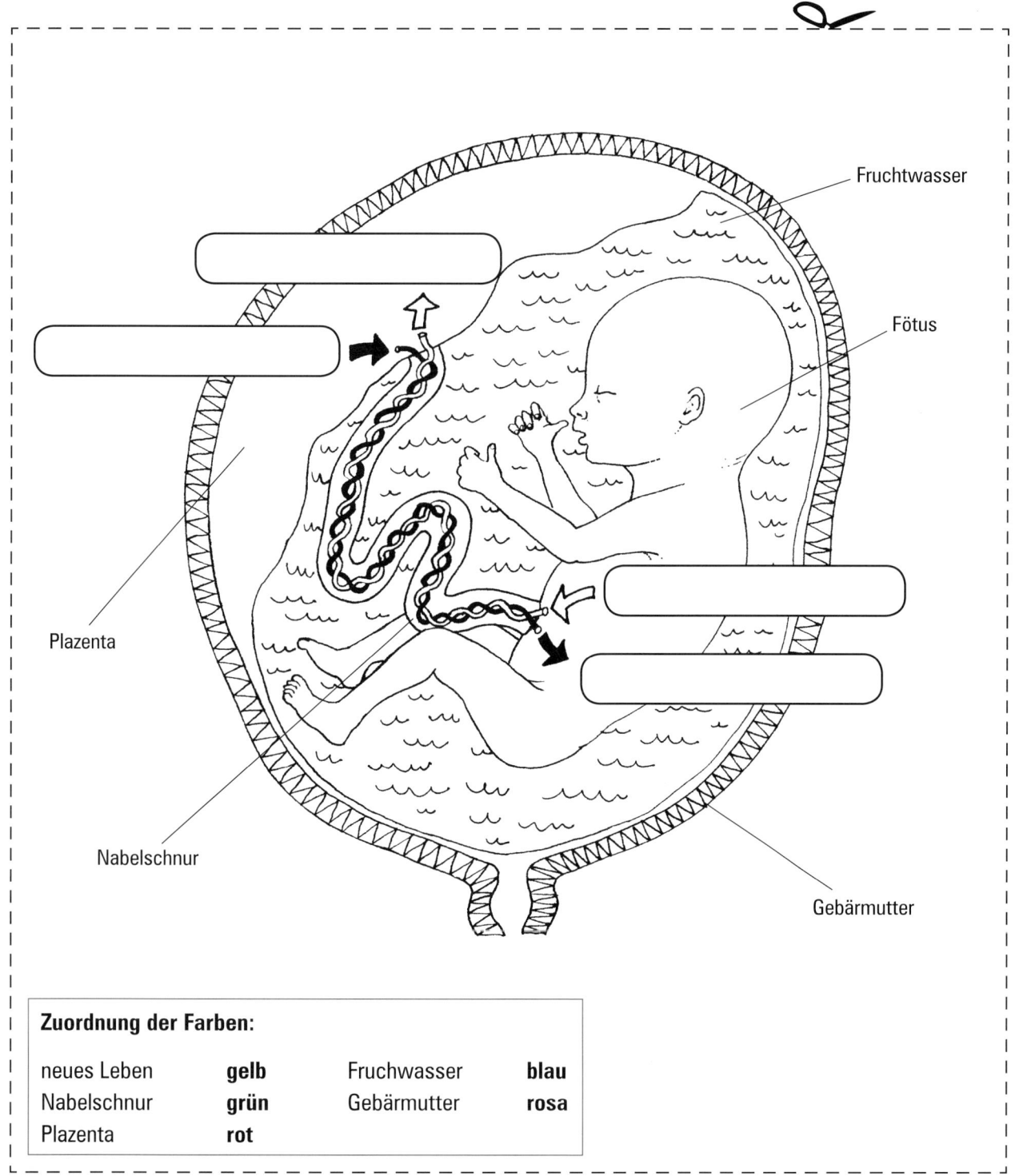

Fruchtwasser

Fötus

Plazenta

Nabelschnur

Gebärmutter

Zuordnung der Farben:

neues Leben	**gelb**	Fruchwasser	**blau**
Nabelschnur	**grün**	Gebärmutter	**rosa**
Plazenta	**rot**		

© Verlag an der Ruhr ● Postfach 10 22 51 ● 45422 Mülheim an der Ruhr ● www.verlagruhr.de ● ISBN 978-3-8346-0333-3

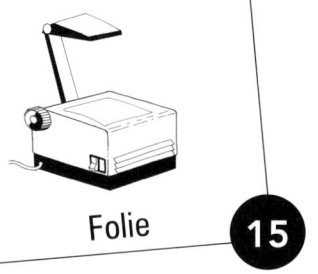

Das System zur Lebenserhaltung

Das **Kind im Mutterleib** atmet und isst noch nicht selbstständig,
sondern es erhält **Nahrung und Sauerstoff** über das Blut seiner Mutter.

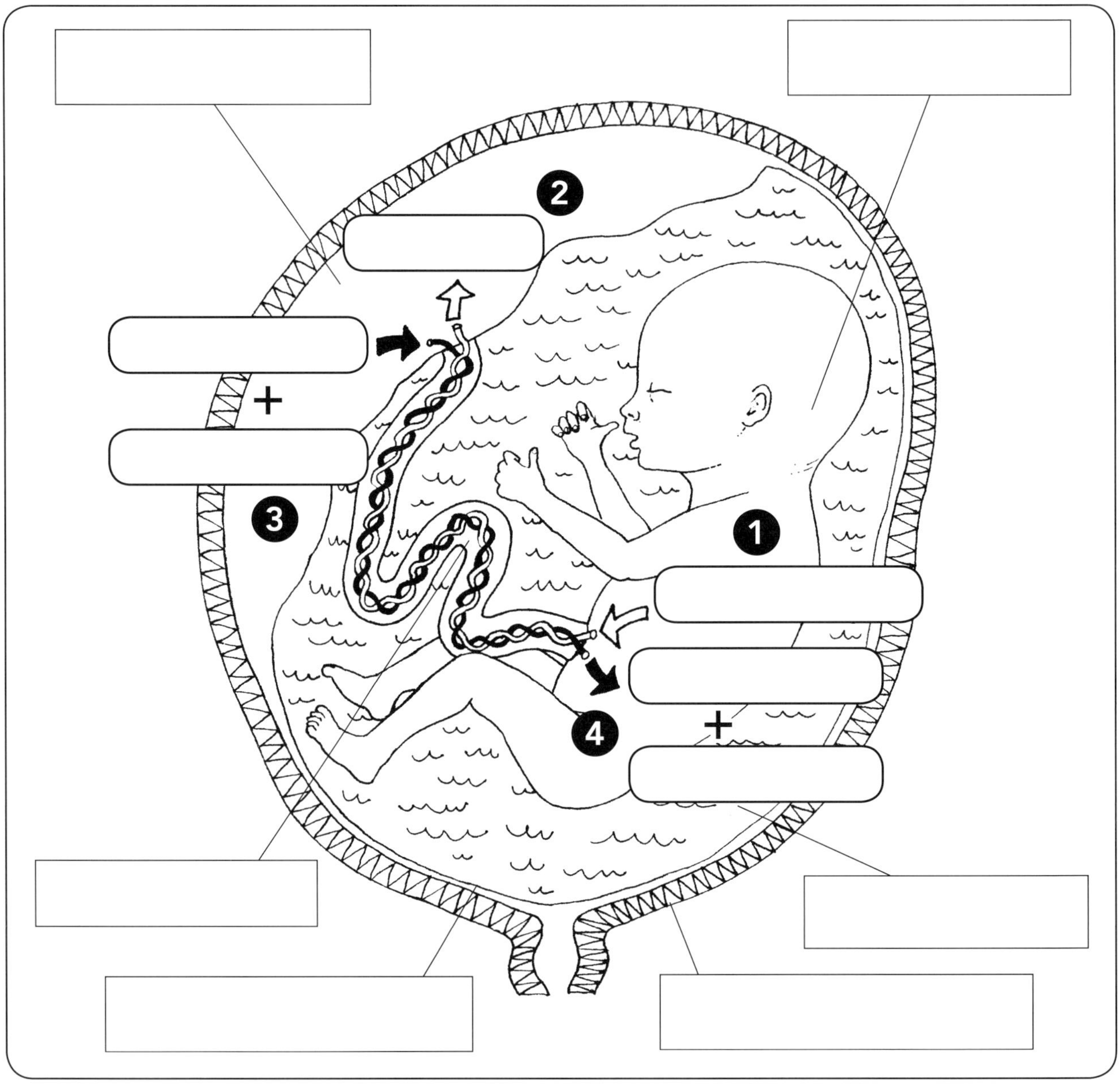

1. Hat der **Embryo** etwa das Alter von **10 Wochen** erreicht, ist die **Plazenta** voll entwickelt. Das Herz pumpt Blut mit **Abfallprodukten** aus seinem Stoffwechsel durch die Nabelschnur in die Plazenta.

2. Die Blutgefäße der Plazenta und die der Mutter liegen dicht beieinander. Dort, wo sie einander berühren, findet ein **Austausch von Stoffen** statt: **Abfallprodukte** aus dem Stoffwechsel des Kindes werden in das Blut der Mutter weitergeleitet. **Nahrung und Sauerstoff** werden vom Blut der Mutter an das Kind abgegeben.

3. Das **mit Nahrung und Sauerstoff angereicherte Blut** wird durch die **Nabelschnur** zurück zum Kind gepresst. Nun ist das Blut hellrot, weil es mit Sauerstoff angereichert ist.

4. Das kindliche Herz pumpt nun das angereicherte Blut durch den Körper des Kindes. So wird es mit Nahrung und Sauerstoff versorgt. Während das Blut im Körper des Kindes kreist, nimmt es dort auch die **Abfallprodukte** auf.

© Verlag an der Ruhr ● Postfach 10 22 51 ● 45422 Mülheim an der Ruhr ● www.verlagruhr.de ● ISBN 978-3-8346-0333-3

Das System zur Lebenserhaltung

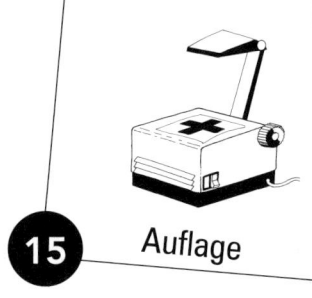
Plazenta

Fötus

Abfallprodukte

Nahrung

Sauerstoff

Abfallprodukte

Nahrung

Sauerstoff

Nabelschnur

Fruchtwasser

Fruchtblase

Gebärmutterwand

© Verlag an der Ruhr ❍ Postfach 10 22 51 ❍ 45422 Mülheim an der Ruhr ❍ www.verlagruhr.de ❍ ISBN 978-3-8346-0333-3

Entwicklungsschritte eines neuen Lebens

Die Abbildung unten zeigt die **späteren Stadien eines heranwachsenden Fötus im Mutterleib**. Auf dieser Abbildung wird die Entwicklung ab etwa einem Monat bis zu der Zeit kurz vor der Geburt dargestellt.

A 1. Monat

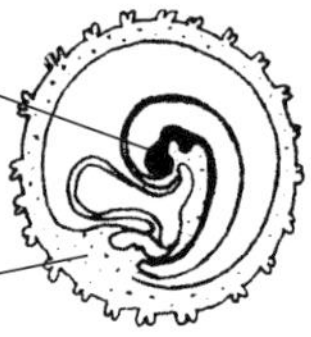

Embryo

Plazenta

In diesem Stadium ist der **Embryo** etwa fünf mm lang. Die winzigen Gliedmaßen beginnen, sich zu entwickeln. Im Inneren pumpt sein **Herz** Blut in die **Plazenta**.

B 2. Monat

Die **Gliedmaßen des Embryos** sind nun schon deutlich geformt. Nase, Mund und Augen werden allmählich sichtbar. Im Inneren des Körpers entwickeln sich Lunge, Leber und Nieren.

C 3. Monat

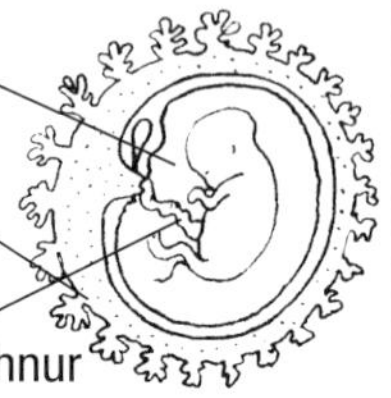

Fötus

Plazenta

Nabelschnur

Nun nennt man das neue Leben **„Fötus"**. Es beginnt, menschliche Züge anzunehmen. Der Fötus hat etwa die Größe eines kleinen Fingers. **Alle menschlichen Organe** sind bereits vorhanden. Der Fötus kann seine Gliedmaßen bewegen.

F 9. Monat

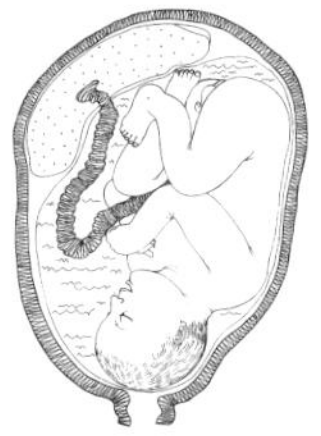

Der Kopf des Kindes hat sich im Becken der Mutter abgesenkt. Das Kind ist nun bereit zur **Geburt**. In diesem **späten Stadium** kann das Kind sich nicht mehr frei im Mutterleib bewegen.

E 8. Monat

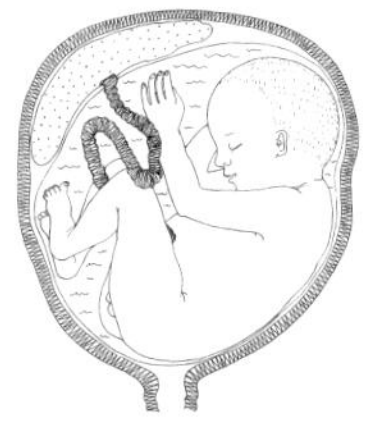

Der **Körper des Kindes** ist nun vollständig ausgeformt. Seine **Lungen** beginnen, sich auf das Atmen außerhalb des Mutterleibs vorzubereiten. Manche Kinder lutschen bereits im Mutterleib am Daumen.

D 5. Monat

Fruchtblase

Plazenta

Nabelschnur

Fötus

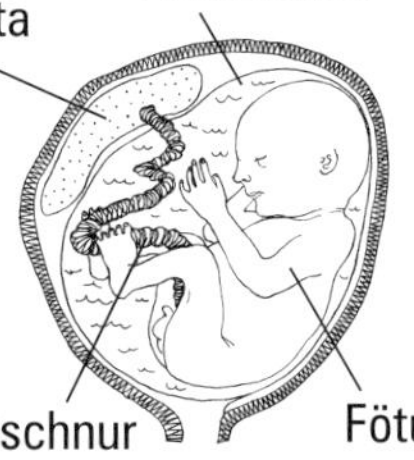

Der **Fötus** lebt nun im **Fruchtwasser** innerhalb der **Fruchtblase**. Die Flüssigkeit schützt ihn und gibt ihm die Möglichkeit, sich frei zu bewegen und zu drehen.

Fragen

1. In welchem Stadium entwickelt das werdende Kind erkennbar menschliche Züge?

2. Was ist der Unterschied zwischen einem Embryo und einem Fötus?

3. Was geschieht in den embryonalen und in den fötalen Phasen mit den Organen des Kindes?

4. Die Organe des Kindes entwickeln sich schon sehr früh. Warum ist es trotzdem gefährlich, wenn das Kind zu früh geboren wird?

© Verlag an der Ruhr ● Postfach 10 22 51 ● 45422 Mülheim an der Ruhr ● www.verlagruhr.de ● ISBN 978-3-8346-0333-3

Entwicklungsschritte eines neuen Lebens

Aufgaben

1. Die Abbildung unten zeigt die Entwicklungsphasen eines Kindes im Körper der Mutter. Schneide das Bild aus, und klebe es in dein Heft.

2. Schaue dir die einzelnen Phasen genau an. Schreibe in die leeren Kästen die körperlichen Entwicklungen, die stattfinden. Welche Phase wird jeweils dargestellt: die des Embryos oder die des Fötus?

3. Markiere die verschiedenen Teile der Abbildung mit folgenden Farben:

neues Leben = **gelb**
Nabelschnur = **grün**
Gebärmutter = **rosa**
Plazenta = **rot**
Fruchtwasser = **blau**

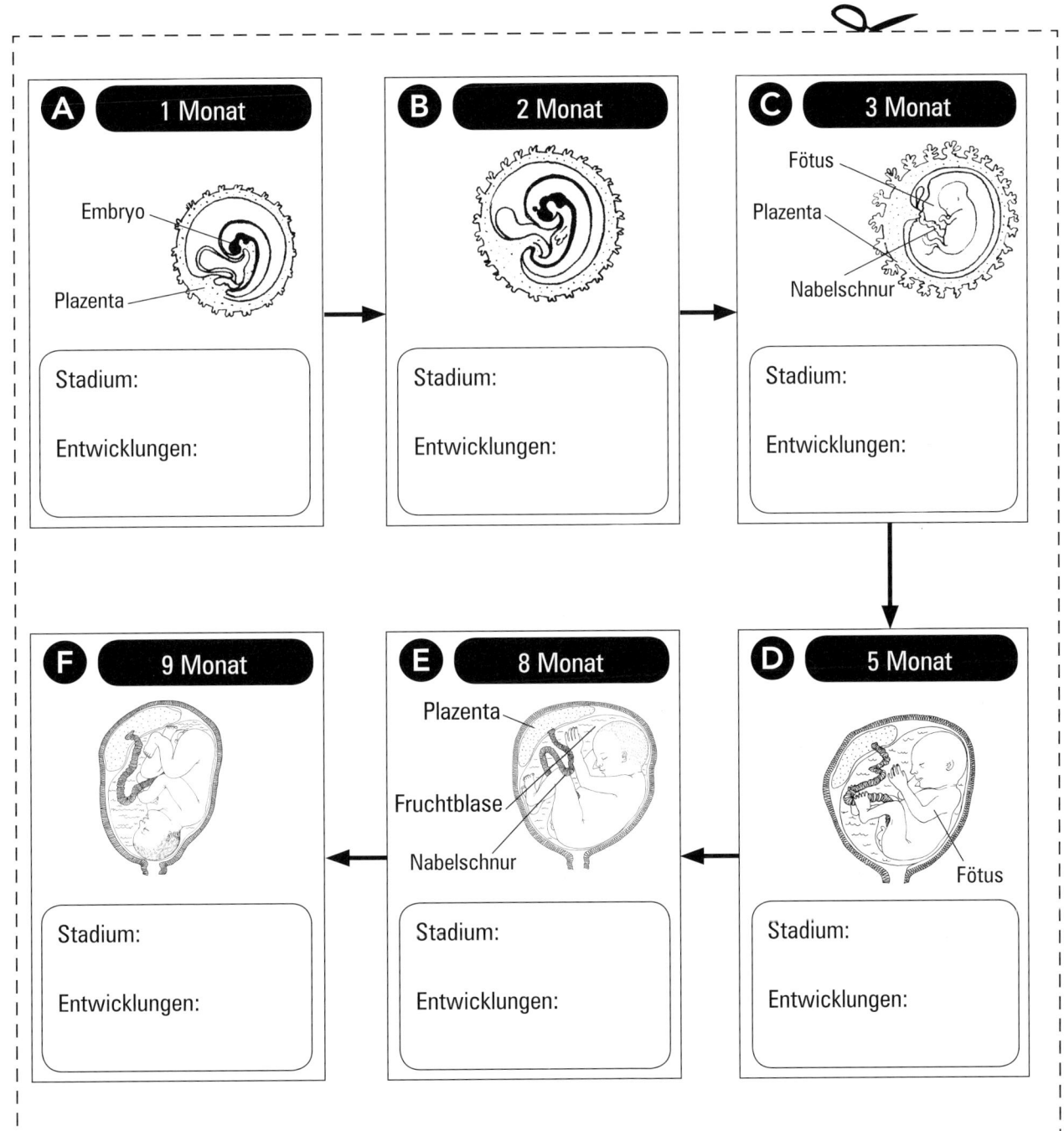

© Verlag an der Ruhr ● Postfach 10 22 51 ● 45422 Mülheim an der Ruhr ● www.verlagruhr.de ● ISBN 978-3-8346-0333-3

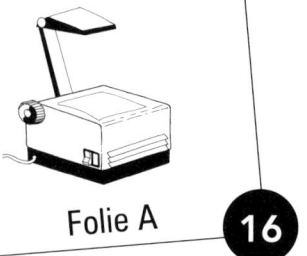

Entwicklungsschritte eines neuen Lebens

1

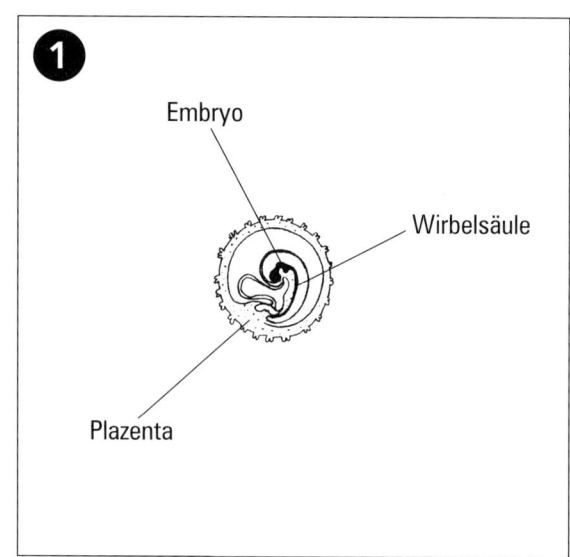

Embryo

Wirbelsäule

Plazenta

2

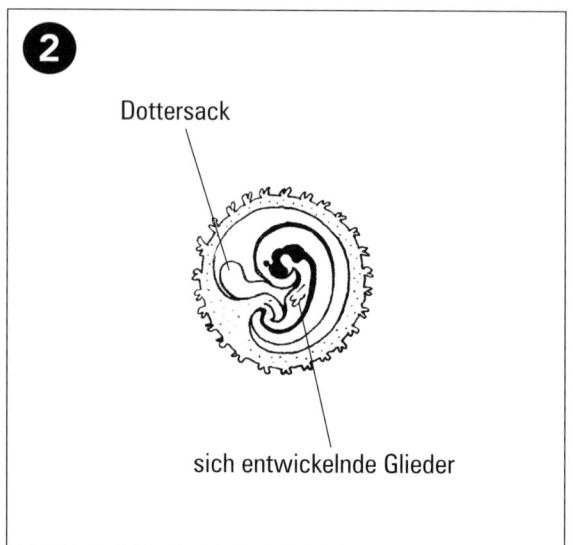

Dottersack

sich entwickelnde Glieder

3

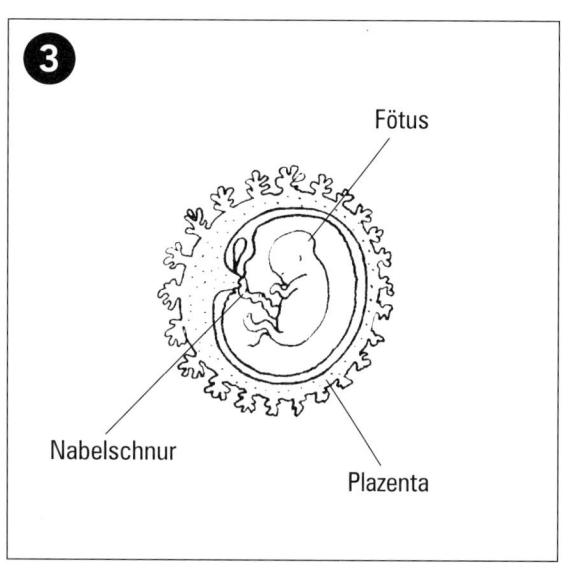

Fötus

Nabelschnur

Plazenta

4

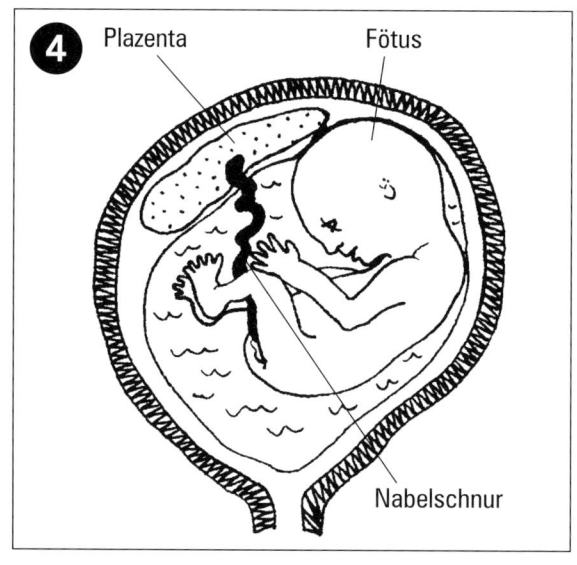

Plazenta

Fötus

Nabelschnur

1. In diesem Stadium ist der **Embryo** etwa **fünf mm** lang. Die winzigen **Gliedmaßen** beginnen, sich zu entwickeln. Das Herz pumpt Blut in die **Plazenta**.

2. Die **Gliedmaßen des Embryos** sind schon deutlich ausgeformt. **Nase, Mund** und **Augen** werden allmählich sichtbar. Im Inneren des Körpers entwickeln sich **Lunge, Leber** und **Nieren**.

3. Ab diesem Stadium bezeichnet man das werdende Kind als **Fötus**. Es beginnt, immer stärker menschliche Züge anzunehmen. Der Fötus hat etwa die Größe eines kleinen Fingers. Alle **Organe** sind schon vorhanden.

4. In diesem Entwicklungsstadium wächst der **Fötus** sehr schnell.

© Verlag an der Ruhr ● Postfach 10 22 51 ● 45422 Mülheim an der Ruhr ● www.verlagruhr.de ● ISBN 978-3-8346-0333-3

Entwicklungsschritte
eines neuen Lebens

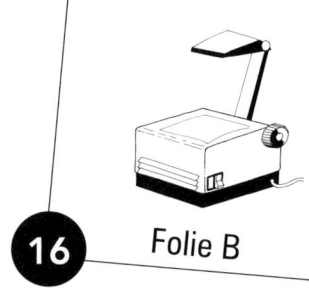

fünf Monate alter Fötus

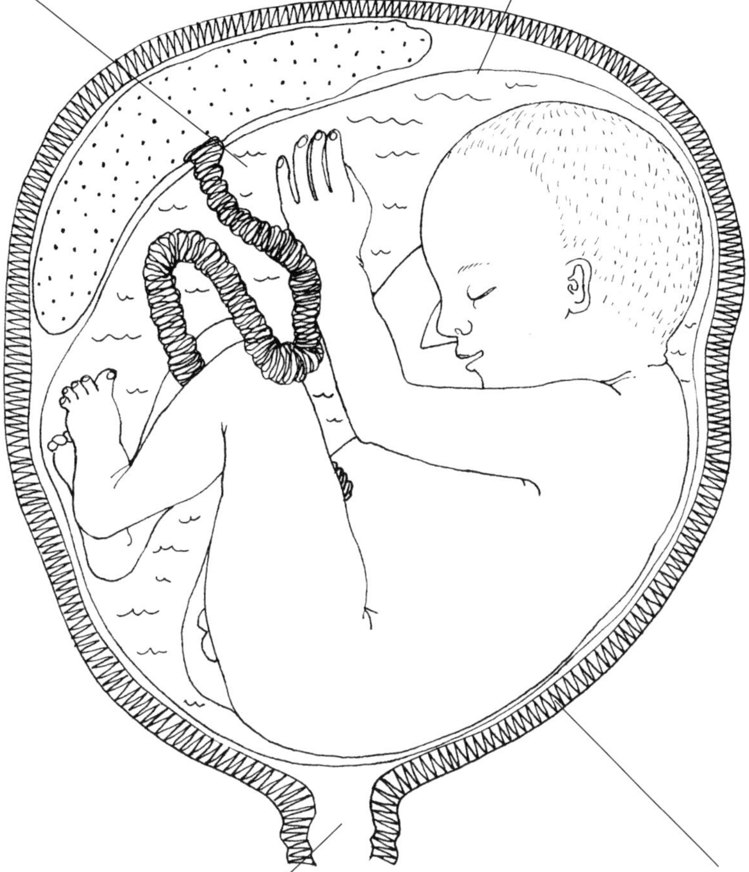

Fruchtwasser

Fruchtblase

Gebärmutterwand

Zervix (Gebärmutterhals)

5. Der Fötus lebt im **Fruchtwasser** innerhalb der **Fruchtblase**.
Die Flüssigkeit schützt ihn vor Stößen und Erschütterungen.
Sie gibt ihm die Möglichkeit, sich frei zu bewegen und zu drehen.

© Verlag an der Ruhr ● Postfach 10 22 51 ● 45422 Mülheim an der Ruhr ● www.verlagruhr.de ● ISBN 978-3-8346-0333-3

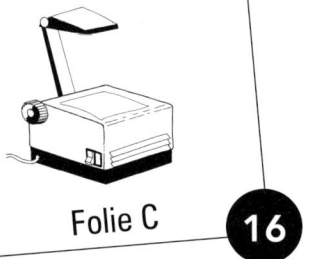

Entwicklungsschritte
eines neuen Lebens

acht Monate alter Fötus

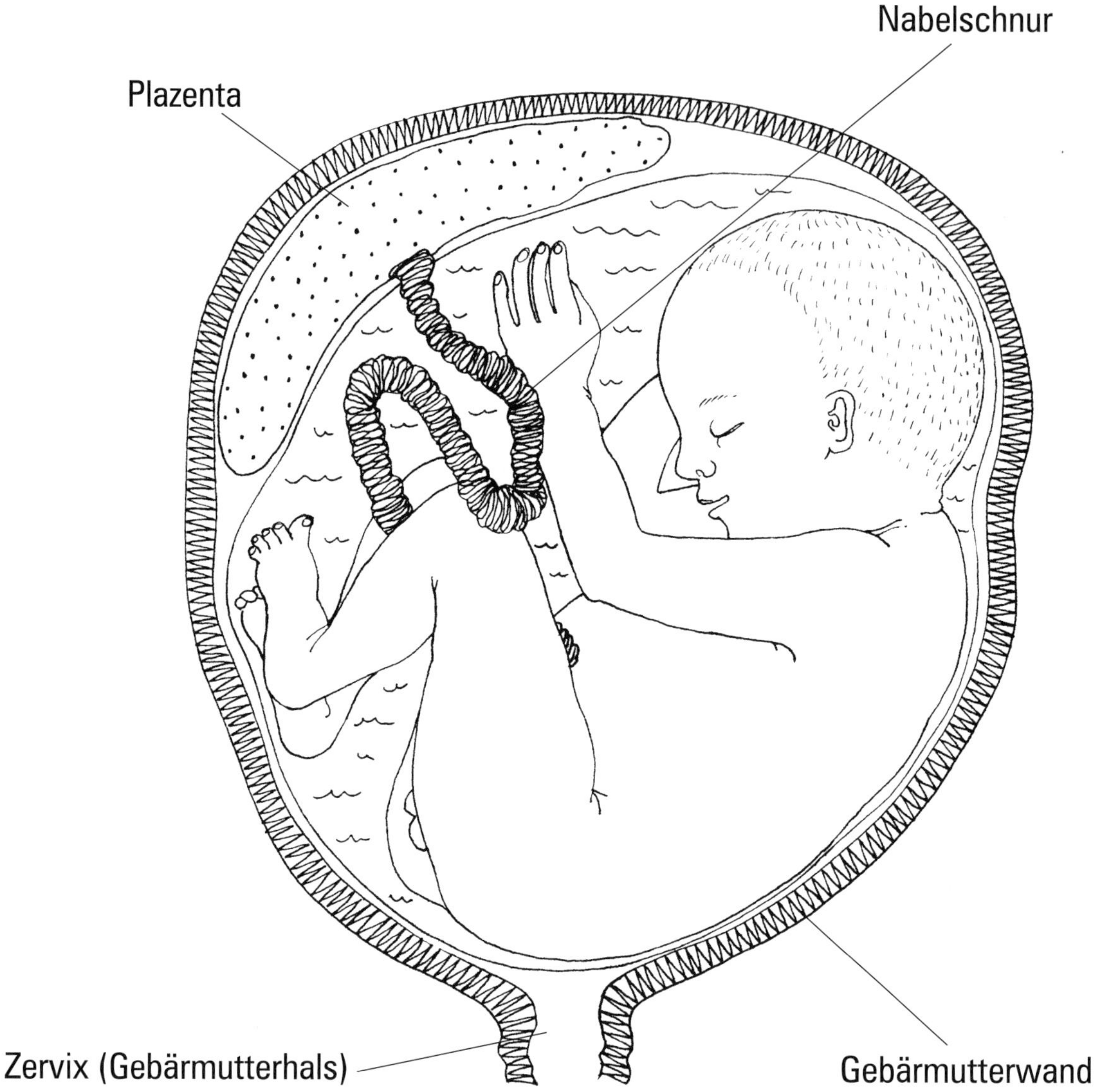

Plazenta

Nabelschnur

Zervix (Gebärmutterhals)

Gebärmutterwand

6. Der **Körper des Kindes** ist nun vollständig ausgeformt. Die **Lungen**
   des Kindes beginnen, zu reifen und bereiten sich auf das Atmen vor.
   Auf dem Kopf des Kindes wachsen feine Haare.

© Verlag an der Ruhr ❍ Postfach 10 22 51 ❍ 45422 Mülheim an der Ruhr ❍ www.verlagruhr.de ❍ ISBN 978-3-8346-0333-3

Entwicklungsschritte eines neuen Lebens

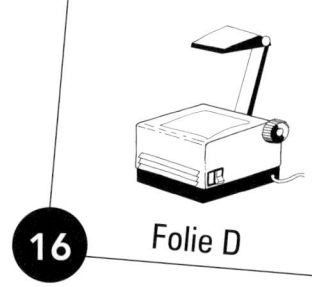

neun Monate alter Fötus

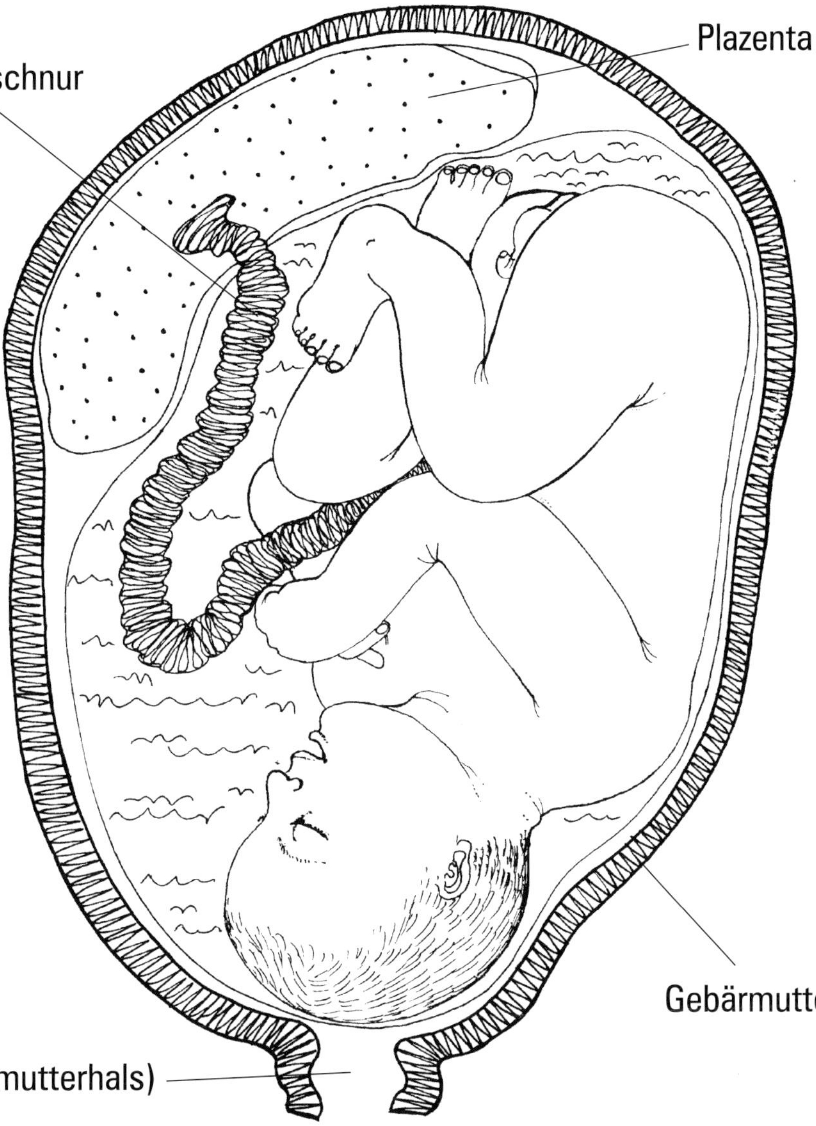

Nabelschnur

Plazenta

Zervix (Gebärmutterhals)

Gebärmutterwand

7. Nun hat sich der Kopf des Kindes zum **Becken** der Mutter gesenkt. Das Kind ist bereit für die **Geburt**. In diesem **späten Stadium** kann das Kind sich nicht mehr frei im Mutterleib bewegen.

© Verlag an der Ruhr ● Postfach 10 22 51 ● 45422 Mülheim an der Ruhr ● www.verlagruhr.de ● ISBN 978-3-8346-0333-3

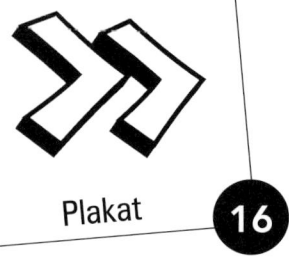

Entwicklungsschritte eines neuen Lebens
Ein Plakat gestalten (1)

Aufgaben

1. Schneide die Abbildungen auf jedem den folgenden Seiten (S. 94–97 aus.

2. Sortiere die Abbildungen in die richtige Reihenfolge.

3. Besorge dir einen großen Bogen weißen Karton für dein Plakat. Ordne die Stadien auf dem Plakat in der richtigen Reihenfolge an. Das muss nicht in einer geraden Linie sein – sie könnten z.B. auch einer bogenförmigen Linie von oben nach unten folgen. Lasse dir etwas einfallen.

4. Wenn du entschieden hast, wie du die Bilder anordnen möchtest, klebe sie auf, und verbinde sie mit Pfeilen, die den Weg der Entwicklung angeben.

5. Beschrifte alle Stadien mit den Begriffen aus der Liste auf dieser Seite.

6. Schreibe eine Überschrift auf dein Plakat. Male schließlich die verschiedenen Stadien in unterschiedlichen Farben an.

Entwicklungsstadien:

▶ Eizelle und Spermium

▶ Zygote

▶ 2-Zell-Stadium (nach 30 Stunden)

▶ 4-Zell-Stadium (nach 40 Stunden)

▶ 16-Zell-Stadium (nach drei Tagen)

▶ Zellball (nach vierTagen)

▶ Einnistung in die Gebärmutterschleimhaut (nach sieben Tagen)

▶ früher Embryo (nach vier Wochen)

▶ später Embryo (nach acht Wochen)

▶ früher Fötus (nach 12 Wochen)

▶ Fötus (nach 20 Wochen)

▶ Fötus (nach 32 Wochen)

▶ Zeitpunkt der Geburt (nach 40 Wochen)

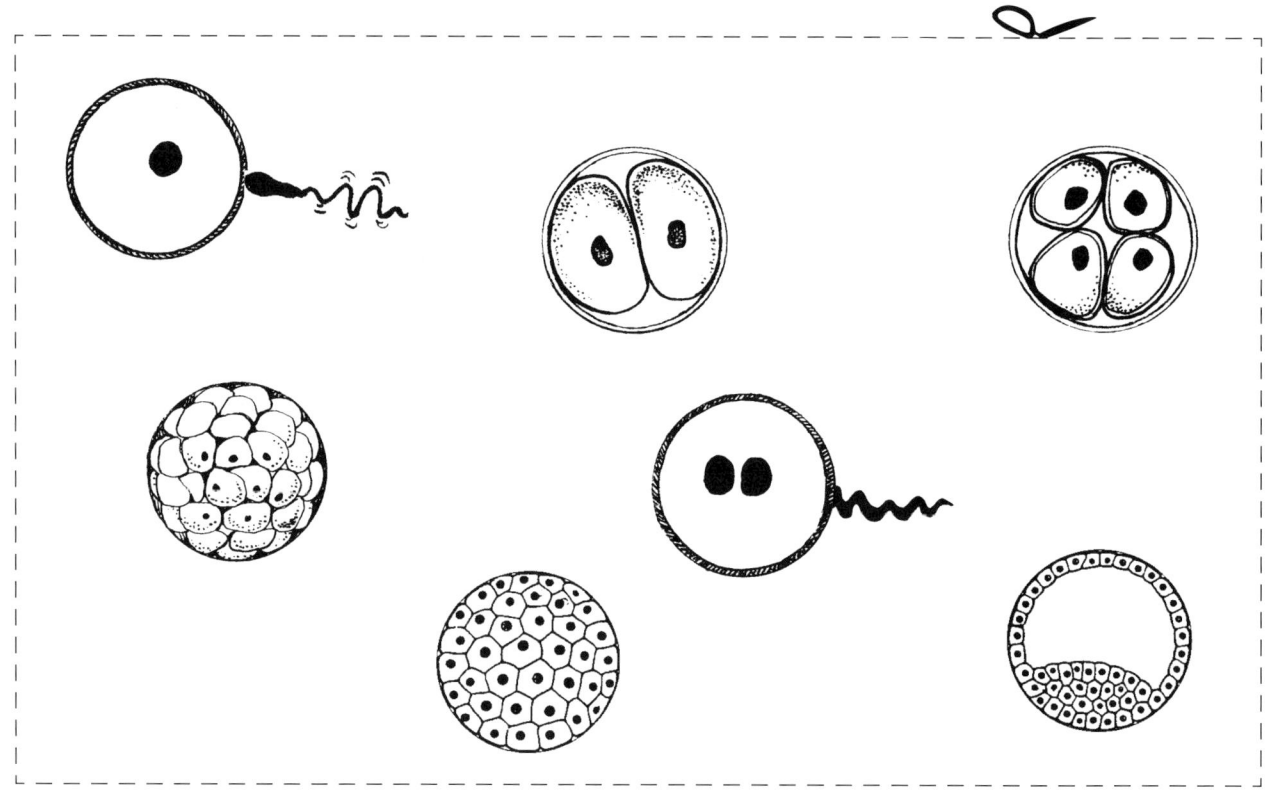

© Verlag an der Ruhr ❍ Postfach 10 22 51 ❍ 45422 Mülheim an der Ruhr ❍ www.verlagruhr.de ❍ ISBN 978-3-8346-0333-3

Entwicklungsschritte eines neuen Lebens

Ein Plakat gestalten (2)

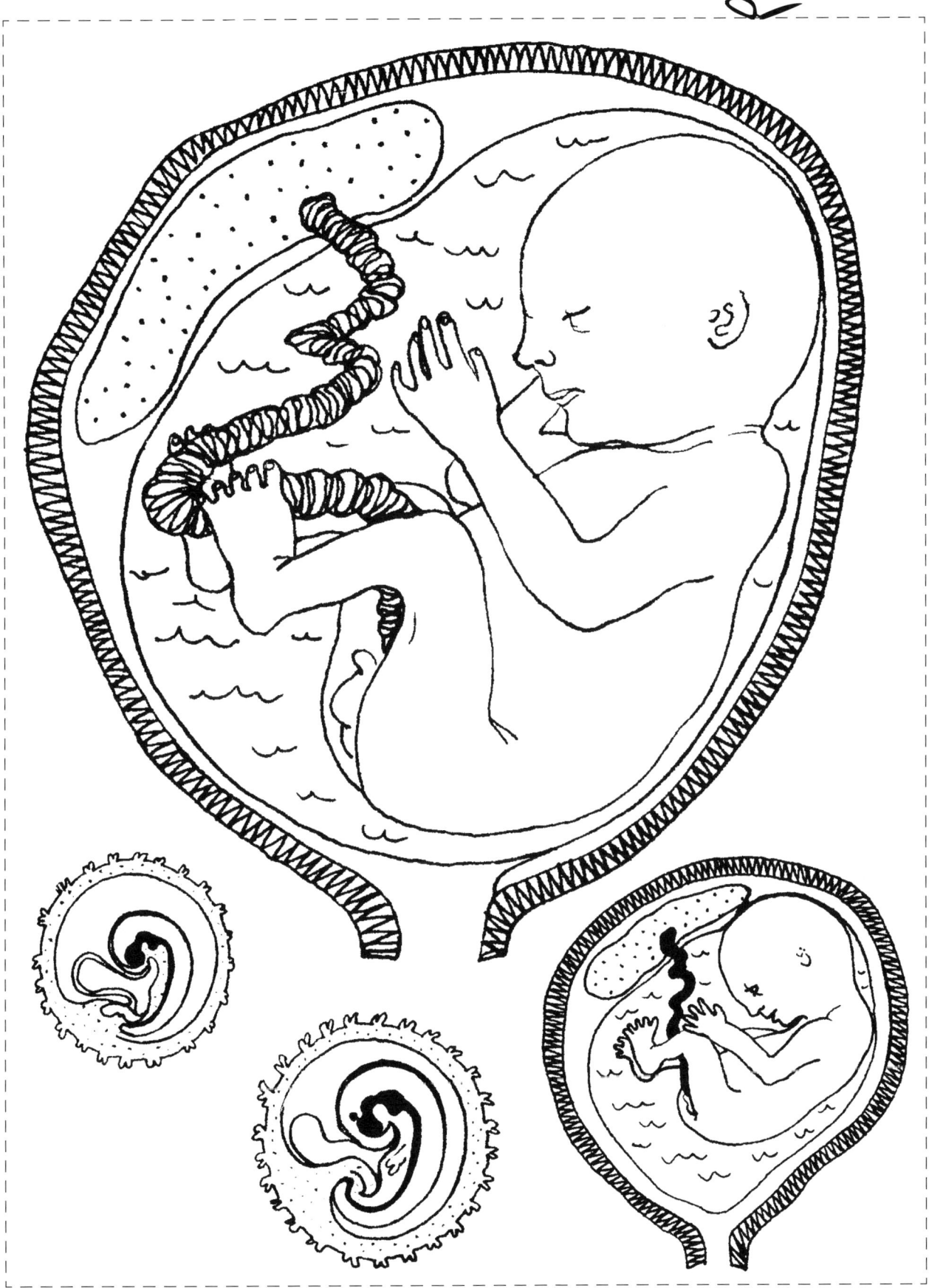

© Verlag an der Ruhr ● Postfach 10 22 51 ● 45422 Mülheim an der Ruhr ● www.verlagruhr.de ● ISBN 978-3-8346-0333-3

Entwicklungsschritte
eines neuen Lebens
Ein Plakat gestalten (3)

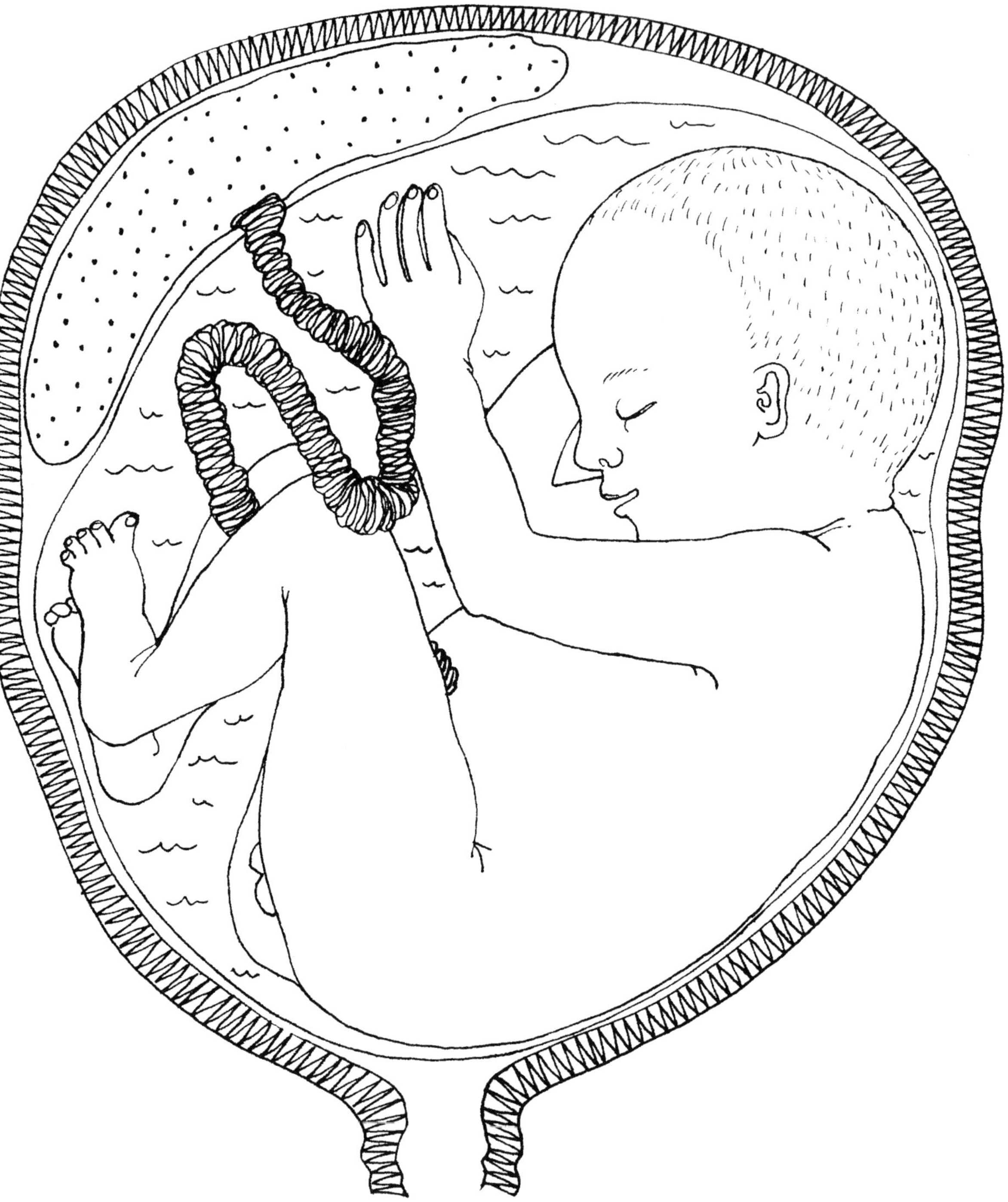

© Verlag an der Ruhr ● Postfach 10 22 51 ● 45422 Mülheim an der Ruhr ● www.verlagruhr.de ● ISBN 978-3-8346-0333-3

Entwicklungsschritte
eines neuen Lebens
Ein Plakat gestalten (4)

© Verlag an der Ruhr ● Postfach 10 22 51 ● 45422 Mülheim an der Ruhr ● www.verlagruhr.de ● ISBN 978-3-8346-0333-3

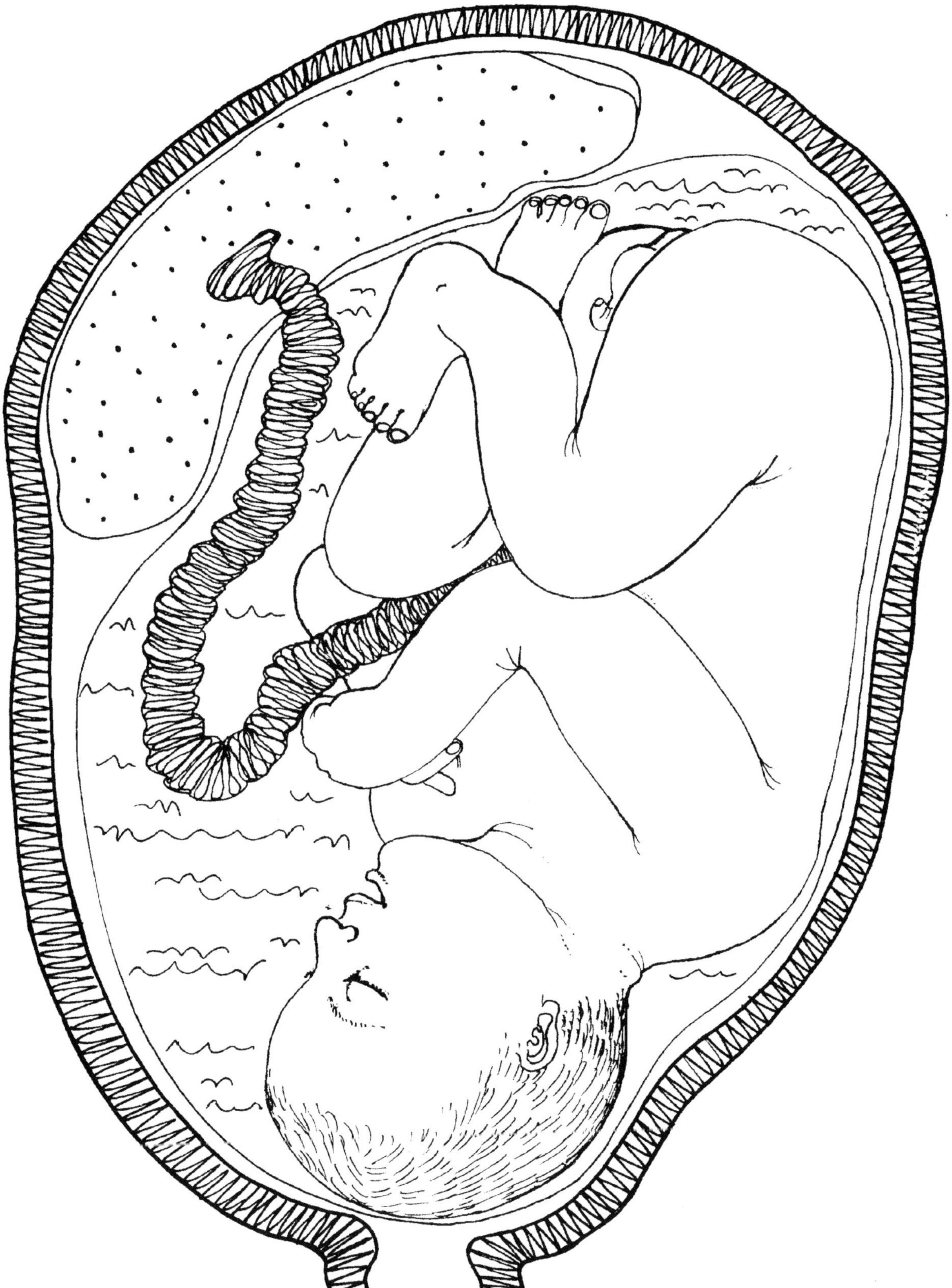

Die Geburt – 1

Die **Schwangerschaft** dauert durchschnittlich **40 Wochen**. Nun ist das Kind bereit für die **Geburt**. Bei der Geburt unterscheidet man drei unterschiedliche Phasen: **Eröffnungsphase, Austreibungsphase** und **Nachgeburtsphase**.

Auf den Abbildungen ist der Körper der Frau im Längsschnitt dargestellt.

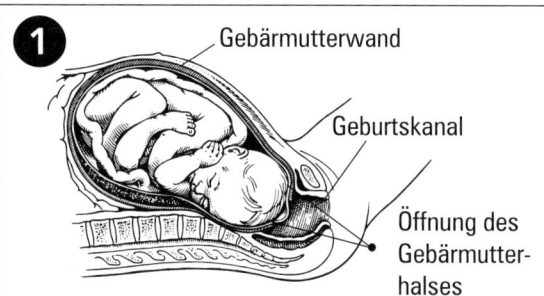

1 Gebärmutterwand
Geburtskanal
Öffnung des Gebärmutterhalses

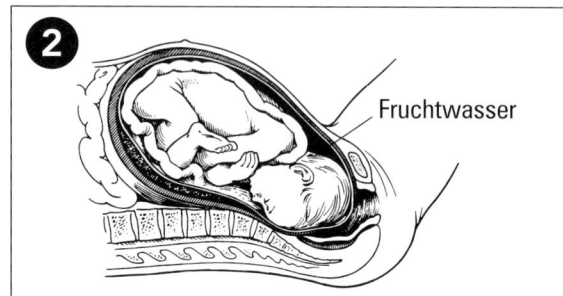

2 Fruchtwasser

In der **ersten Phase der Geburt**, der **Eröffnungsphase**, beginnen die Muskelwände der Gebärmutter, sich in regelmäßigen Abständen zusammenzuziehen. Anfangs liegt noch eine recht große Zeitspanne zwischen den einzelnen **Wehen**. Diese kräftigen Bewegungen erweitern die **Öffnung des Gebärmutterhalses**. So entsteht genug Platz, damit das Kind bei der Geburt den **Geburtskanal (die Vagina)** passieren kann.

Während die **Wehen** immer schneller aufeinander folgen, drückt der Kopf des Kindes auf den **Gebärmutterhals** und öffnet ihn so. Die **Fruchtblase** platzt, und das **Fruchtwasser**, fließt heraus. Die Frau kann die Wehen als sehr schmerzhaft empfinden.

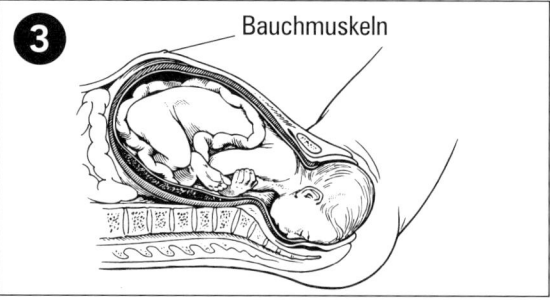

3 Bauchmuskeln

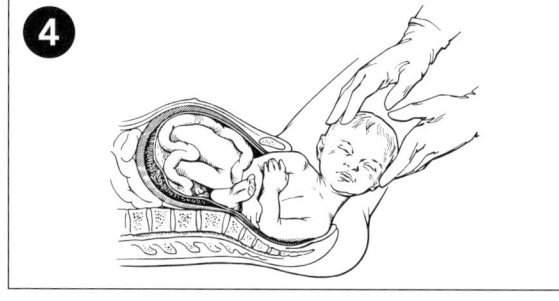

4

Wenn der **Gebärmutterhals** und der **Muttermund** ganz geöffnet sind, folgen die Wehen normalerweise alle paar Minuten aufeinander. Nun beginnt das nächste Stadium, **die Austreibungsphase**. Die Mutter presst dabei den Kopf des Babys durch die Vagina.

Der Kopf des Kindes ist – hinsichtlich des Durchmessers – der größte Körperteil. Ist der **Gebärmutterhals** vollständig geweitet, kann der Kopf mit wenigen Schüben nach draußen gelangen. Sobald der Kopf den Geburtskanal verlassen hat, können die Hebamme oder der Arzt die Mutter bei der Geburt unterstützen.

Fragen

1. Was ist normalerweise das erste Anzeichen dafür, dass die Geburt bevorsteht?

2. Wodurch entstehen die kraftvollen und schmerzhaften Wehen?

3. Welchen Sinn haben die Wehen während der Geburt?

4. Woher kommt die Flüssigkeit, die während der Geburt austritt?

5. Warum bereitet der Kopf des Babys während der Geburt so große Schwierigkeiten?

© Verlag an der Ruhr ❍ Postfach 10 22 51 ❍ 45422 Mülheim an der Ruhr ❍ www.verlagruhr.de ❍ ISBN 978-3-8346-0333-3

Die Geburt – 1

Aufgaben

1. Die Abbildungen unten zeigen die ersten beiden Phasen der Geburt eines Kindes. Schneide sie entlang der gestrichelten Linie aus, und klebe sie in dein Heft.

2. Male die verschiedenen Teile in unterschiedlichen Farben an, und zwar folgendermaßen:

Baby = **rosa**	Nabelschnur = **grün**
Gebärmutter = **gelb**	Plazenta = **rot**
Fruchtwasser = **blau**	

3. Beschreibe unter jeder Abbildung kurz, was in diesem Stadium der Geburt geschieht.

Frühe Phase der Geburt

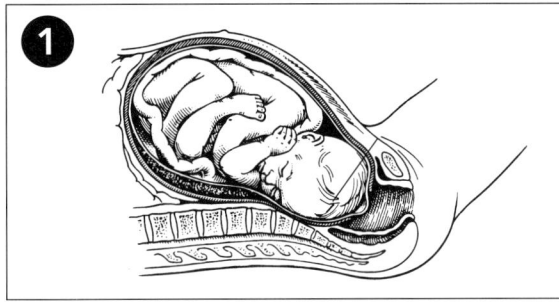

_____

_____

_____

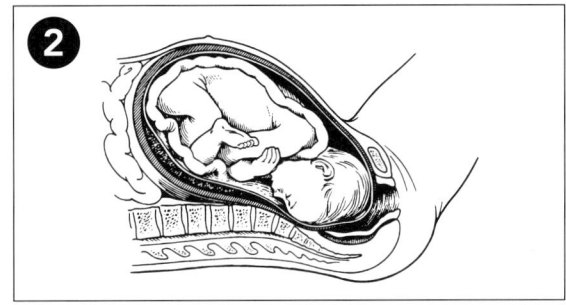

_____

_____

_____

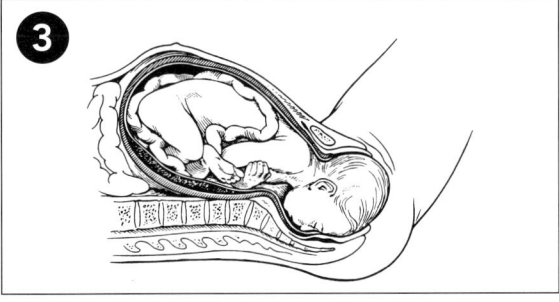

_____

_____

_____

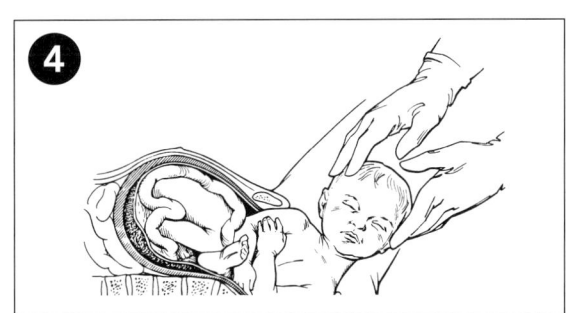

_____

_____

_____

© Verlag an der Ruhr ○ Postfach 10 22 51 ○ 45422 Mülheim an der Ruhr ○ www.verlagruhr.de ○ ISBN 978-3-8346-0333-3

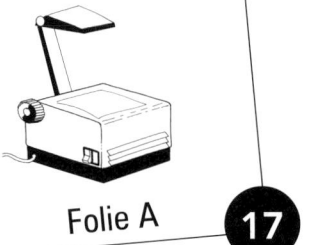

Die Geburt – 1

1 Beginn der Geburtswehen

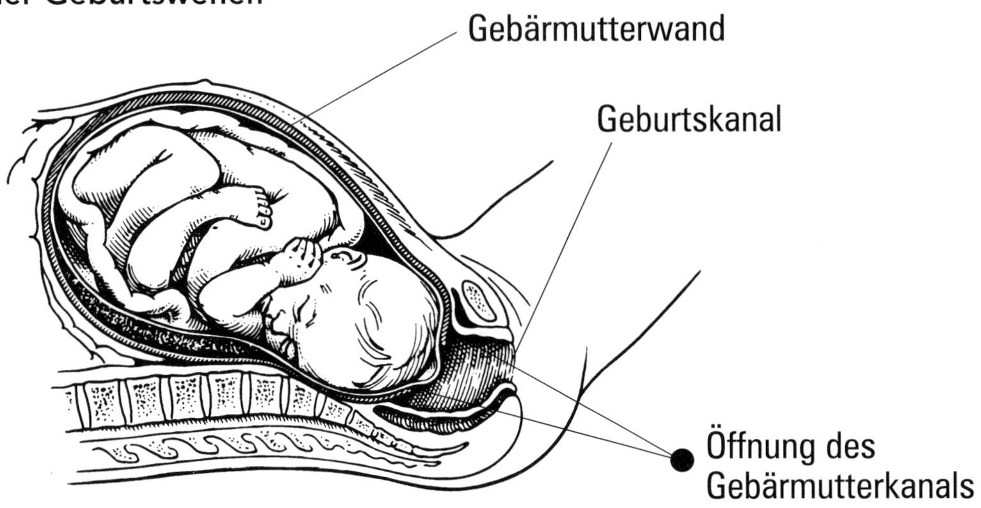

Gebärmutterwand

Geburtskanal

Öffnung des Gebärmutterkanals

2 Öffnung des Gebärmutterkanals

Fruchtwasser

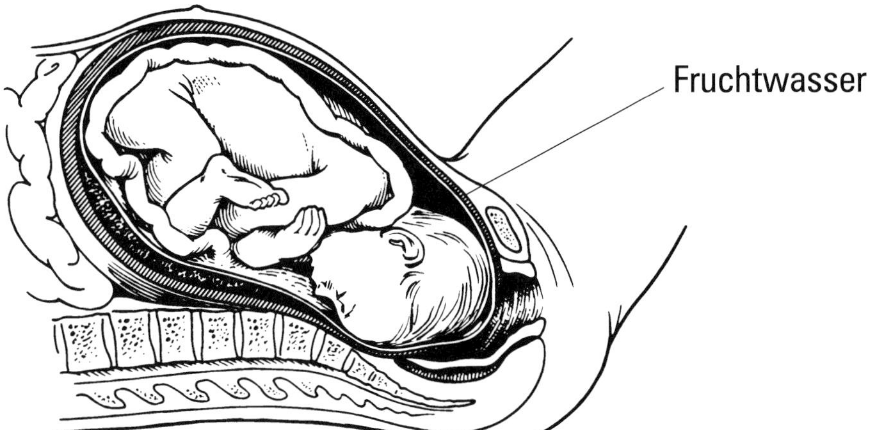

1. Früh in der **ersten Geburtsphase**, der **Eröffnungsphase**, beginnen die **Muskelwände der Gebärmutter**, sich in regelmäßigen Abständen zusammenzuziehen. Anfangs liegt noch eine recht große Zeitspanne zwischen den einzelnen Wehen. Diese kräftigen Bewegungen erweitern die **Öffnung des Gebärmutterhalses**. So entsteht genug Platz, damit das Kind bei der Geburt den **Geburtskanal (die Vagina)** passieren kann.

2. Während die **Wehen** sich fortsetzen und immer schneller aufeinander folgen, drückt der Kopf des Kindes auf den Gebärmutterhals und öffnet ihn so. Die **Fruchtblase** platzt, und das **Fruchtwasser,** fließt heraus. Die **Wehen** können für eine Frau sehr schmerzhaft sein und sehr lange andauern.

© Verlag an der Ruhr ◉ Postfach 10 22 51 ◉ 45422 Mülheim an der Ruhr ◉ www.verlagruhr.de ◉ ISBN 978-3-8346-0333-3

Die Geburt – 1

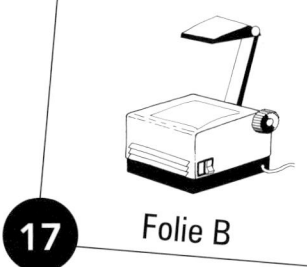

3 Beginn der Austreibungsphase

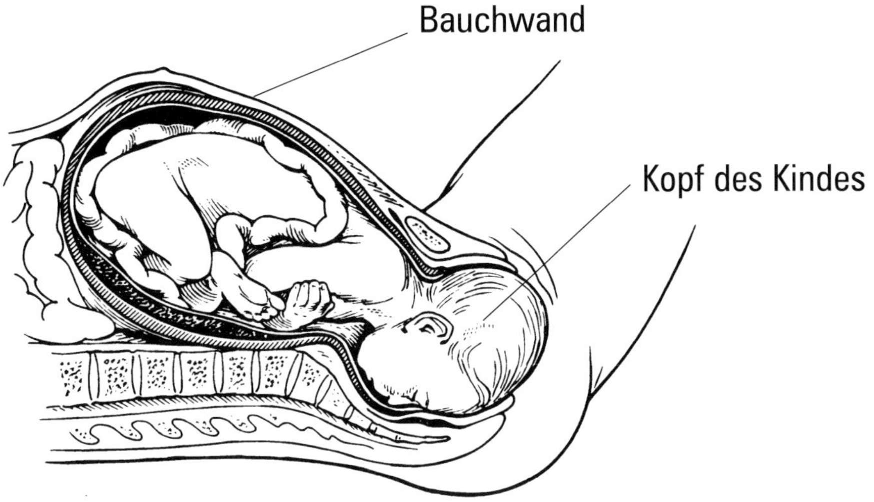

Bauchwand

Kopf des Kindes

4 Die Geburt des Kindes

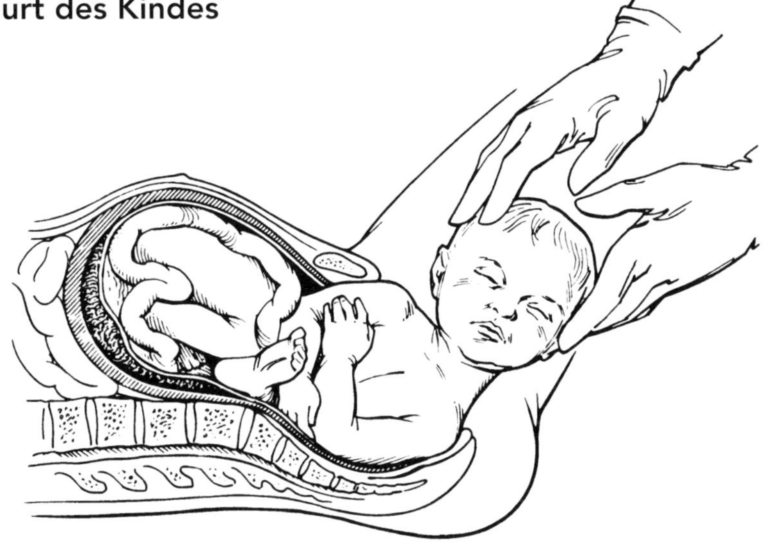

3. Sobald der **Gebärmutterhals ganz geöffnet** ist, folgen die **Wehen** normalerweise alle paar Minuten aufeinander. Nun beginnt die nächste Phase, die **Austreibungsphase**. Die Mutter presst dabei den Kopf des Babys durch die Vagina.

4. Der Kopf des Kindes ist – hinsichtlich des Durchmessers – sein größter Körperteil. Ist der **Gebärmutterhals vollständig geweitet**, kann er mit wenigen **Schüben** nach draußen gedrückt werden. Sobald der Kopf den Geburtskanal verlassen hat, können die Hebamme oder der Arzt die Mutter bei der Geburt unterstützen.

© Verlag an der Ruhr ◆ Postfach 10 22 51 ◆ 45422 Mülheim an der Ruhr ◆ www.verlagruhr.de ◆ ISBN 978-3-8346-0333-3

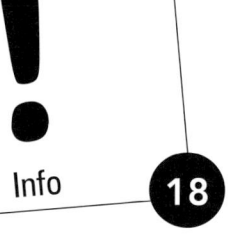

Die Geburt – 2

Nachdem der Kopf des Babys den Geburtskanal verlassen hat, geschieht die eigentliche Entbindung ziemlich schnell. Der übrige Körper des Kindes gleitet meist leicht heraus. Dabei wird die Mutter durch eine Hebamme oder durch einen Arzt unterstützt. Aber es gibt noch eine weitere Phase, **die Nachgeburtsphase.**

Auf den unteren Abbildungen ist der Körper der Frau im Längsschnitt dargestellt.

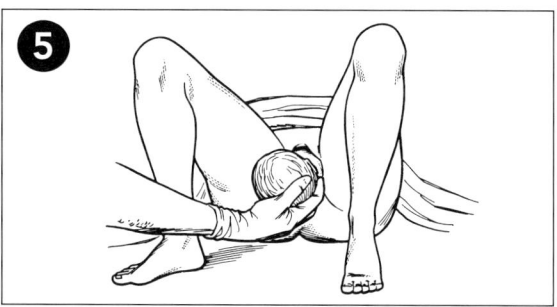

Bei den meisten Geburten erscheint der **Kopf des Kindes** als Erstes. Die Hebamme oder der Arzt unterstützen den Kopf des Kindes und drehen ihn vorsichtig so, dass das Gesicht nach oben zeigt. Bis zu diesem Zeitpunkt kann das Baby noch nicht atmen. Es braucht weiterhin die **Plazenta**, um Sauerstoff zu erhalten.

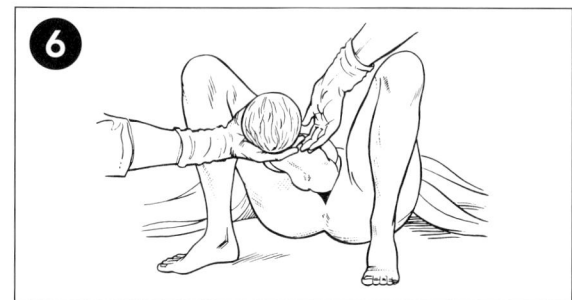

Hebamme oder Arzt halten das Kind im Nacken und helfen der Mutter vorsichtig dabei, es nun zur Welt zu bringen. Der **übrige Körper**, der einen kleineren Durchmesser als der Kopf hat, gleitet durch den Geburtskanal der Mutter leicht hinaus.

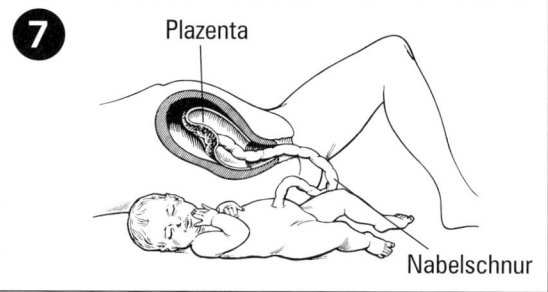

Plazenta

Nabelschnur

Nach der Geburt stellen die Hebamme oder der Arzt sicher, dass die **Atemwege** des Kindes frei sind. Dann kann es seine **eigenen Lungen** benutzen, um **Sauerstoff** zu erhalten. Die **Nabelschnur** wird dicht am Körper des Kindes geklammert und abgetrennt. Dabei spürt das Kind keine Schmerzen.

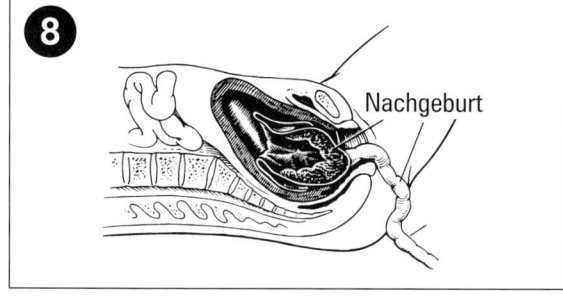

Nachgeburt

Während der **letzten Phase der Geburt** muss die Frau **die Reste der Plazenta und der Nabelschnur** herauspressen. Auch das geschieht mit Hilfe von Wehen, von denen aber normalerweise wenige ausreichen. Die **Nachgeburt (also Plazenta und Nabelschnur)** wird sorgfältig untersucht, um sicherzustellen, dass sie vollständig herausgekommen ist.

Fragen

1. Wie können die Hebamme oder der Arzt die Mutter dabei unterstützen, das Kind zur Welt zu bringen?

2. Welche Veränderung geschieht bei der Geburt mit dem System zur Lebenserhaltung des Kindes?

3. Warum ist es lebenswichtig, dass nach der Geburt keine Reste der Nabelschnur oder der Plazenta (die so genannte Nachgeburt) im Körper der Frau verbleiben?

4. Wie lange dauert normalerweise eine Geburt?

© Verlag an der Ruhr ● Postfach 10 22 51 ● 45422 Mülheim an der Ruhr ● www.verlagruhr.de ● ISBN 978-3-8346-0333-3

Die Geburt – 2

Aufgaben

1. Schneide die Abbildung unten entlang der gestrichelten Linie aus, und klebe sie in dein Heft.

2. Male die verschiedenen Teile in unterschiedlichen Farben an, und zwar folgendermaßen:

   Baby = **rosa**   Nabelschnur = **grün**

   Gebärmutter = **gelb**   Plazenta = **rot**

   Fruchtwasser = **blau**

3. Beschreibe unter jeder Abbildung kurz, was dargestellt wird.

4. Trage schließlich die fehlenden Beschriftungen auf den Bildern ein. Verwende dazu folgende Begriffe:

   Nachgeburt – Plazenta – Nabelschnur

Spätere Phasen der Geburt

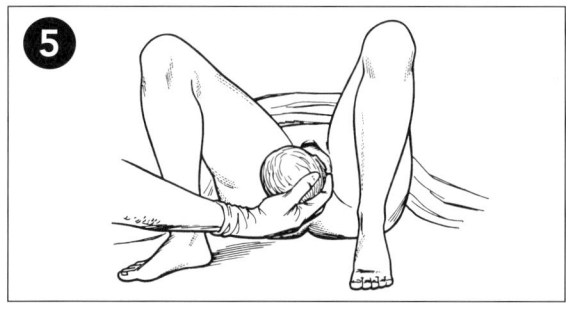

5

_____

_____

_____

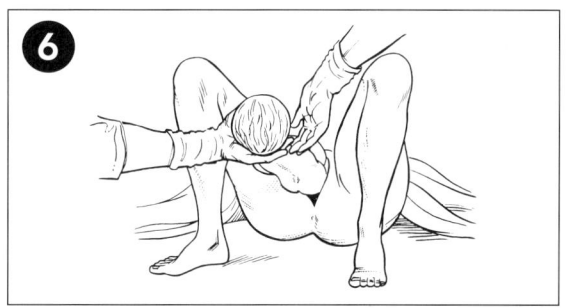

6

_____

_____

_____

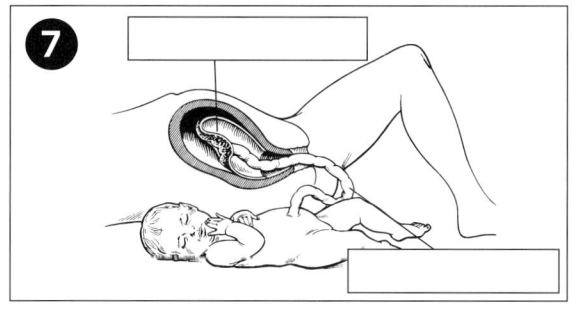

7

_____

_____

_____

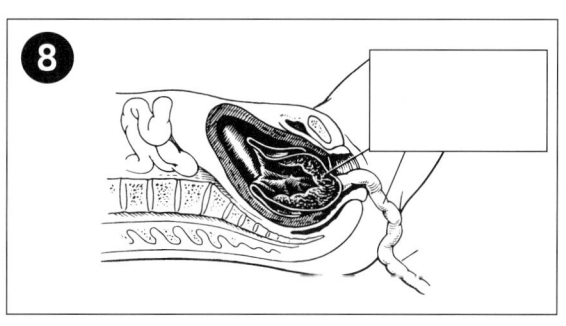

8

_____

_____

_____

© Verlag an der Ruhr ● Postfach 10 22 51 ● 45422 Mülheim an der Ruhr ● www.verlagruhr.de ● ISBN 978-3-8346-0333-3

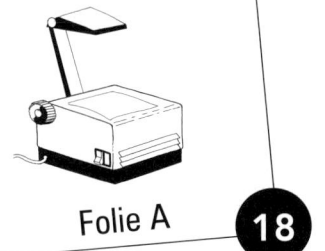
Die Geburt – 2

5 Die Geburt des Kopfes

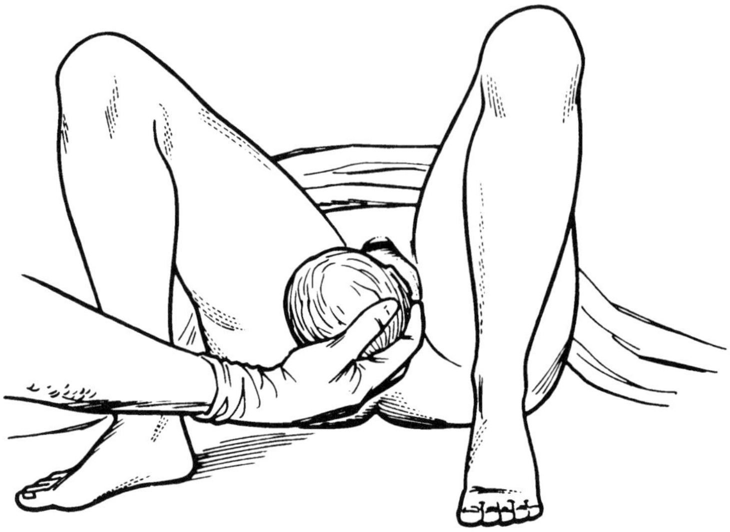

6 Die Geburt des Körpers

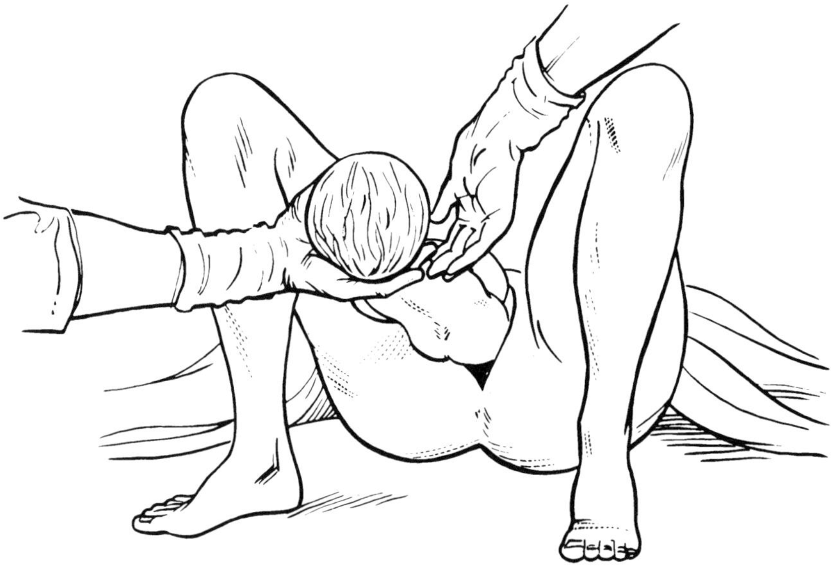

5. Bei den meisten **Geburten** erscheint der Kopf des Kindes als Erstes. Die Hebamme oder der Arzt unterstützen den **Kopf des Kindes** und drehen ihn vorsichtig so, dass das Gesicht nach oben zeigt. Bis zu diesem Zeitpunkt hat das Kind noch nicht selbstständig geatmet. Es braucht weiterhin die **Plazenta**, um Sauerstoff zu erhalten.

6. Die Hebamme oder der Arzt halten das Kind im Nacken und helfen der Mutter so vorsichtig dabei, es zur Welt zu bringen. Der übrige Körper gleitet durch den **Geburtskanal der Mutter** leicht hinaus.

© Verlag an der Ruhr ❍ Postfach 10 22 51 ❍ 45422 Mülheim an der Ruhr ❍ www.verlagruhr.de ❍ ISBN 978-3-8346-0333-3

Die Geburt – 2

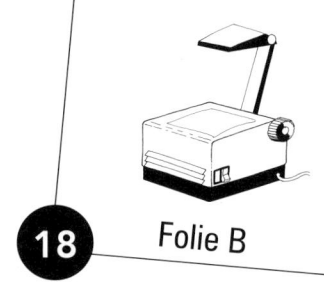

7 Das Kind beginnt, zu atmen

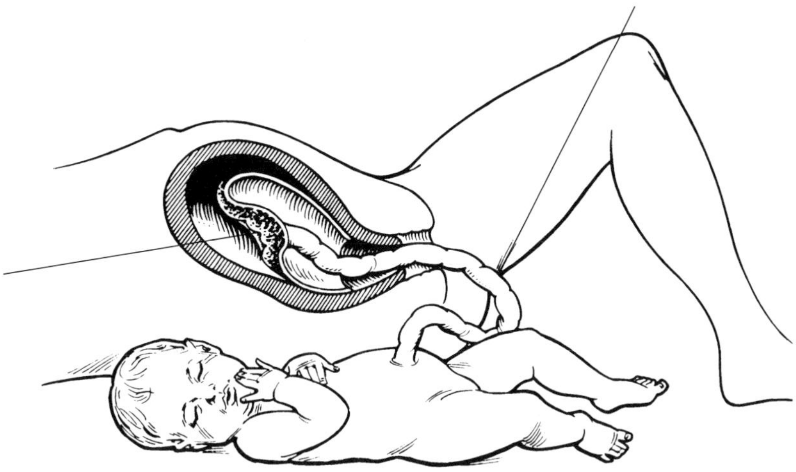

Nabelschnur

Plazenta

8 Die Nachgeburtsphase

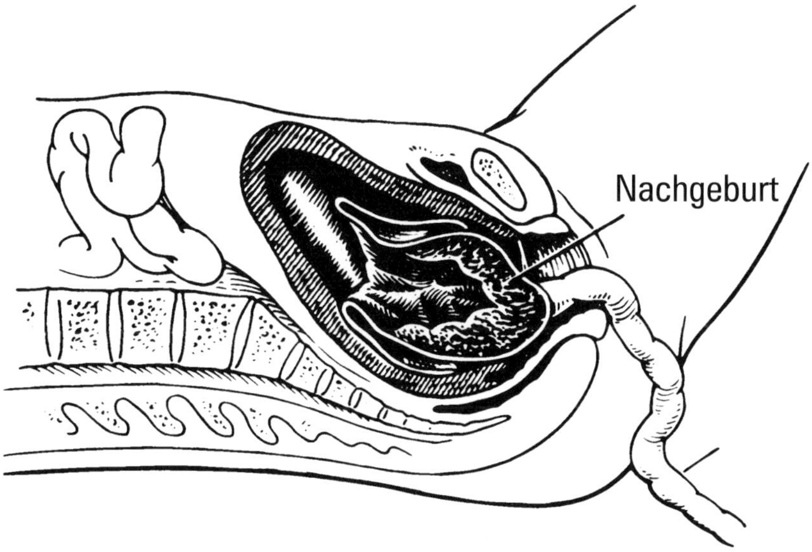

Nachgeburt

7. Nach der Geburt stellen die Hebamme oder der Arzt sicher, dass die **Atemwege des Kindes** frei sind. Nun kann es seine eigenen Lungen benutzen, um **Sauerstoff** zu erhalten. Die **Nabelschnur** wird dicht am Körper des Kindes geklammert und abgetrennt.

8. Während der **letzten Phase der Geburt** muss die Frau die **Reste der Plazenta und der Nabelschnur** herauspressen. Auch das geschieht mit Hilfe von **Wehen**, von denen aber normalerweise wenige ausreichen. Die **Nachgeburt** (also **Plazenta** und **Nabelschnur**) wird sorgfältig untersucht, um sicherzustellen, dass sie vollständig herausgekommen ist.

© Verlag an der Ruhr ● Postfach 10 22 51 ● 45422 Mülheim an der Ruhr ● www.verlagruhr.de ● ISBN 978-3-8346-0333-3

Die Geburt – 2
Die Geburt als Dia-Vorführung (1)

Aufgaben

1. Klebe die Vorlage für den „Diaprojektor" unten auf dem Blatt auf einen Bogen dünnen Karton.

2. Wenn der Klebstoff getrocknet ist, schneide die Vorlage entlang der gestrichelten Linie aus. Die Ränder dürfen dabei nicht beschädigt werden. Schneide das weiße Fenster des „Diaprojektors" aus.

3. Falte den Karton an den Kanten des „Diaprojektors", dann kannst du einen kleinen Kasten daraus formen.

4. Dann schneide die vier Diastreifen auf der folgenden Seite aus, und klebe sie in der richtigen Reihenfolge zusammen.

5. Schneide vorsichtig mit einer kleinen scharfen Schere die vier Löcher in dem „Diaprojektor" aus.

6. Stecke jeweils einen Bleistift durch jedes Löcherpaar, sodass die Stifte aus der Ober- und der Unterseite des Projektors herausragen.

7. Stecke den langen Diastreifen hinter die Bleistifte, sodass das erste Dia durch die Sichtöffnung zu sehen ist.

8. Klebe den Anfang des Diastreifens mit Klebstreifen an den Bleistift.

9. Wickle den Diastreifen um den Bleistift, bis das Ende des Streifens beim anderen Bleistift angekommen ist. Dann klebe dieses Ende mit Klebstreifen an den anderen Bleistift.

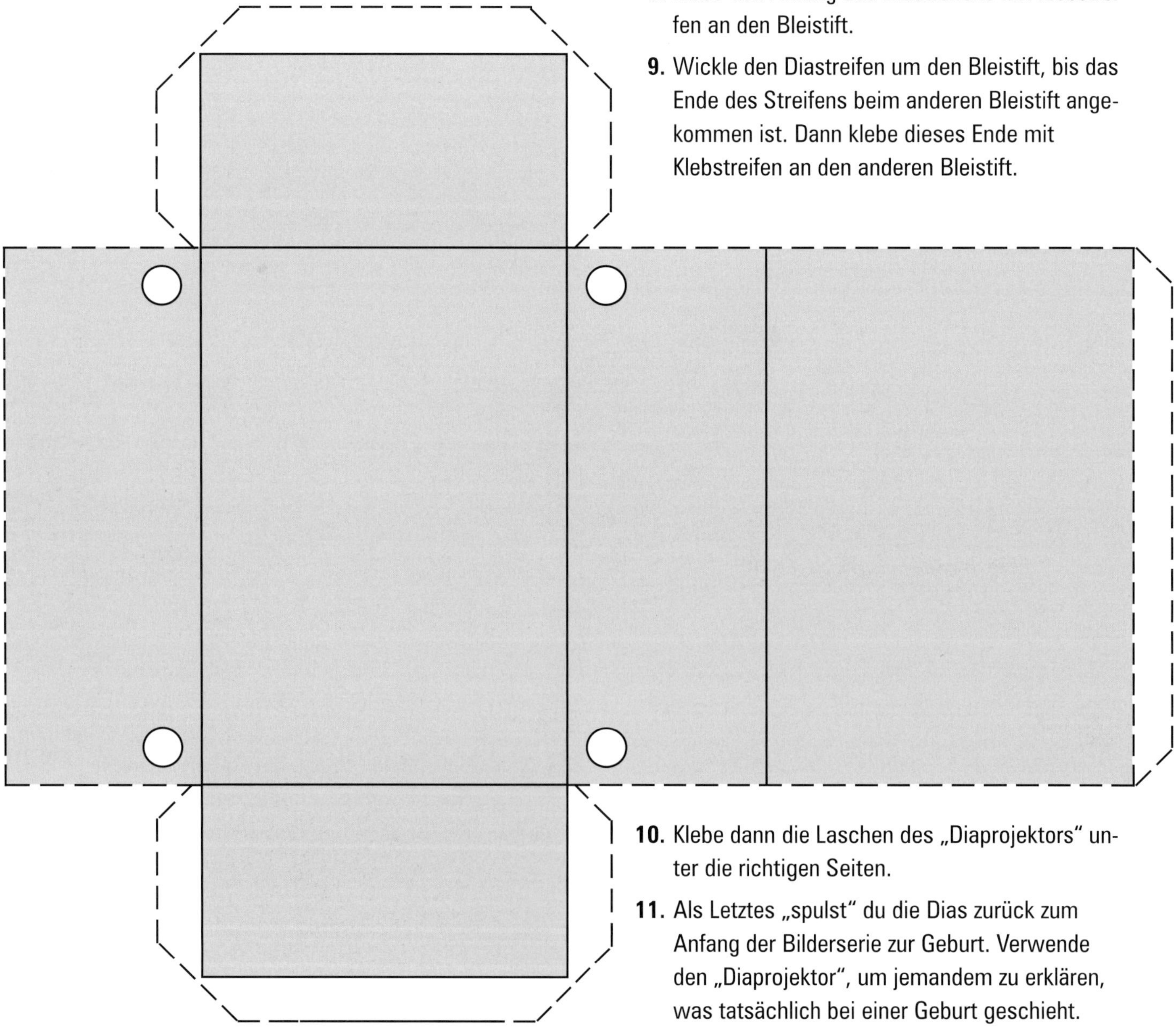

10. Klebe dann die Laschen des „Diaprojektors" unter die richtigen Seiten.

11. Als Letztes „spulst" du die Dias zurück zum Anfang der Bilderserie zur Geburt. Verwende den „Diaprojektor", um jemandem zu erklären, was tatsächlich bei einer Geburt geschieht.

© Verlag an der Ruhr ❂ Postfach 10 22 51 ❂ 45422 Mülheim an der Ruhr ❂ www.verlagruhr.de ❂ ISBN 978-3-8346-0333-3

Die Geburt – 2
Die Geburt als Dia-Vorführung (2)

18 Dia-Vorführung

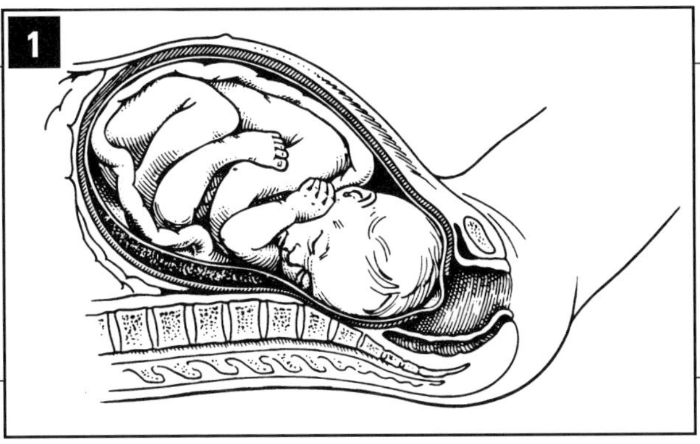

1 — Der Anfang

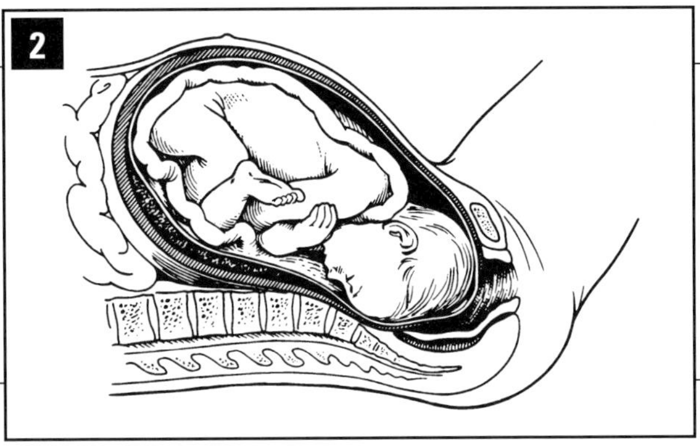

2 — Klebe über Bild 3

3 — Klebe unter Bild 2

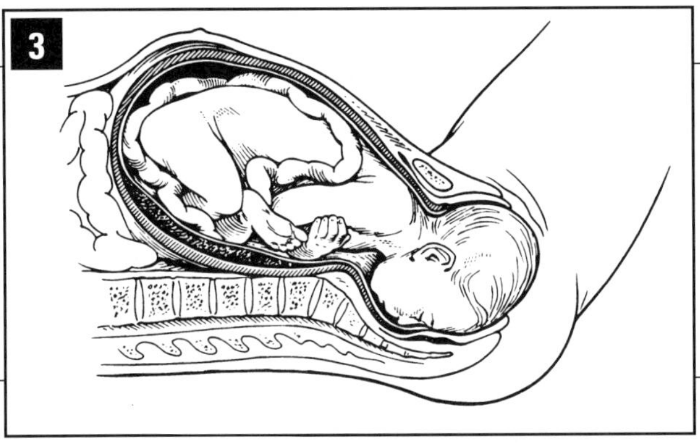

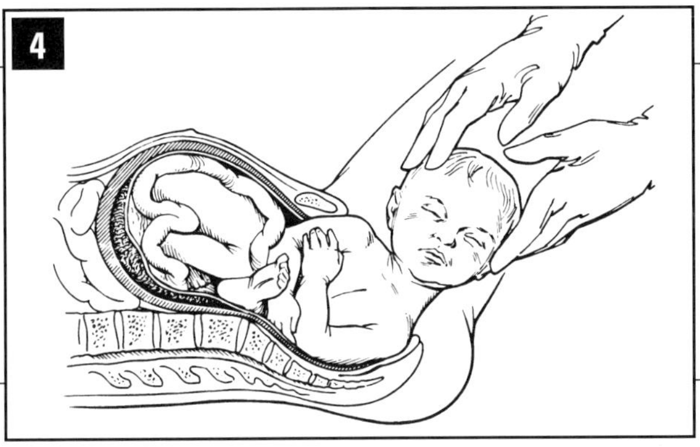

4 — Klebe über Bild 5

5 — Klebe unter Bild 4

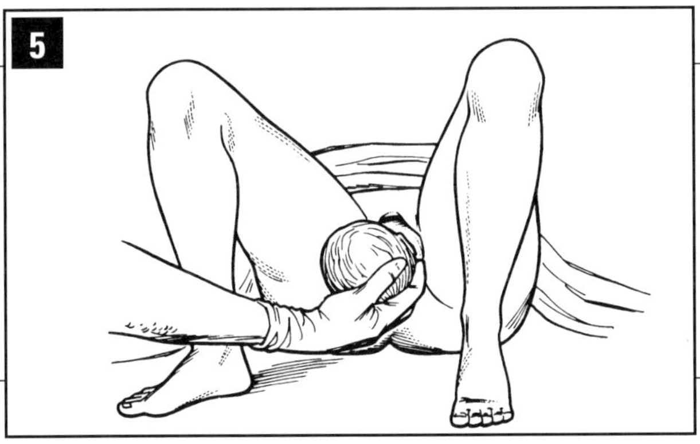

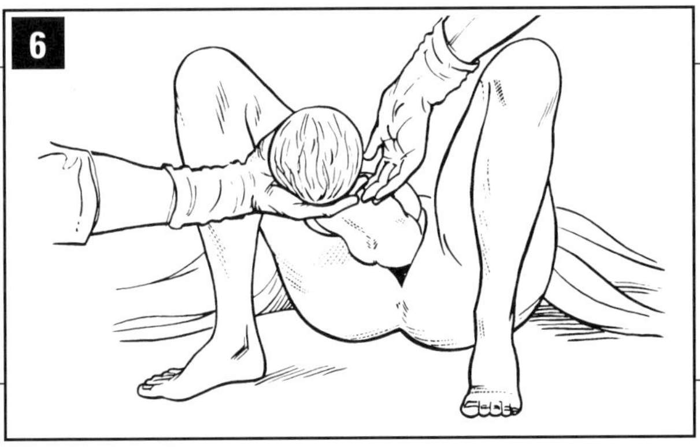

6 — Klebe über Bild 7

7 — Klebe unter Bild 6

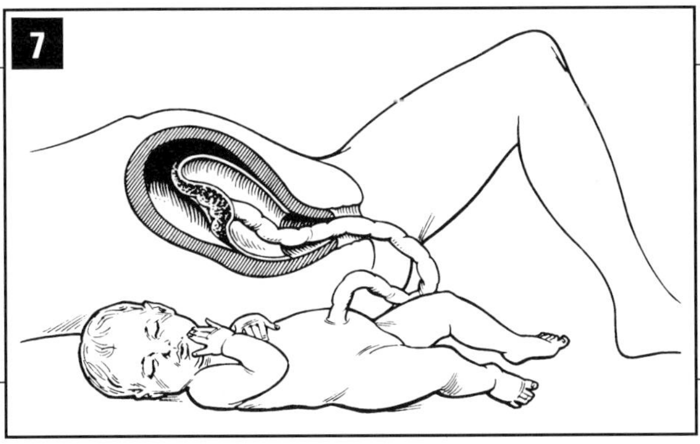

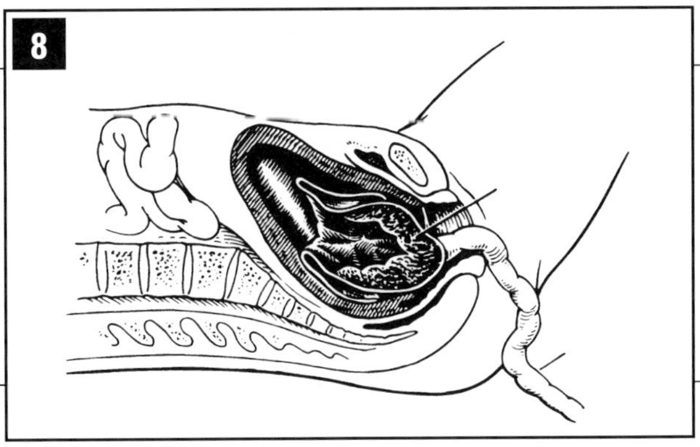

8 — Das Ende

© Verlag an der Ruhr ● Postfach 10 22 51 ● 45422 Mülheim an der Ruhr ● www.verlagruhr.de ● ISBN 978-3-8346-0333-3

Reflexe neugeborener Kinder

Unmittelbar nach der Geburt zeigen Kinder einige **automatische Reaktionen oder Reflexe**, wenn sie bestimmten Reizen ausgesetzt werden. Diese Reaktionen müssen nicht erst erlernt werden. Alle gesunden **Neugeborenen** haben sie. Sie sind für **das Überleben des Kindes** von großer Bedeutung.

Diese Bilder zeigen sechs verschiedene Reflexe, die Kinder direkt nach der Geburt aufweisen. Ärzte überprüfen sie, um sicherzustellen, dass das **Zentrale Nervensystem (ZNS) des Kindes** richtig arbeitet.

❶ Suchreflex

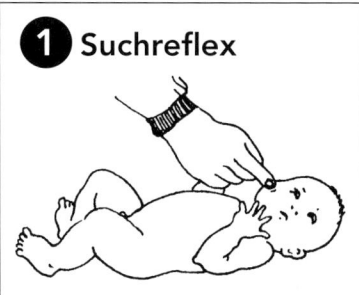

Dieser **Reflex** ist wesentlich für die **Nahrungsaufnahme**. Wird eine Wange berührt, wendet das Baby den Kopf in Richtung der Berührung. Mit Hilfe des Reflexes kann das Baby die Brustwarze der Mutter finden.

❷ Saugreflex

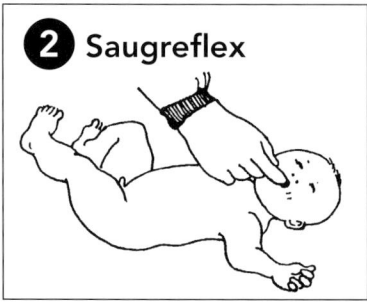

Mit diesem **Reflex** saugt das Kind automatisch an allem, was in seinen Mund kommt. So ist es in der Lage, **Nahrung aufzunehmen**, sobald es eine Brustwarze im Mund hat.

❸ Moro-Reflex

Auf laute Geräusche etwa reagiert das Kind mit dem **Moro-Reflex**: Dabei wirft das Kind seine Arme und Beine nach außen und zieht sie dann wieder zurück. Dabei krümmt es die Finger, als ob es nach etwas greifen oder etwas umklammern will.

❹ Schreitreflex

Zur **Überprüfung des Reflexes** wird das Kind so gehalten, dass seine Füße gerade eben den Boden berühren und dabei etwas vorwärts geschoben. Das Kind bewegt seine Beine so, also ob es zu gehen versucht – obwohl es das ja noch lange nicht kann.

❺ Steigreflex

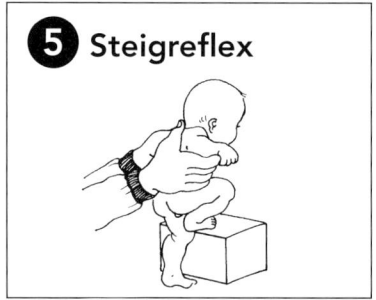

Diesen **Reflex** zeigt ein Neugeborenes, wenn es gehalten wird und dabei ein Bein einen Gegenstand berührt. Dann hebt es automatisch den Fuß des anderen Beines an, als ob es auf den Gegenstand steigen will. Dieser Reflex hilft ihm später, wenn es gehen lernt.

❻ Greifreflex

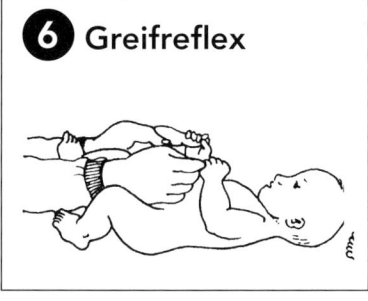

Ein Baby greift nach allem, was die Innenfläche seiner Hand berührt. Berührst du die Handfläche eines Babys mit dem Finger, schließt seine Hand sich automatisch um ihn.

Fragen

1. Auf welche Weise können Reflexe einem hilflosen Neugeborenen beim Überleben helfen?

2. Nenne zwei Reflexe, mit denen sichergestellt wird, dass das Kind Nahrung aufnimmt.

3. Was ist der Unterschied zwischen einem Reiz und einer Reaktion?

4. Wie kannst du herausfinden, ob eine bestimmte Reaktion ein Reflex oder eine erlernte Reaktion ist?

5. Nenne einige Beispiele für Reaktionen, die ein Kind in den Monaten nach seiner Geburt lernt.

6. Welche verschiedenen körperlichen und emotionalen Bedürfnisse hat ein neugeborenes Kind?

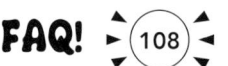

© Verlag an der Ruhr ● Postfach 10 22 51 ● 45422 Mülheim an der Ruhr ● www.verlagruhr.de ● ISBN 978-3-8346-0333-3

Reflexe
neugeborener Kinder

Aufgaben

1. Die Abbildungen unten zeigen die verschiedenen Reflexe eines neugeborenen Kindes. Schneide sie aus, und klebe sie in dein Heft.

2. Beschrifte die Reflexe. Verwende dafür die Begriffe: **Schreitreflex – Moro-Reflex – Greifreflex – Saugreflex – Steigreflex – Suchreflex**

3. Schreibe unter jede Abbildung den auslösenden Reiz und die Reaktion des Kindes.

4. Markiere die Abbildungen farbig. Die Zuordnung der Farben findest du in dem Kasten unten.

Reflexe neugeborener Kinder

Zuordnung der Farben:

Reflexe zur Nahrungsaufnahme	**gelb**
Schutzreflex	**rot**
Entwicklungsreflex	**grün**

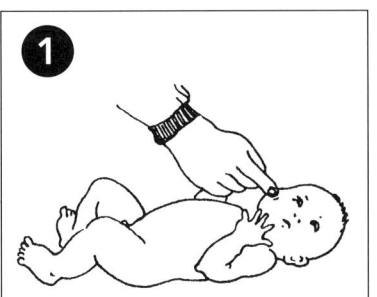

Reiz: _____

_____

Reaktion: _____

_____

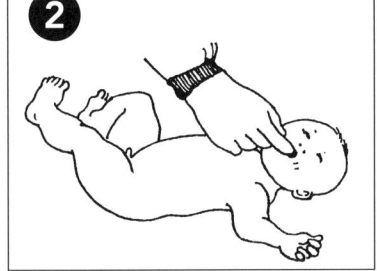

Reiz: _____

_____

Reaktion: _____

_____

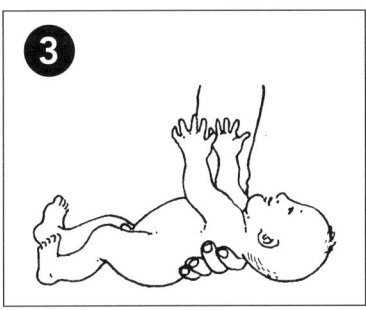

Reiz: _____

_____

Reaktion: _____

_____

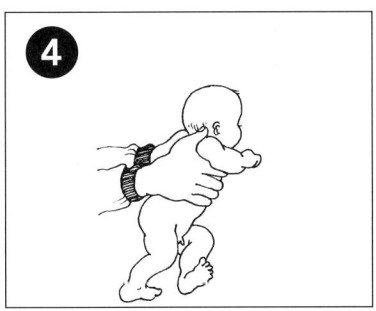

Reiz: _____

_____

Reaktion: _____

_____

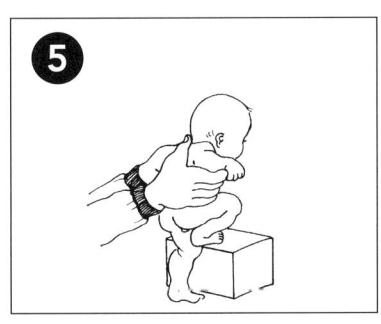

Reiz: _____

_____

Reaktion: _____

_____

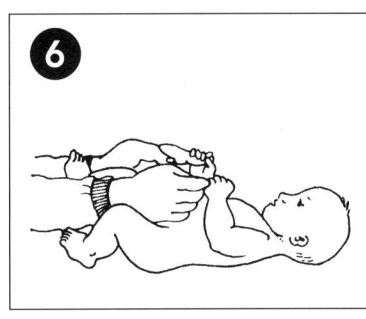

Reiz: _____

_____

Reaktion: _____

_____

© Verlag an der Ruhr ● Postfach 10 22 51 ● 45422 Mülheim an der Ruhr ● www.verlagruhr.de ● ISBN 978-3-8346-0333-3

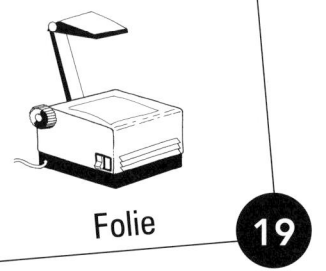

Reflexe
neugeborener Kinder

Die Bilder unten zeigen **sechs verschiedene Reflexe**, die Kinder direkt nach ihrer Geburt zeigen.
Diese Reflexe treten automatisch auf, wenn sie durch bestimmte Reize ausgelöst werden.

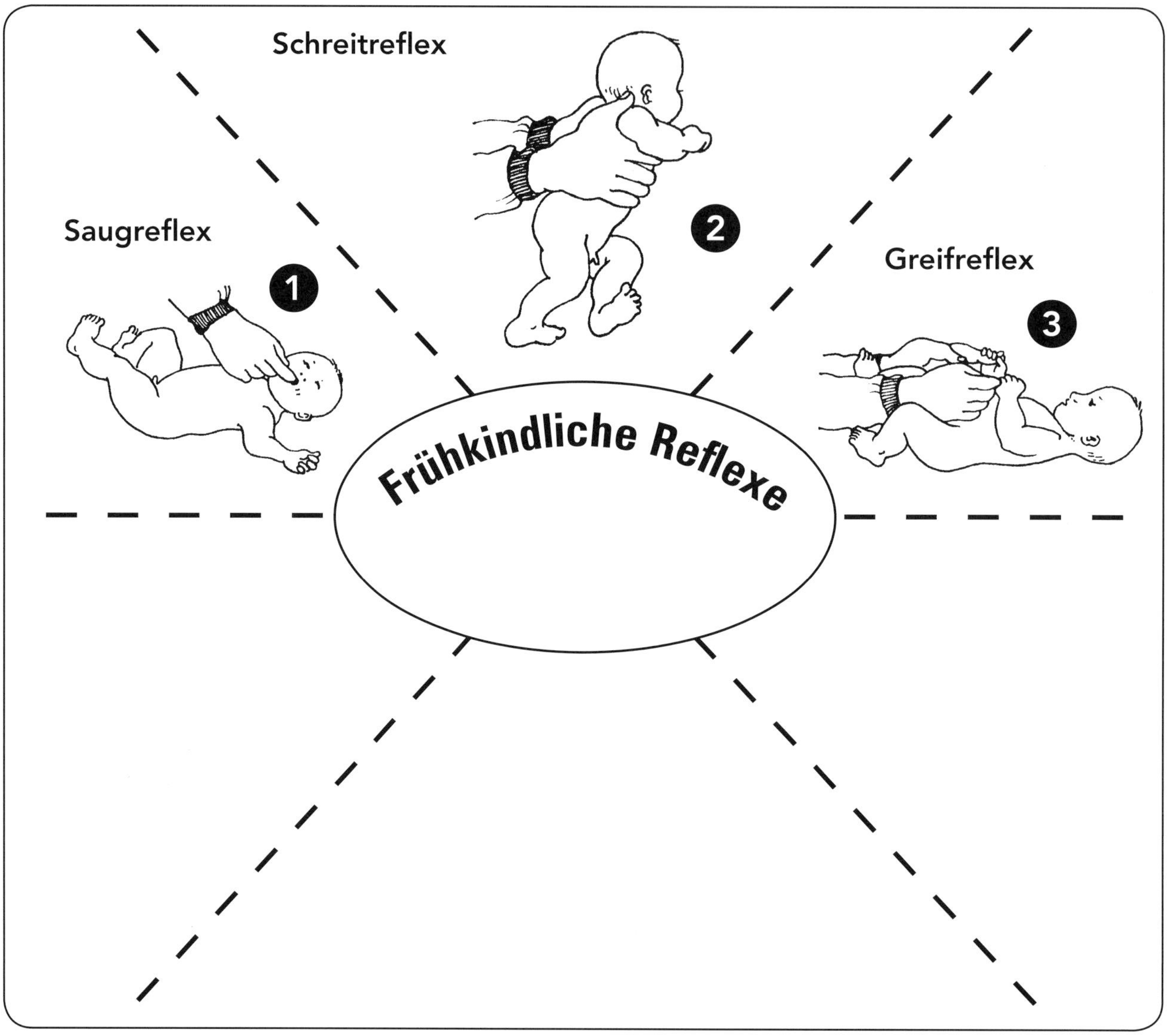

Schreitreflex

Saugreflex

1

2

Greifreflex

3

Frühkindliche Reflexe

1. Durch den **Saugreflex** saugt das Kind automatisch an allem, was in seinen Mund kommt. So kann es **Nahrung aufnehmen**.

2. Zur Überprüfung des **Schreitreflexes** wird das Kind so gehalten, dass seine Füße gerade so eben den Boden berühren. Dabei wird das Kind etwas vorwärts geschoben. Es bewegt seine Beine dann so, also ob es zu gehen versucht. Das Kind besitzt also den **notwendigen Reflex, um zu laufen**.

3. Ein Baby greift nach allem, was die Innenfläche seiner Hand berührt. Berührt man die Handfläche eines Babys mit dem Finger, schließt seine Hand sich automatisch um ihn **(Greifreflex)**.

© Verlag an der Ruhr ● Postfach 10 22 51 ● 45422 Mülheim an der Ruhr ● www.verlagruhr.de ● ISBN 978-3-8346-0333-3

Reflexe
neugeborener Kinder

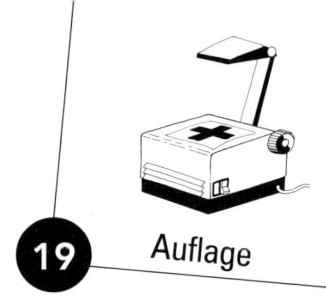

automatische Reaktionen

6 Suchreflex

5 Steigreflex

4 Moro-Reflex

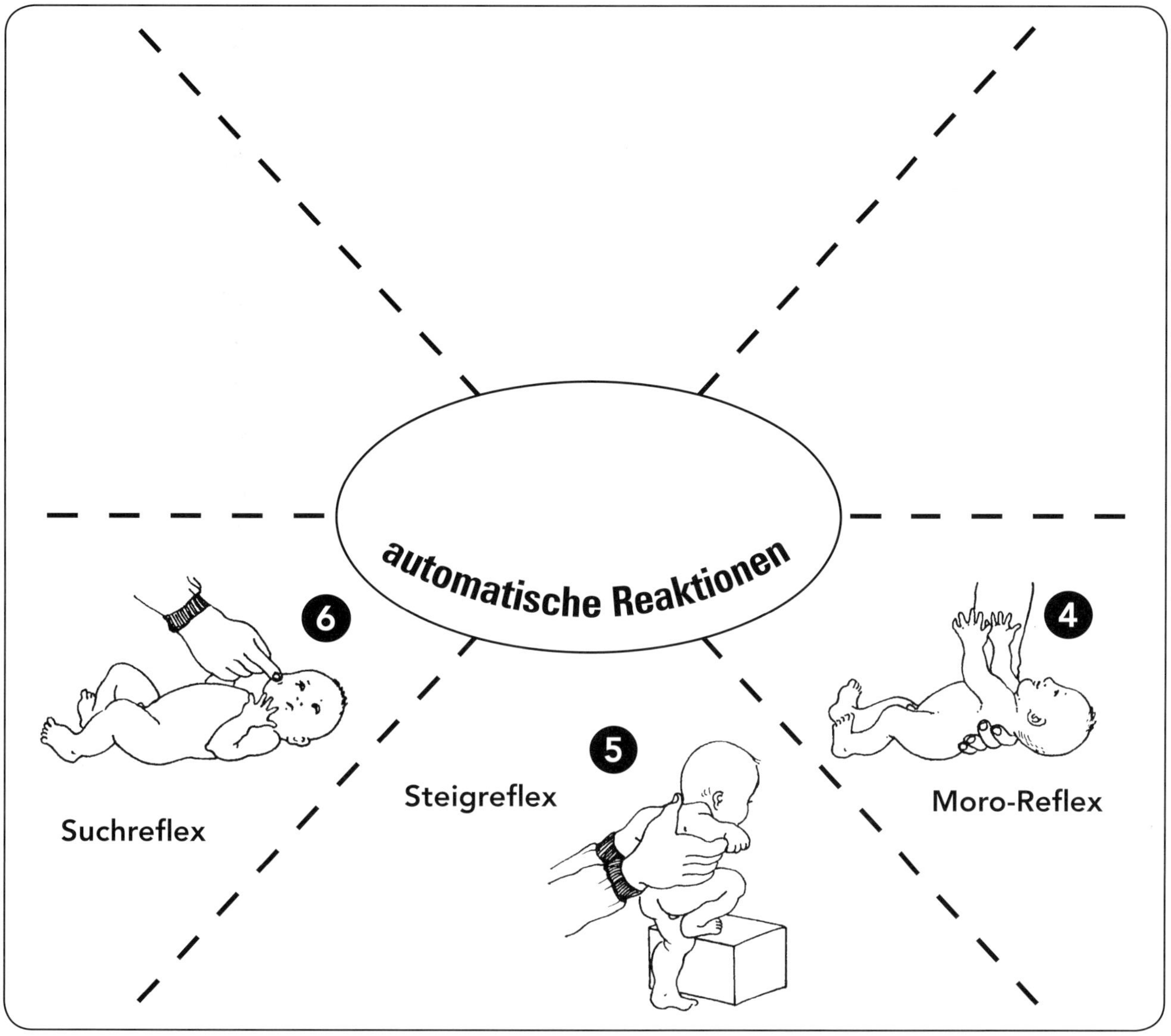

4. Der **Moro-Reflex** führt dazu, dass das Kind, wenn sein Kopf nach hinten fällt, seine Arme und Beine nach außen wirft und diese dann wieder zurückzieht.

5. Den **Steigreflex** zeigt ein Neugeborenes, wenn es gehalten wird und dabei ein Bein einen Gegenstand berührt. Es hebt dann automatisch den Fuß des anderen Beines an, als ob es auf den Gegenstand steigen will. Diese Reaktion hilft dem Säugling später dabei, das Gehen zu erlernen.

6. Dieser **Reflex** ist wesentlich für die **Nahrungsaufnahme**. Wird eine Wange berührt, wendet das Baby den Kopf in Richtung der Berührung.

© Verlag an der Ruhr ● Postfach 10 22 51 ● 45422 Mülheim an der Ruhr ● www.verlagruhr.de ● ISBN 978-3-8346-0333-3

Reflexe neugeborener Kinder
Einen „Reflex-Würfel" bauen

Aufgaben

1. Male die Abbildungen der Babys auf der Vorlage für den Würfel farbig aus.

2. Klebe das Blatt mit der Vorlage auf einen Bogen dünnen Karton.

3. Wenn der Klebstoff getrocknet ist, schneide die Vorlage vorsichtig aus. Die Ränder dürfen dabei nicht beschädigt werden.

4. Falte den Karton an den durchgezogenen Linien, wie es auf dieser Seite unten zu sehen ist.

5. Klebe die Kanten des Würfels mit Klebstoff oder Klebeband zusammen.

6. Würfele abwechselnd mit deinem Sitznachbarn. Benennt jeweils den Reflex, den ihr erwürfelt habt, und beschreibt seine Funktion für das Kind.

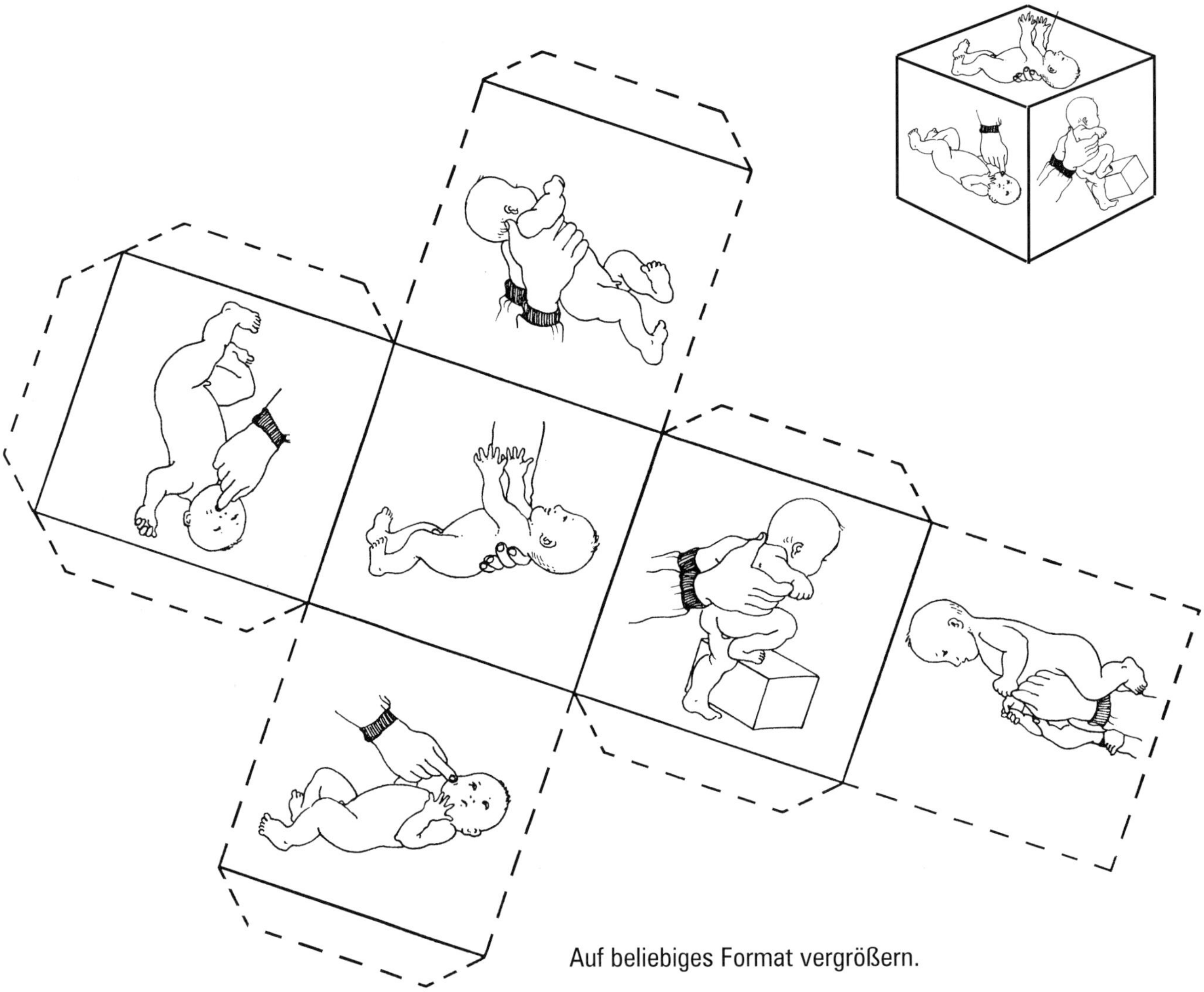

Auf beliebiges Format vergrößern.

© Verlag an der Ruhr ● Postfach 10 22 51 ● 45422 Mülheim an der Ruhr ● www.verlagruhr.de ● ISBN 978-3-8346-0333-3

Ein Kind stillen

Wir Menschen gehören zu den Säugetieren. Das bedeutet, dass Frauen
– wie andere weibliche Säugetiere auch – ihre Kinder mit Milch ernähren können, die in den **Milchdrüsen** produziert wird. Die Erzeugung von
Milch bei Säugetieren nennt man **Laktation**.

Jede Brust enthält Ansammlungen **Milch erzeugender Zellen**. Sie sind mit vielen feinen Röhrchen, den **Milchgängen,** verbunden, die zu einer Öffnung in der **Brustwarze** führen. Die Milch erzeugenden Zellen sind umgeben von **Muskelgewebe,** das Milch in die Milchgänge drückt, wenn es sich zusammenzieht. Die Milch wird dann durch die Milchausführungsgänge und aus der Brustwarze heraus in den Mund des Babys gepresst. Rund um die Milchzellen befindet sich **Fettgewebe** – die Fettschichten geben der Brust ihre Form und Größe. An der Milcherzeugung sind sie aber nicht beteiligt. Kleine Brüste sind deshalb genauso „produktiv" bei der Milcherzeugung wie große. Stillen hemmt die Produktion von **FSH** und **LH** – beides Hormone, die den Eisprung steuern. Das verringert die Chance, während der Stillzeit schwanger zu werden. Allerdings ist Stillen keine sichere Methode der Empfängnisverhütung.

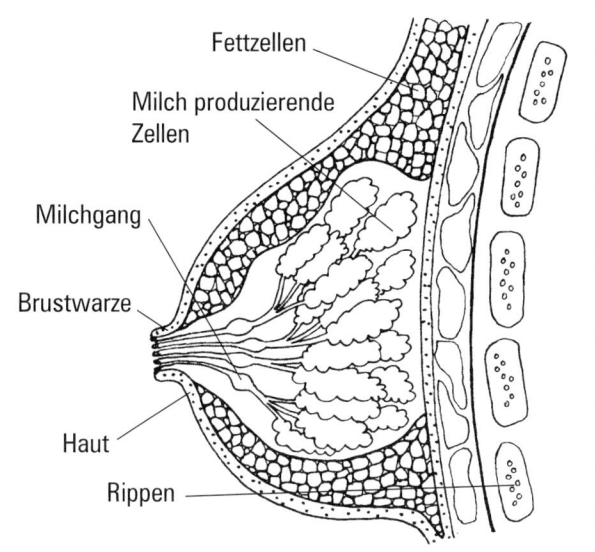

Fettzellen
Milch produzierende Zellen
Milchgang
Brustwarze
Haut
Rippen

Diese beiden Abbildungen zeigen, wie Hormone zur Laktation führen – also zur Bildung von Milch.

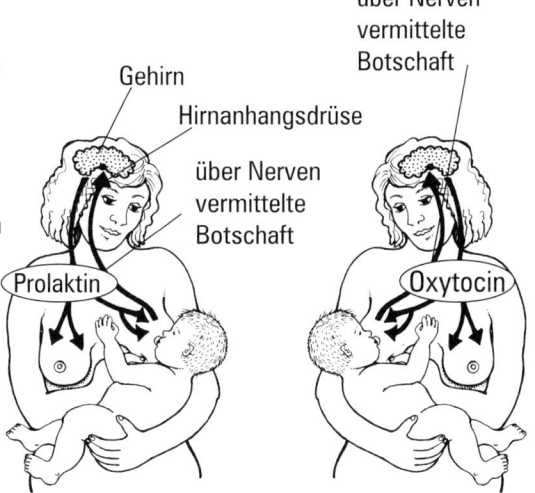

über Nerven vermittelte Botschaft
Gehirn
Hirnanhangsdrüse
über Nerven vermittelte Botschaft
Prolaktin
Oxytocin

Wenn das Baby an der empfindlichen **Brustwarze** saugt, sendet dieser Reiz über die Nerven eine Botschaft an das Gehirn der Mutter. Die **Hirnanhangsdrüse** erzeugt das **Hormon Prolaktin**. Dieses wandert im Blut zu den Brüsten und veranlasst die Milchzellen, viel Milch zu produzieren. Auf diese Weise steuert tatsächlich das Kind selbst die **Milchbildung der Mutter**.

Wenn das Kind an der **Brustwarze** der Mutter saugt, wirkt das noch auf eine andere Weise auf die **Hirnanhangsdrüse**: Sie erzeugt noch ein weiteres **Hormon,** das **Oxytocin**. Auch dieses wandert im Blut zu den Brüsten. Dort bewirkt es, dass sich die Muskeln um die Milch erzeugenden Zellen und die Milchausführungsgänge zusammenziehen und Milch aus den Brustwarzen herauspressen. Das nennt man die **Milchentleerung** – und auch sie wird vom Kind selbst ausgelöst.

Fragen

1. Warum ist es wichtig, dass das Kind die Milchbildung und die Milchentleerung selbst steuert?

2. Welches sind die Unterschiede zwischen der Wirkung des Prolaktins und der des Oxytocins auf die Brüste einer Frau?

3. Warum hört die Laktation automatisch auf, wenn eine Mutter ihr Baby nicht mehr stillt?

4. Wie werden lange Stillzeiten in manchen Kulturen als Methode der Empfängnisverhütung genutzt?

© Verlag an der Ruhr ● Postfach 10 22 51 ● 45422 Mülheim an der Ruhr ● www.verlagruhr.de ● ISBN 978-3-8346-0333-3

Ein Kind stillen

Aufgaben

1. Schneide die Abbildung unten aus, und klebe sie in dein Heft.

2. Schreibe in die beiden Ovale die „verantwortlichen" Hormone: **Oxytocin** oder **Prolaktin**.

3. Beschreibe unter jedem Bild kurz, wie die Milch gebildet und entleert wird.

Ein Kind stillen

Die Bildung und Entleerung von Milch in der Brust der Mutter wird von Hormonen gesteuert.

Die Bildung der Milch

Die Entleerung der Milch

Schritte bei der Bildung der Milch

1. _____
2. _____
3. _____
4. _____

Schritte bei der Entleerung der Milch

1. _____
2. _____
3. _____
4. _____

© Verlag an der Ruhr ● Postfach 10 22 51 ● 45422 Mülheim an der Ruhr ● www.verlagruhr.de ● ISBN 978-3-8346-0333-3

Ein Kind stillen

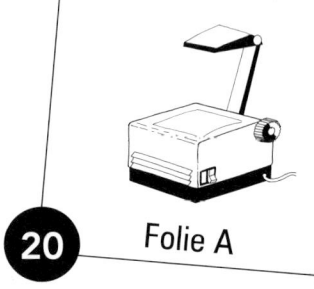

Frauen können – wie andere weibliche Säuger auch – ihre Kinder mit
Milch versorgen, die in ihren Milchdrüsen hergestellt wird. Die Erzeugung von Milch nennt man Laktation.

Diese Abbildung zeigt den inneren Aufbau einer weiblichen Brust.

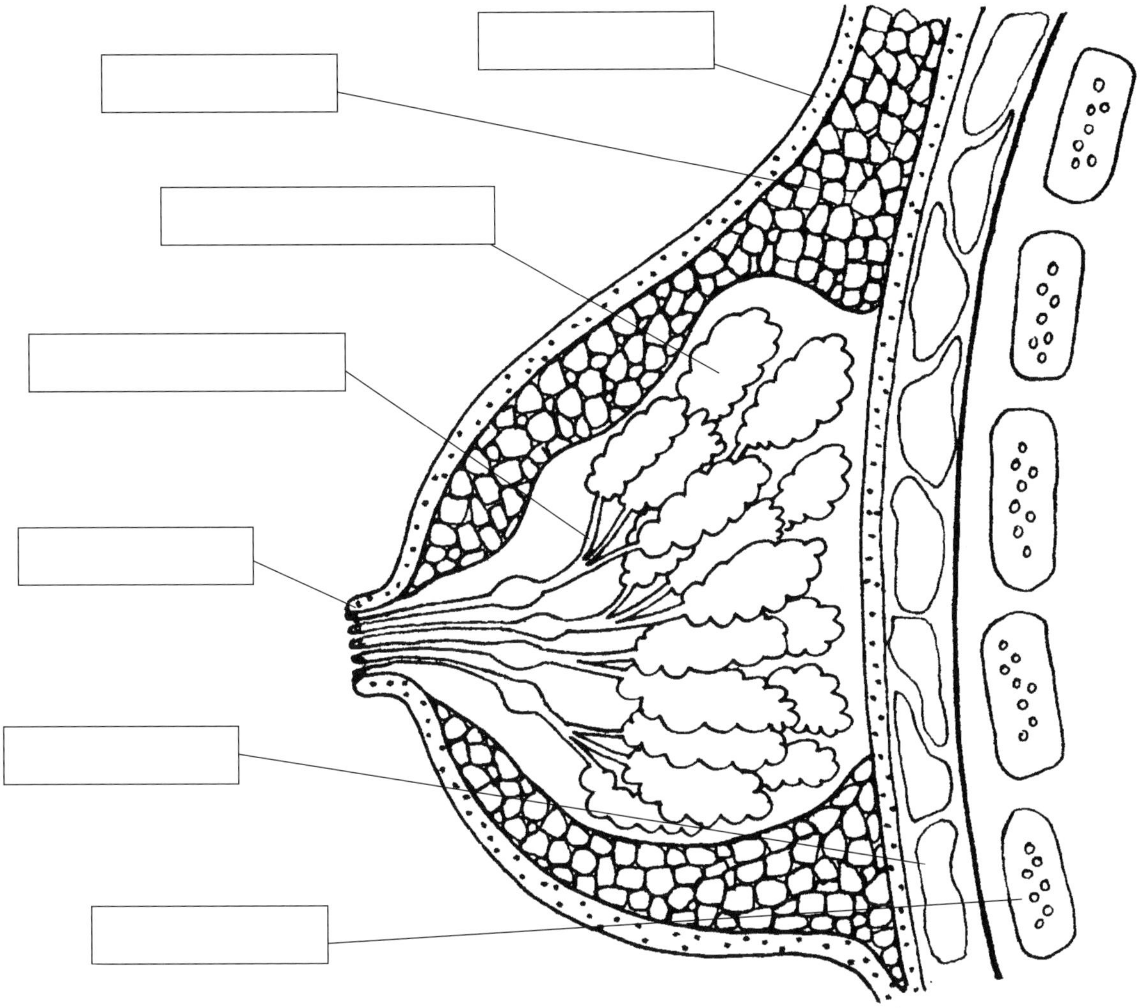

1. Jede Brust enthält **Milch erzeugende Zellen**.
   Sie sind mit vielen feinen Röhrchen oder Milch-
   gängen verbunden, die zu einer Öffnung in der
   Brustwarze führen.

2. Rund um die **Milchzellen** befindet sich auch **Fettgewebe** – die Fettschichten geben der Brust ihre
   Form und Größe. An der Milcherzeugung sind sie
   aber nicht beteiligt. Kleine Brüste sind deshalb
   genauso „produktiv" bei der Milcherzeugung
   wie große.

© Verlag an der Ruhr ❍ Postfach 10 22 51 ❍ 45422 Mülheim an der Ruhr ❍ www.verlagruhr.de ❍ ISBN 978-3-8346-0333-3

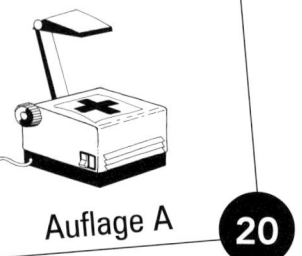

Ein Kind stillen

Haut

Fettzellen

Milch produzierende Zellen

Milchgang

Brustwarze

Brustkorb

Rippen

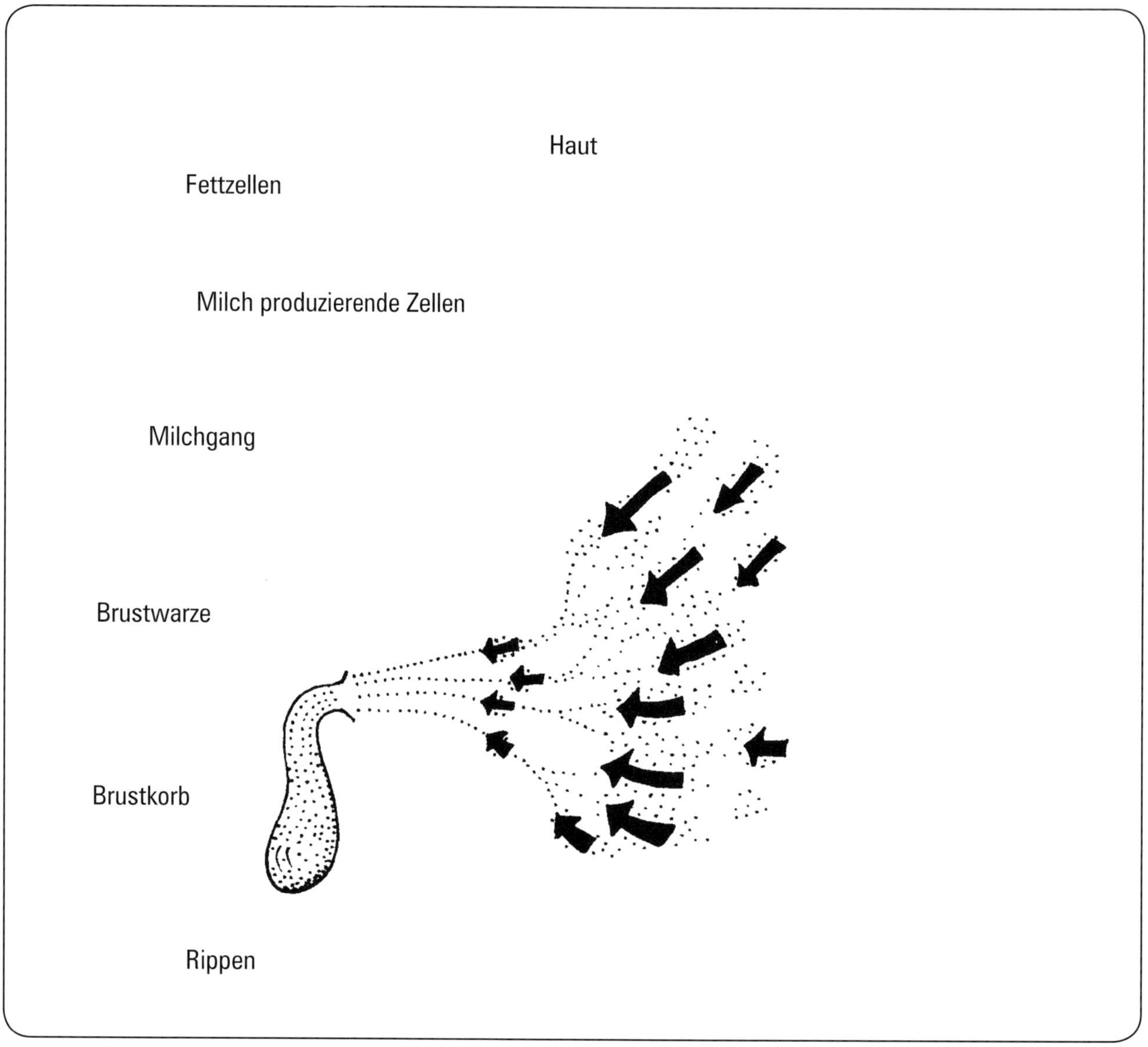

3. Die Milch erzeugenden Zellen sind umgeben von **Muskelgewebe**, das Milch in die Milchgänge drückt, wenn es sich zusammenzieht. Die Milch wird beim **Stillen** durch die Gänge und aus der Brustwarze heraus in den Mund des Babys gepresst.

© Verlag an der Ruhr ● Postfach 10 22 51 ● 45422 Mülheim an der Ruhr ● www.verlagruhr.de ● ISBN 978-3-8346-0333-3

Ein Kind stillen

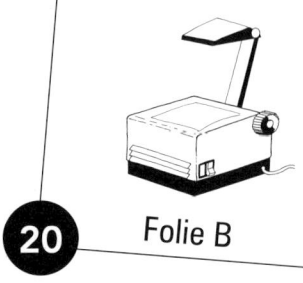

Hormone steuern **die Bildung und die Abgabe von Milch** in den Brüsten einer Frau.

Milcherzeugung

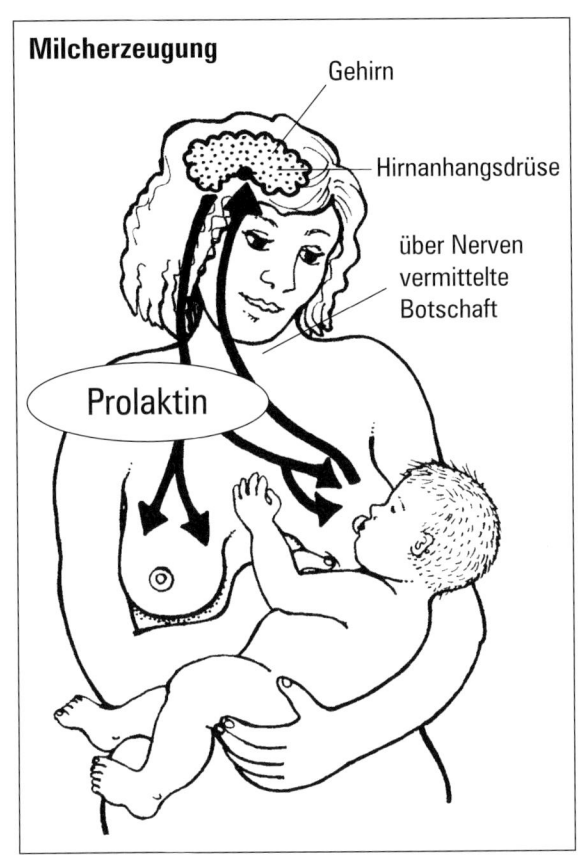

Gehirn

Hirnanhangsdrüse

über Nerven vermittelte Botschaft

Prolaktin

Schritte bei der Bildung der Milch

1. Das Baby stimuliert die Brustwarze, indem es an ihr saugt.

2. Nerven senden eine Nachricht an das Gehirn.

3. Die Hirnanhangsdrüse gibt Prolaktin ab.

4. Das Prolaktin führt zu mehr Milcherzeugung.

1. Wenn das Baby an der empfindlichen **Brustwarze** saugt, sendet dieser Reiz eine Botschaft an das Gehirn der Mutter. Die **Hirnanhangsdrüse** erzeugt daraufhin das **Hormon Prolaktin**. Dieses wandert im Blut zu den Brüsten und veranlasst die **Milchzellen**, Milch zu produzieren. Auf diese Weise steuert tatsächlich das Kind selbst die **Milchbildung der Mutter**.

© Verlag an der Ruhr ○ Postfach 10 22 51 ○ 45422 Mülheim an der Ruhr ○ www.verlagruhr.de ○ ISBN 978-3-8346-0333-3

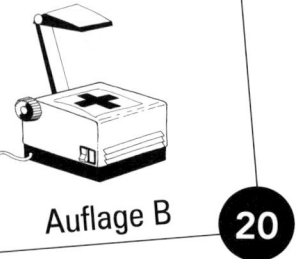

Ein Kind stillen

Diese zwei Abbildungen zeigen, auf welche Weise Hormone im Blut die **Laktation der Mutter** steuern.

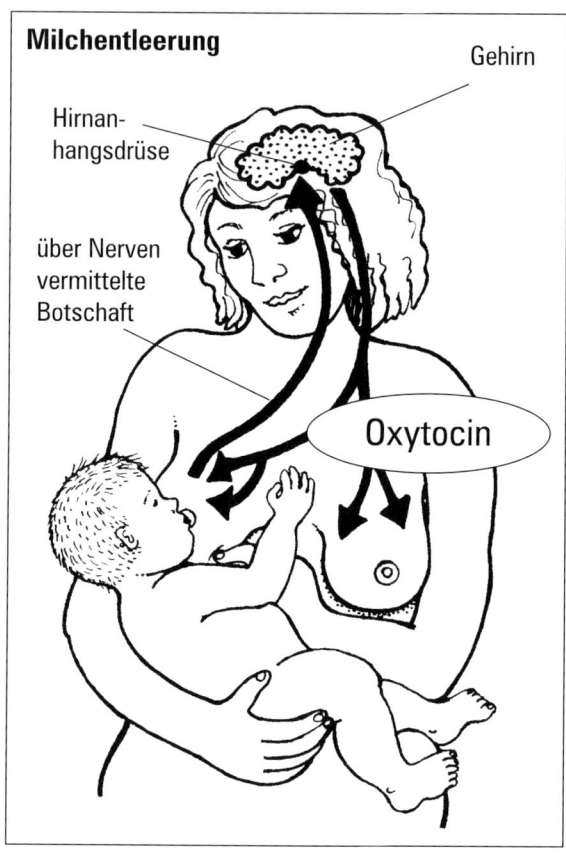

Milchentleerung

Gehirn

Hirnan-
hangsdrüse

über Nerven
vermittelte
Botschaft

Oxytocin

Schritte bei der Entleerung der Milch

1. Das Baby stimuliert die Brustwarze, indem es an ihr saugt.

2. Nerven senden eine Nachricht an das Gehirn.

3. Die Hirnanhangsdrüse gibt Oxytocin ab.

4. Das Oxytocin löst die Milchentleerung aus.

2. Wenn das Kind an der **Brustwarze** der Mutter saugt, wirkt das noch auf eine andere Weise auf die **Hirnanhangsdrüse**: Sie erzeugt noch ein weiteres **Hormon, das Oxytocin**. Auch das wandert im Blut zu den Brüsten. Dort bewirkt es, dass die Muskeln um die Milch erzeugenden Zellen und die Milchgänge sich zusammenziehen und die Milch aus den Brustwarzen herauspressen. Dies nennt man „**Milchentleerung**" – und auch sie wird vom Kind selbst ausgelöst.

© Verlag an der Ruhr ❍ Postfach 10 22 51 ❍ 45422 Mülheim an der Ruhr ❍ www.verlagruhr.de ❍ ISBN 978-3-8346-0333-3

Die motorische Entwicklung des Kindes

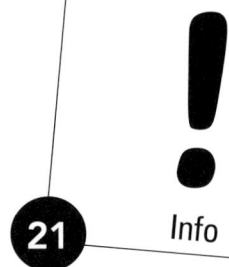

Bewegungen kann ein Kind nur dann ausführen, wenn es lernt, seine Muskeln gezielt einzusetzen. Nur so kann es seine Bewegungen steuern und damit **motorische Fähigkeiten entwickeln**. Das Kind lernt in seiner Ent- wicklung, immer **schwierigere Bewegungen** in einer bestimmten **Reihenfolge** zu beherrschen. Die Zeitleis- te zeigt, in welchen Altersstufen und in welcher Rei- henfolge Kinder Bewegungen erlernen.

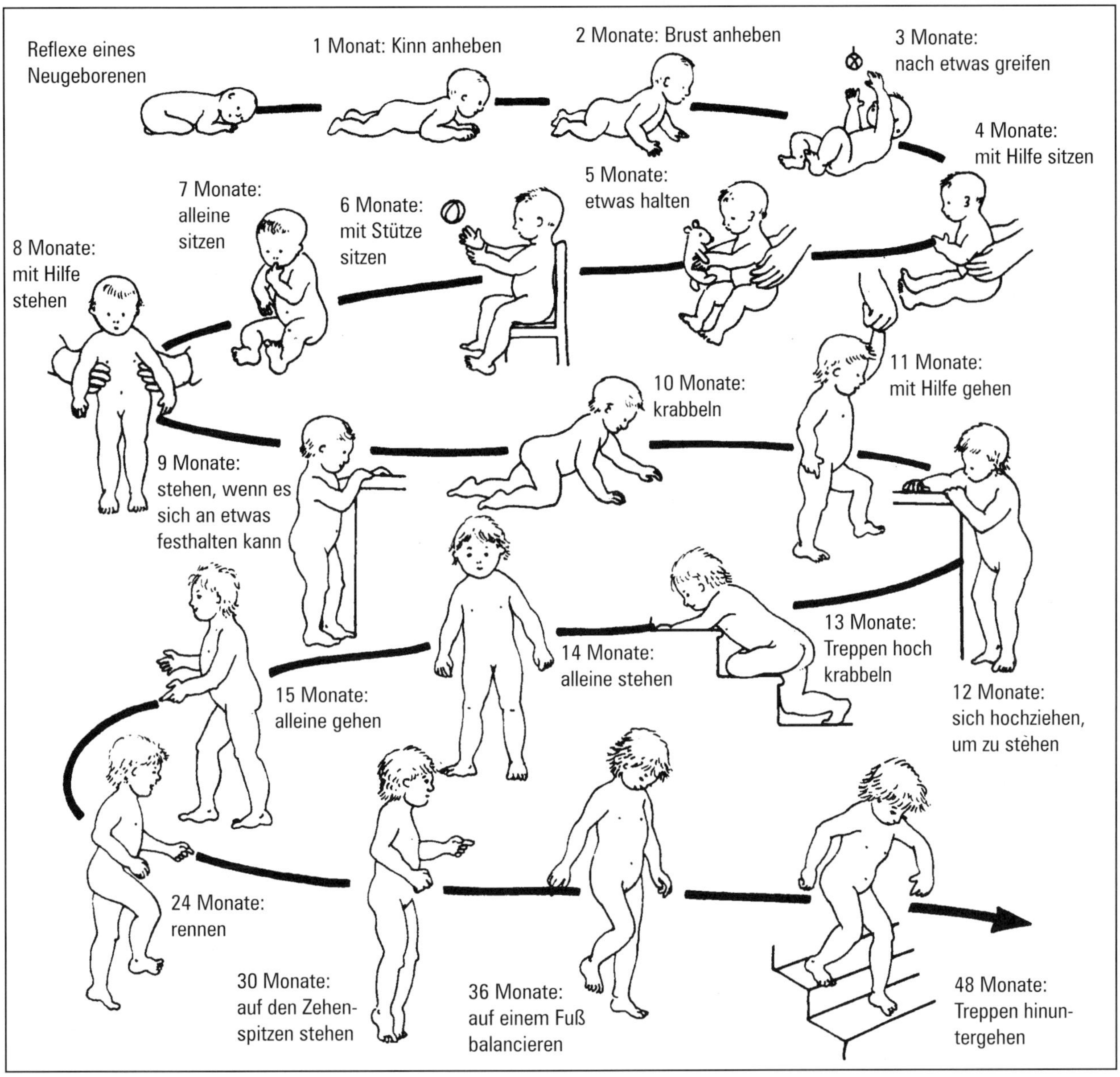

Reflexe eines Neugeborenen

1 Monat: Kinn anheben

2 Monate: Brust anheben

3 Monate: nach etwas greifen

4 Monate: mit Hilfe sitzen

7 Monate: alleine sitzen

6 Monate: mit Stütze sitzen

5 Monate: etwas halten

8 Monate: mit Hilfe stehen

10 Monate: krabbeln

11 Monate: mit Hilfe gehen

9 Monate: stehen, wenn es sich an etwas festhalten kann

14 Monate: alleine stehen

13 Monate: Treppen hoch krabbeln

12 Monate: sich hochziehen, um zu stehen

15 Monate: alleine gehen

24 Monate: rennen

30 Monate: auf den Zehen- spitzen stehen

36 Monate: auf einem Fuß balancieren

48 Monate: Treppen hinun- tergehen

Fragen

1. Was meint der Begriff „motorische Fähigkeiten"?

2. Alle Kinder lernen motorische Bewegungen in der Reihenfolge wie auf den Bildern oben beschrie- ben. Aber sie erlernen sie unterschiedlich schnell.

Wie sind aber dann die Altersangaben in der Abbildung zu verstehen?

3. Kinder lernen in den ersten Jahren viele Bewe- gungen. Was erlernen sie noch?

© Verlag an der Ruhr ● Postfach 10 22 51 ● 45422 Mülheim an der Ruhr ● www.verlagruhr.de ● ISBN 978-3-8346-0333-3

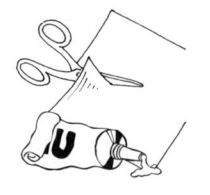

Die motorische Entwicklung des Kindes

Aufgaben

1. Schneide die Abbildung aus, und klebe sie in dein Heft.

2. Zeichne einen Pfeil, der die Reihenfolge anzeigt, in der das Kind Bewegungen lernt. Die Größe des Kindes und die Schwierigkeit der Aufgaben werden dir helfen, die richtige Reihenfolge herauszufinden.

3. Schreibe neben jedes Stadium eine Überschrift für die Bewegung, die erlernt wird.

4. Ergänze das durchschnittliche Alter, in dem ein Kind die Bewegung erlernt. Kürze dabei ab, schreibe z.B. 30 M anstatt 30 Monate.

Die motorische Entwicklung des Kindes

Ein Kind erlernt im Laufe seiner Entwicklung **immer schwierigere Bewegungen in einer bestimmten Reihenfolge**. Die Zeitleiste, die du hier einzeichnest, gibt Hinweise darauf, in welchen Altersstufen und in welcher Reihenfolge Kinder Bewegungen erlernen.

© Verlag an der Ruhr ❍ Postfach 10 22 51 ❍ 45422 Mülheim an der Ruhr ❍ www.verlagruhr.de ❍ ISBN 978-3-8346-0333-3

Die motorische Entwicklung des Kindes

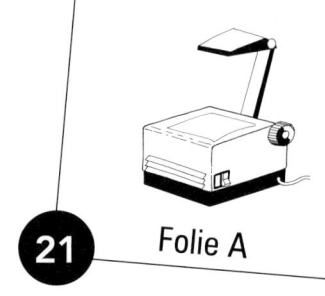

Bei der **motorischen Entwicklung** müssen Kinder lernen, ihre Muskeln aktiv einzusetzen und diese Bewegungen zu koordinieren.

1. **Bewegungen** kann ein Kind nur dann ausführen, wenn es lernt, seine Muskeln gezielt einzusetzen. Nur so kann es **seine Bewegungen steuern und damit motorische Fähigkeiten entwickeln.**

2. Das Kind erlernt, immer **komplexere Bewegungen** in einer bestimmten **Reihenfolge** zu beherrschen. Die Zeitleiste gibt Hinweise darauf, in welchen **Altersstufen und in welcher Reihenfolge** Kinder Bewegungen erlernen.

© Verlag an der Ruhr ● Postfach 10 22 51 ● 45422 Mülheim an der Ruhr ● www.verlagruhr.de ● ISBN 978-3-8346-0333-3

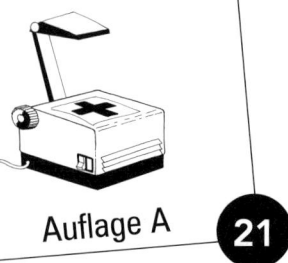

Die motorische Entwicklung des Kindes

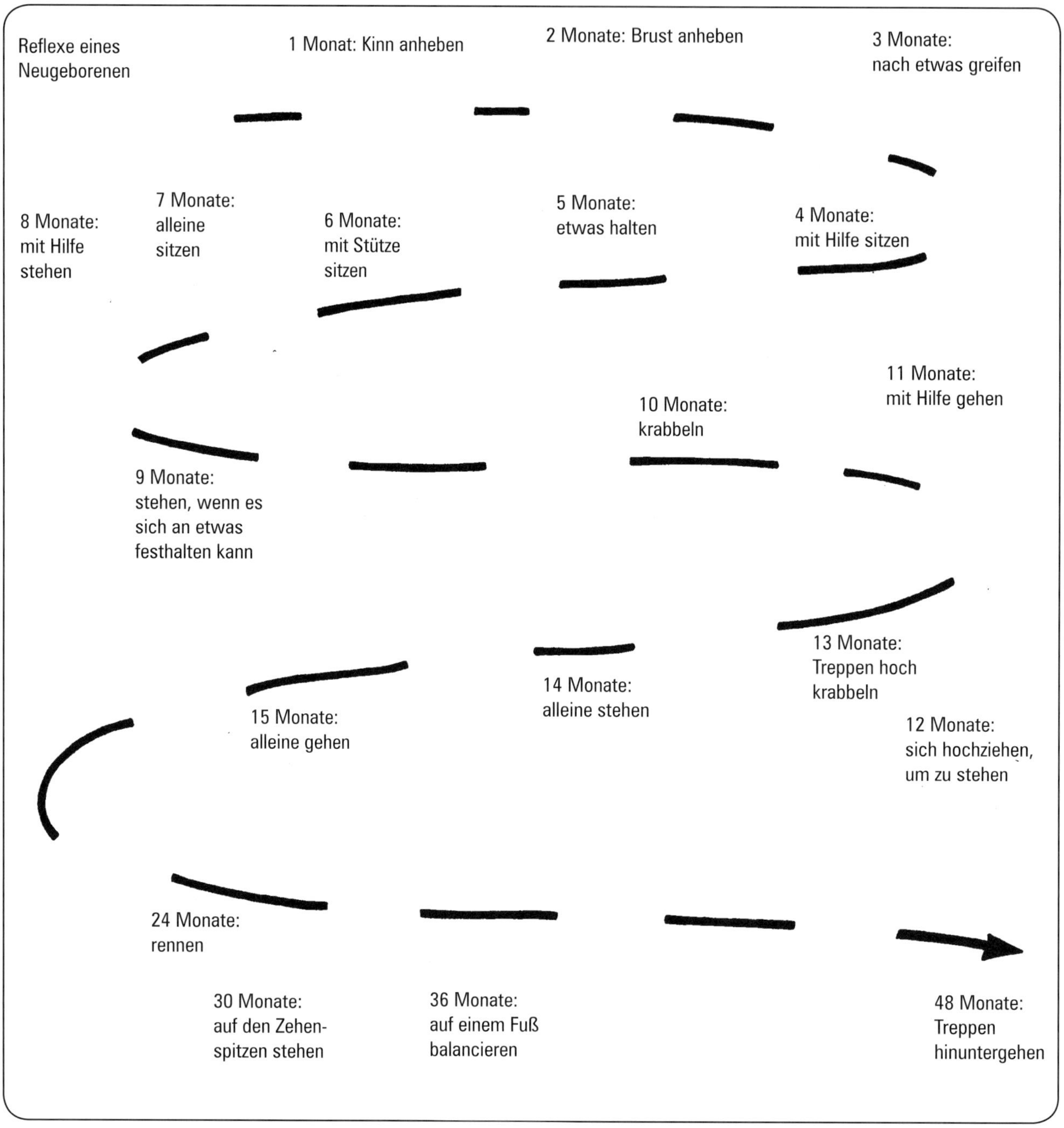

Reflexe eines Neugeborenen

1 Monat: Kinn anheben

2 Monate: Brust anheben

3 Monate: nach etwas greifen

8 Monate: mit Hilfe stehen

7 Monate: alleine sitzen

6 Monate: mit Stütze sitzen

5 Monate: etwas halten

4 Monate: mit Hilfe sitzen

11 Monate: mit Hilfe gehen

10 Monate: krabbeln

9 Monate: stehen, wenn es sich an etwas festhalten kann

13 Monate: Treppen hoch krabbeln

14 Monate: alleine stehen

12 Monate: sich hochziehen, um zu stehen

15 Monate: alleine gehen

24 Monate: rennen

30 Monate: auf den Zehenspitzen stehen

36 Monate: auf einem Fuß balancieren

48 Monate: Treppen hinuntergehen

© Verlag an der Ruhr ● Postfach 10 22 51 ● 45422 Mülheim an der Ruhr ● www.verlagruhr.de ● ISBN 978-3-8346-0333-3

Die motorische Entwicklung des Kindes

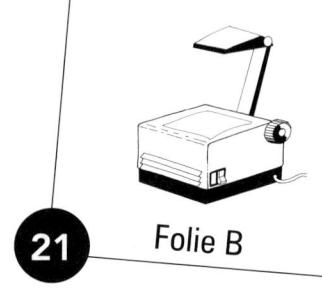

Das heranwachsende Kind entwickelt **immer schwierigere Formen des Muskelzusammenspiels** seiner Hände. Es durchläuft dabei Schritt für Schritt bestimmte Stadien, in deren Verlauf es immer geschickter wird.

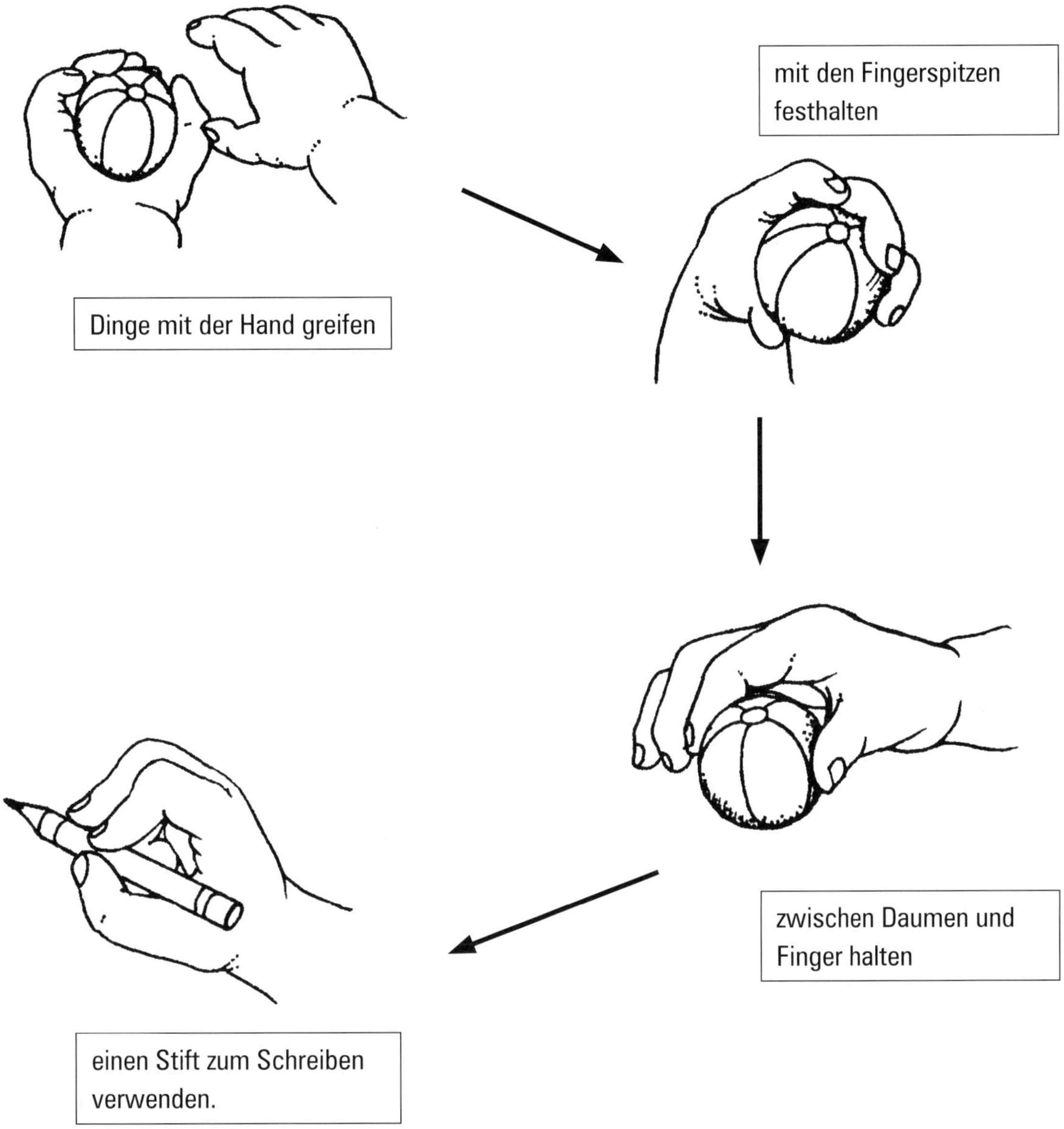

Dinge mit der Hand greifen

mit den Fingerspitzen festhalten

zwischen Daumen und Finger halten

einen Stift zum Schreiben verwenden.

1. Bewegungen kann ein Kind nur ausführen, wenn es lernt, seine Muskeln gezielt einzusetzen. Nur so kann es seine **Bewegungen steuern und motorische Fähigkeiten entwickeln**.

2. Das Kind erlernt, immer schwierigere Bewegungen in einer **bestimmten Reihenfolge** zu beherrschen. Bei Menschen ist die Benutzung der Hände sehr hoch entwickelt. Es dauert viele Jahre, die Fertigkeiten zu lernen, die wir für das Schreiben oder die Nutzung von Werkzeugen brauchen.

© Verlag an der Ruhr ● Postfach 10 22 51 ● 45422 Mülheim an der Ruhr ● www.verlagruhr.de ● ISBN 978-3-8346-0333-3

Literatur- und Internettipps

Links

Karen Gravelle, Jennifer Gravelle:
Diese Tage. Was du niemals fragen
würdest, aber wissen möchtest.
Achterbahn, 1997.
ISBN 978-3-93196-235-7

Christine Moorcoft, Chris Roberts:
Ich ... werde erwachsen.
Arbeitsblätter Sexualerziehung.
Verlag an der Ruhr, 1998.
ISBN 978-3-86072-348-7

Lena Morgenthau:
FAQ. Fragen zur Sexualität.
Verlag an der Ruhr, 2006.
ISBN 978-3-8346-0157-5

Meral Renz:
Sexualpädagogik in interkulturellen Gruppen.
Infos, Methoden und Arbeitsblätter.
Verlag an der Ruhr, 2007.
ISBN 978-3-8346-0335-7

Lothar Staeck (Autor):
Fundgrube – Sekundarstufe I:
Die Fundgrube zur Sexualerziehung.
Cornelsen Verlag Scriptor, 2002.
ISBN 978-3-5892-1559-1

Marion Statz:
Liebe – Körper – Gefühle.
Auer Verlag, 2003.
ISBN 978-3-4030-3889-4

Miriam Stoppard:
Ratgeber für Mädchen zwischen 10 und 16.
Ravensburger Bucherverlag, 1999.
ISBN 978-3-3320-1010-7

Karlheinz Valtl:
Sexualpädagogik in der Schule.
Beltz, 1998.
ISBN 978-3-407-62388-1

Links

www.loveline.de
Die Aufklärungsseiten der Bundeszentrale für gesundheitliche Aufklärung (BZgA), mit Chat, Expertenbefragung, dem Liebeslexikon und vielem mehr.

www.ikk-spleens.de
Ein Online-Magazin der IKK zu allen wichtigen Themen in der Pubertät.

www.lustundfrust.ch/html/jugendliche/infos_1.html
Sex von A bis Z von der Fachstelle für Aufklärung in Zürich.

www.sexwoerterbuch.info
Virtuelles Sexwörterbuch für Jugendliche mit mehr als 700 Seiten.

Die in diesem Werk angegebenen Internetadressen haben wir geprüft (Stand Dezember 2011). Da sich Internetadressen und deren Inhalte schnell verändern können, ist nicht auszuschließen, dass unter einer Adresse inzwischen ein ganz anderer Inhalt angeboten wird. Wir können daher für die angegebenen Internetseiten keine Verantwortung übernehmen.

Verlag an der Ruhr

Postfach 10 22 51
45422 Mülheim an der Ruhr

Telefon 030/89 785 235
Fax 030/89 785 578

bestellungen@cornelsen-schulverlage.de
www.verlagruhr.de

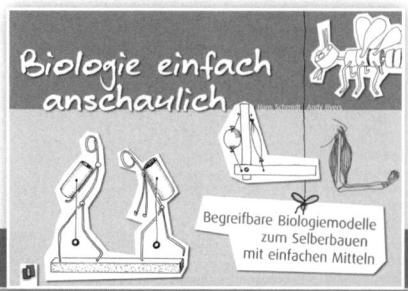

■ Biologie einfach anschaulich

Begreifbare Biologiemodelle zum
Selberbauen mit einfachen Mitteln
Kl. 4–9, 176 S., A4 quer
ISBN 978-3-8346-2368-3

Projektmappe Biologie
■ Bionik

Kl. 7–10, 74 S., A4,
Hefter mit Kopiervorlagen
ISBN 978-3-8346-0567-2

Projektmappe NaWi
■ Naturwissenschaftliches Arbeiten – von Anfang an

Kl. 5–6, 75 S., A4, Hefter mit Kopiervorlagen
ISBN 978-3-8346-0802-4

Projektmappe Physik
■ Astronomie

Kl. 8–12, 80 S., A4,
Hefter mit Kopiervorlagen
ISBN 978-3-8346-0986-1

Projektmappe Chemie
■ Sicherheit und Trennverfahren

Kl. 5–8, 62 S., A4, Hefter mit Kopiervorlagen
ISBN 978-3-8346-0985-4

■ Let's talk about it!

Ein Stationenlernen zu Sexualität und Pubertät
Kl. 6–8, 65 S., A4, Hefter mit Kopiervorlagen
ISBN 978-3-8346-0898-7

■ Sex, Zahnspangen und der andere Stress

Pubertät überstehen – so geht´s!
Kl. 5–10, 112 S., 21 x 22 cm, Paperback
ISBN 978-3-8346-0442-2

■ Mit Cornell die Natur erleben

Naturerfahrungsspiele für Kinder
und Jugendliche – Der Sammelband
Für alle Schulstufen, 341 S., 14 x 21,5 cm, Paperback
ISBN 978-3-8346-0076-9

Naturwissenschaften handlungsorientiert